儿童核心素养
能力发展分龄研究

英语语音习得研究

斑马教研中心　著

清华大学出版社
北京

图书在版编目（CIP）数据

儿童核心素养能力发展分龄研究 / 斑马教研中心著. —北京：清华大学出版社，2024. 1

ISBN 978-7-302-64963-2

Ⅰ. ①儿… Ⅱ. ①斑… Ⅲ. ①儿童教育－教育研究 Ⅳ. ①G61

中国国家版本馆CIP数据核字（2023）第242154号

责任编辑： 李益倩
封面设计： 卜　凡
责任校对： 赵琳爽
责任印制： 杨　艳

出版发行： 清华大学出版社
　　　　　网　　　址：https://www.tup.com.cn, https://www.wqxuetang.com
　　　　　地　　　址：北京清华大学学研大厦A座　　邮　　编：100084
　　　　　社 总 机：010-83470000　　　　　　　邮　　购：010-62786544
　　　　　投稿与读者服务：010-62776969, c-service@tup.tsinghua.edu.cn
　　　　　质量反馈：010-62772015, zhiliang@tup.tsinghua.edu.cn
印 装 者： 北京联兴盛业印刷股份有限公司
经　　销： 全国新华书店
开　　本： 140mm×210mm　　**印　张：** 13.75　　**字　数：** 234千字
版　　次： 2024年3月第1版　　　　　　　　**印　次：** 2024年3月第1次印刷
定　　价： 78.00元（全三册）

产品编号：103736-01

前　言

　　针对中国儿童英语语音发音特征，斑马教研中心开展了一系列相关研究，本书即为研究成果之一。关于低幼龄儿童的语音发音特征，国外学者已发表大量相关论文和研究报告。在国内，也有一些学者做过关于汉语母语者的英语发音情况研究，但这部分研究基本都为个案研究。目前，国内还缺少大样本、以中国低幼龄儿童为研究对象的英语语音发音情况研究。另外，以英美为主的西方国家有大量关于儿童各英语音素习惯发出和习得年龄段的研究，这类研究对学校教育和家庭教育具有极大的指导意义。教师和家长可以更科学地观察不同年龄段儿童的英语语音发展情况，并及时进行发音引导。目前，国内尚缺少针对中国儿童各英语音素习惯发出和习得年龄段的研究。为了填补以上提到的两项研究空白，斑马教研中心开展了"2—8岁跨年龄跨地域的儿童发音特征"课题的研究。

利用斑马积累的超过 10 亿条英语语料数据，结合已有的汉语方言对中国学生英语语音影响的文献资料，本项目研究者对中国大陆（内地）31 个省、直辖市和自治区（不含港澳台，下文"全国"即指31 个行政区）的儿童英语语音特征进行了研究分析。

斑马教研中心

目　录

第一章

基础知识

二十世纪，国外语言学家们开启了一系列关于儿童英语语音发展年龄段的研究 [1–3]。其中桑德尔的 *When are speech sounds learned?* [3] 一文研究结果传播得最广。他在前人研究 [4–6] 的基础上，绘制出了儿童语音发育图（children's speech sound development chart）。图表展示了不同年龄段的儿童对不同音素的掌握情况，例如可以观察到儿童在 3 岁即可习得辅音 /p/、/m/、/h/、/n/、/w/，而辅音 /ð/ 在 8 岁才能被习得。一般而言，儿童语音发展年龄段的图表多用于语言治疗师观察对比儿童的语音发展情况。国内关于儿童英语语音发展领域的研究很少，目前仅有何家勇的研究团队进行过低幼儿童英语语音发展的个案研究 [7–8]。国内目前英语启蒙学习呈现低幼化的趋势，很多孩子在 2 岁时就开始接触英语了，市面上也出现大量幼儿英语启蒙学习产品。在学习的过程中，低幼学生会遇到反复练习某些音素还是不能正确掌握的情况，导致这一现象出现的部分原因其实是他们还没到能掌握该音素的年龄段。研究中国儿童对不同英语语音的掌握随时间发展变化情况的意义在于，一方面可以缓解家长、老师因儿童无法正确发音而产生的焦虑情绪，另一方面可以为教学内容制作者和一线教师提供一定的参考。

除年龄外，方言是影响儿童英语语音学习的另一因素。中国疆土辽阔，各地经过多次人口流动和迁移，形成了各具特色又相互关联的地域性方言。而方言对英语语音会产生负迁移影响。国内已有很多学者针对各地居民做过相关研究，比如白晨雨和郝福莲[9]研究了山西方言对英语语音学习的影响，陈军[10]研究了江西方言对英语语音学习的影响，陈乾峰[11]研究了浙江方言对英语语音学习的影响等。成长于不同地区的低幼英语学习者，虽然其口腔发育还未成型，但其英语语音发展在一定程度上仍会受方言的影响。因此研究不同地区儿童的英语发音特征对学习者和教育者来说十分有意义。

基于前人的研究结果及现状，本书主要从以下两个方向进行分析：

一、整体情况

不同年龄段的儿童能发出和习得的音素是不同的，掌握不同年龄段儿童能够发出和习得的音素情况，能够帮助英语课程制作者和教师根据儿童自然掌握音素的时间规律，有针对性地调整音素及音素相关单词的教学顺序，以便更科学地引导儿童学习英语发音。该方向研究数据包含 3 个方面：①不同年龄段儿童习惯发出和习得的单元音、双元音和辅音；②不同年龄段儿童累积习惯发出和习得的单元音、双元音和辅音音素数量；③单元音、双元音和辅音随年龄变化的掌握情况图。

二、跨地域方向

由于身处不同地域的学生英语语音会受居住地汉语方言的影响且影响方式各异，所以有必要对不同地域学生的英语语音错误情况做统计，以便教师及课程开发者更有针对性地为不同地域的学生提供教学指导。该方向研究数据包含8个方面：①不同地域共有的常见英语音素易错情况；②不同地域共有的汉语方言特征；③方言特征容易带来的英语语音负迁移现象；④不同地域音素错误情况；⑤不同地域音素发音相对情况；⑥不同地域平均音素发音错误率；⑦不同地域分别最易错的前5个单元音、双元音和辅音；⑧辽宁、四川两省用户音素发音实例分析。

2—8 岁
不同年龄段
儿童发音特征

一、术语和概念

1. 音素（phoneme）

音素是根据语音的自然属性划分的最小语音单位，依据音节里的发音动作来分析，一个动作构成一个音素。音素分为元音与辅音两大类。音素在国际音标字母（International Phonetic Alphabet，IPA）里被表示成音标符号（phonetic symbols）。单词的读音在教学上一般由音标（音标是标记音素的一种符号）标注并与相应的字母对应。

2. 元音（vowel）

元音是英语音素的一种，指的是在发音过程中气流通过口腔而不受阻碍发出的音。在国际音标体系中，英语元音共20个，分别为：/ɑː/、/ɔː/、/ɜː/、/iː/、/uː/、/ʌ/、/ɒ/、/ə/、/ɪ/、/ʊ/、/e/、/æ/、/eɪ/、/aɪ/、/ɔɪ/、/əʊ/、/aʊ/、/ɪə/、/eə/、/ʊə/。

3. 元音的长度（length of vowels）

元音的长度指的是元音在单词、短语或句子中发音时所需要的时间。从英语元音的绝对长度角度分析，长元音[1]和双元

1　长元音：英语中一共有5个长元音，分别是/iː/、/əː/、/ɑː/、/ɔː/、/uː/。

音[1]比短元音[2]长。

4. 辅音（consonant）

与元音相对，辅音指的是在发音过程中气流在发音器官（唇、齿、舌、咽喉等）的某一部分会受到完全或部分阻碍的音。国际音标体系中，英语辅音共有28个，分别为：/p/、/b/、/t/、/d/、/k/、/g/、/f/、/v/、/s/、/z/、/θ/、/ð/、/ʃ/、/ʒ/、/tʃ/、/dʒ/、/tr/、/dr/、/ts/、/dz/、/m/、/n/、/ŋ/、/h/、/l/、/r/、/j/、/w/。

5. 第一语言（first language，简写为L1）

第一语言是指一个人出生之后最先接触并获得的语言。比如儿童出生之后首先接触并获得了汉语，汉语就是其第一语言。一个人的第一语言通常是其母语。

6. 第二语言（second language，简写为L2）

第二语言指人们在获得第一语言以后再学习和使用的另一种语言，该语言经常扮演辅助性语言以及通用语的角色。学习第二语言往往是由于第一语言不再具有优势，譬如受教育与工作环境变化、社会变迁、政治目的等因素的影响。

1　双元音：英语中一共有8个双元音，分别是/aɪ/、/eɪ/、/ɔɪ/、/aʊ/、/əʊ/、/eə/、/ɪə/、/ʊə/。

2　短元音：英语中一共有7个短元音，分别是/ʌ/、/ɒ/、/ə/、/ɪ/、/ʊ/、/e/、/æ/。

7. 语音（speech sound）

语音是指人的发音器官发出的具有一定社会意义的声音。以往的学者们针对汉语方言对英语语音习得影响的研究主要集中在音段音位层次对元音习得、辅音习得的影响方面。

8. 语言迁移（language transfer）

语言迁移也称为语言转移（language shift）、语言替代（language replacement），是指在第二语言学习中，学习者在使用第二语言时，借助母语的发音、词义、结构规则或习惯来表达思想的一种现象。Raquel T.[12]的发现证实了儿童会将母语中的发音模式应用到第二语言中，说明语言迁移现象也存在于儿童学习第二语言的过程中。

9. 正迁移（positive transfer）

当母语规则与外语规则相同时，学习者把母语规则迁移到外语中去，这时母语规则能够减轻外语学习的负担，减少外语学习中的错误，促进外语的学习。这时母语对外语学习的影响是积极的，这种影响叫正迁移。例如，能清晰地区分汉语中前鼻音和后鼻音的人，在发 sin/sɪn/ 和 sing/sɪŋ/ 时，一般也能区分和发出 /n/ 和 /ŋ/ 两个音。

10. 负迁移（negative transfer）

当母语规则与外语规则有差异时，学习者把母语规则迁移到外语中去，母语便会干扰外语的学习。此时母语对外语学习的影响是消极的，这种影响称为负迁移。比如湖南方言中 n 和 l 混淆，进而导致湖南方言使用者说英语时混淆/n/和/l/两个音，常常把 need/ni:d/读成 lead/li:d/。

11. 汉语方言

汉语方言俗称地方话，只流行于一定的地域，它不是独立于民族语之外的另一种语言，只是局部地区使用的语言。现代汉语各个方言之间的差异表现在语音、词汇、语法等方面，语音方面尤为突出。根据中国社会科学院 2012 年出版的《中国语言地图集》，汉语一共被划分为十大方言，分别是：官话、闽语、晋语、赣语、徽语、吴语、湘语、客家话、粤语和平话。其中官话又细分为 8 种，分别是：东北官话、北方官话、胶辽官话、北京官话、中原官话、兰银官话、江淮官话和西南官话。部分学者认为平话属于粤语的一支，故也有九大汉语方言的说法。

二、研究标准

（1）斑马英语利用北美通用美音 GA（General American

English）语料库，将用户发音和该语料库中的美语发音进行对比，将两者间差异作为口语评测系统评判语音的基础。

（2）本书使用"//"标注音素，用"（ ）"标注汉语拼音组合，单个汉语拼音则不使用符号进行标注，用"[]"标注窄式音标（narrow transcription）。

（3）考虑到国内音标普及度的问题，本书涉及英语音素的部分，使用1997年出版的DJ音标第15版中的形式进行标记，参考汪文珍《英语语音》一书[13]。除特殊标明外，本书中的英语音标标记均参考 Oxford Learner's Dictionaries 中的音标标记形式。

（4）在阿米尔（Ameyreh）及戴森（Dyson）和桑德尔（Sander）研究的基础上，本研究定义了两种不同类型的音素获得年龄[14]：①音素的习惯发出年龄（age of customary production）的判断标准是该年龄段50%及以上人数的儿童能正确发出该音素的读音。当儿童在所处的年龄段发音的正确次数开始多于发音错误或省略的次数，即认定该年龄段为该音素的习惯发出年龄；②音素的习得年龄（age of acquisition）的判断标准是该年龄段75%及以上人数的儿童能正确发出该音素的读音。当儿童在所处年龄段的绝大部分时间都能正确发出该音素时，即认定该年龄段为该音素的习得年龄。本研究中计算每个音素发音错误率的方式参考了阿米尔及戴森和桑德尔研究中的计算方式，本书认为当某个音素在当前年龄段的错误率降低到50%以下（不含50%）时，儿童在当前年龄段开始习惯发出该音素。某个音素在当前年龄段的错误率降低到25%以下（不含25%）时，则认为儿童在当前年龄段习得该音素。

（5）本书使用的音素数据为斑马用户在Speaking环节和Quiz环节跟读题中的发音数据。在数据统计过程中，研究者已对用户信息进行处理，确保用户个人隐私无泄漏风险。斑马采用的语音识别技术由猿辅导AI Lab语音实验室开发，算法持续学习亿量级的中国儿童语料大数据，通过不断提升智能程度，目前精确度已达到音素级别，识别准确度达到92%。此外本研究也考量了算法识别的误差，最大程度减少因个别误判导致的结论误差。

（6）斑马使用口语测评技术为英语用户进行口语评测，能够在句子、单词以及音素级别对英语发音的音准、流利度、语调等进行多维度打分。

（7）在本书中，音素发音错误率的计算采用"音素发音错误率 = 当前音素读错的总人次 / 读过的总人次"这一公式，但这个计算公式的应用有两个前提，一是需要去除稀疏数据，二是需要明确读错人数的定义。若某个音素用户的跟读次数小于5（不含5），此类跟读数据将被筛除，以免因过少的跟读次数增加数据偶然性，影响计算结果的典型性。同时用户只有在"稳定地"读错某个音素的情况下，才能被算作该音素的读错人次。结合桑德尔对音素习惯发出的比例的定义，假定当用户某音素的读错次数 / 跟读次数大于等于 50% 时才计为"稳定"地读错。所以在本书中，只有当用户某音素的读错次数 / 跟读次数大于等于 50% 且该用户发音的次数大于等于 5 时，该用户才会被计入该音素的读错总人次中。

三、数据分析

在斑马英语的全国所有用户中，我们随机抽取了 12000 名用户（2—8 岁每个整岁段各抽取 2000 人，男女比例 1：1），去掉未填写性别信息的无效用户后，总计剩余 11788 名用户。由于样本基数大，去除的用户数量不会对整体样本分析造成影响。余下用户的人数分布如图 2-1 所示。

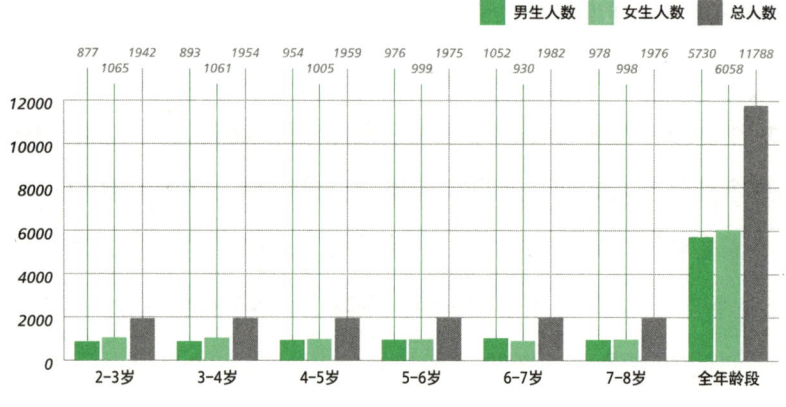

图 2-1   样本用户分布

我们提取了以上11788名用户2020年7月下旬到8月下旬1个月的全部英语语音数据，对其按照最小语音单位——音素进行了统计，分析计算出了不同年龄段用户不同类别音素的发音错误率。尽管本研究的初衷为统计国际音标中全部48个音素（20个元音和28个辅音）的错误率，但由于 /ʒ/ 的用户跟读数据量过少，数据可信度不高，故在最终汇总统计时，去掉了这个音素的错误率数据，只保留了其余47个音素的数据，即12个单元音、8个双元音和27个辅音。

斑马后台部分音素使用了美式音标进行标记，其与DJ英式音标的差异如下（前为斑马使用的美式音标，后为DJ英式音标）：/oʊ/–/əʊ/、/er/–/eə/、/ɪr/–/ɪə/、/ʊr/–/ʊə/。除以上4个音素外，其余音素在两种音标体系中的标记形式均相同（参见附录）。

接下来，我们将对2—8岁儿童在每个整岁段习惯发出和习得的各类音素依次进行分析。

第一节 习惯发出和习得的音素

下列图表中横坐标表示音素，纵坐标表示音素对应的错误率。下图中两条绿色的虚线为音素掌握情况判定线，错误率小于 50% 即判断为能习惯发出该音素，错误率小于 25% 即判断为习得该音素。

一、2—3岁

1.单元音

由图 2-2 可知，2—3 岁儿童习惯发出 5 个单元音 /iː/、/ɜː/、/ʌ/、/ə/、/ɪ/，习得 1 个单元音 /iː/。

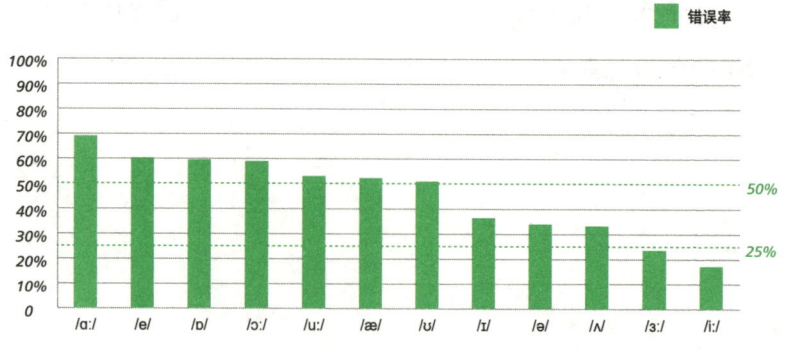

图 2-2 2—3 岁儿童的单元音错误率

2.双元音

由图 2-3 可知，2—3 岁儿童习惯发出 3 个双元音 /ʊə/、/eɪ/、/aɪ/，无习得的双元音。

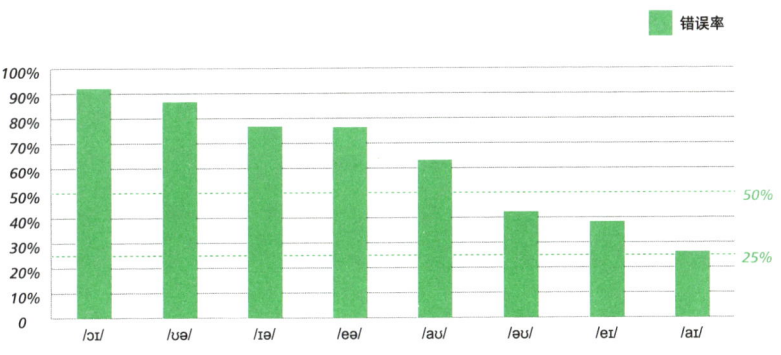

图 2-3 2—3 岁儿童的双元音错误率

3.辅音

由图 2-4 可知，2—3 岁儿童习惯发出 3 个辅音 /p/、/w/、/m/，无习得的辅音。

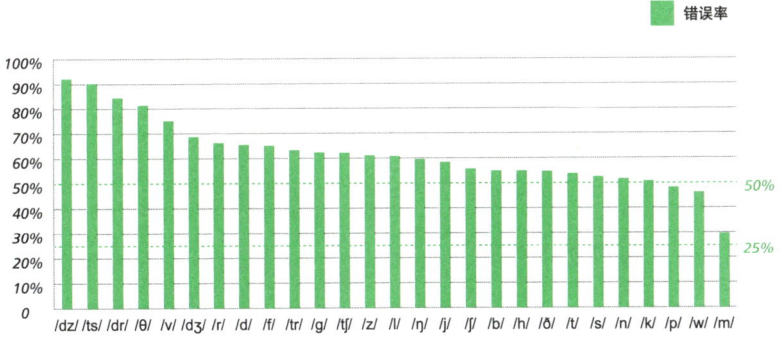

图 2-4 2—3 岁儿童的辅音错误率

二、3—4岁

1.单元音

　　由图2-5可知，3—4岁儿童习惯发出9个单元音 /iː/、/ʌ/、/ə/、/ɜː/、/ɪ/、/e/、/ɒ/、/uː/、/æ/，习得3个单元音 /iː/、/ə/、/ʌ/。对比2—3岁儿童，3—4岁儿童新增4个习惯发出的单元音 /e/、/ɒ/、/uː/、/æ/，新增2个习得的单元音 /ə/、/ʌ/。

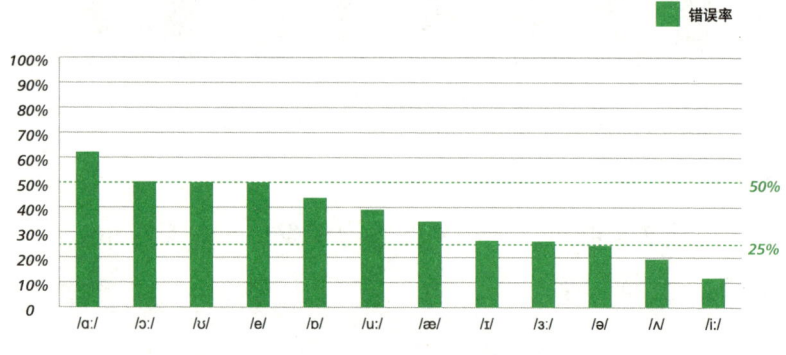

图2-5　3—4岁儿童的单元音错误率

2.双元音

　　由图2-6可知，3—4岁儿童习惯发出3个双元音 /əʊ/、/eɪ/、/aɪ/，习得2个双元音 /eɪ/、/aɪ/。对比2—3岁儿童，3—4岁儿童无新增习惯发出的双元音，新增2个习得的双元音 /eɪ/、/aɪ/。

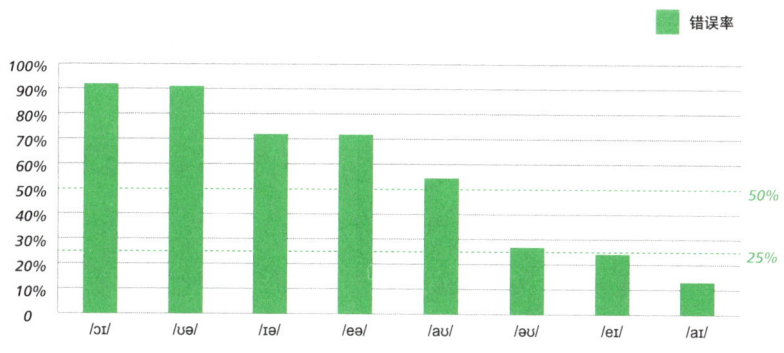

图 2-6 3—4 岁儿童的双元音错误率

3. 辅音

由图 7 可知，3—4 岁儿童习惯发出 14 个辅音 /m/、/p/、/w/、/k/、/b/、/n/、/h/、/ʃ/、/t/、/g/、/s/、/f/、/l/、/j/，习得 1 个辅音 /m/。对比 2—3 岁儿童，3—4 岁儿童新增 11 个习惯发出的辅音，新增 1 个习得辅音 /m/。

图 2-7 3—4 岁儿童的辅音错误率

三、4—5岁

1.单元音

由图 2-8 可知，4—5 岁儿童可以习惯发出全部 12 个单元音 /iː/、/ʌ/、/ə/、/æ/、/ɪ/、/uː/、/ɜː/、/ɒ/、/e/、/ɑː/、/ʊ/、/ɔː/，习得6个单元音/iː/、/ʌ/、/ə/、/æ/、/ɪ/、/uː/。对比3—4岁儿童，4—5岁儿童新增 3 个习惯发出的单元音 /ɑː/、/ʊ/、/ɔː/，新增 3 个习得的单元音 /æ/、/ɪ/、/uː/。

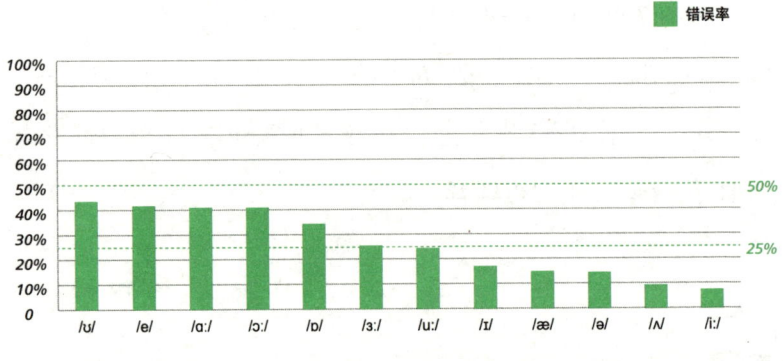

图 2-8　4—5 岁儿童的单元音错误率

2.双元音

由图 2-9 可知，4—5 岁儿童习惯发出 4 个双元音 /əʊ/、/eɪ/、/aɪ/、/aʊ/，习得 3 个双元音 /eɪ/、/aɪ/、/əʊ/。对比 3—4 岁

儿童，4—5岁儿童新增1个习惯发出的双元音 /aʊ/，新增1个习得的双元音 /əʊ/。

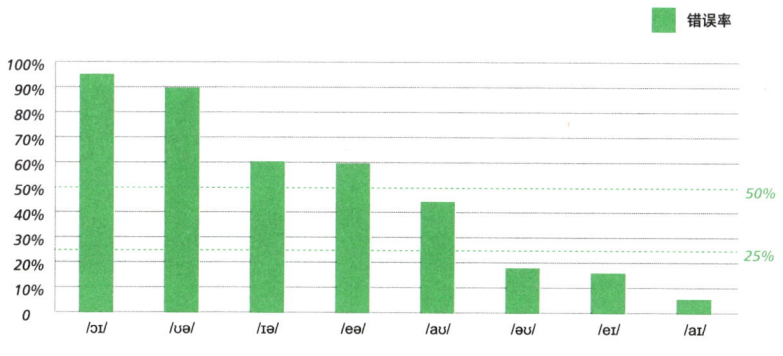

图 2-9　4—5岁儿童的双元音错误率

3. 辅音

由图 2-10 可知，4—5岁儿童可以习惯发出 18 个辅音 /m/、/p/、/w/、/k/、/b/、/n/、/h/、/ʃ/、/t/、/g/、/s/、/f/、/l/、/j/、/ð/、/ŋ/、/z/、/d/，习得 7 个辅音 /m/、/h/、/n/、/k/、/b/、/w/、/l/。对比 3—4 岁儿童，4—5岁儿童新增 4 个习惯发出的辅音 /ð/、/ŋ/、/z/、/d/，新增 6 个习得的辅音 /h/、/n/、/k/、/b/、/w/、/l/。

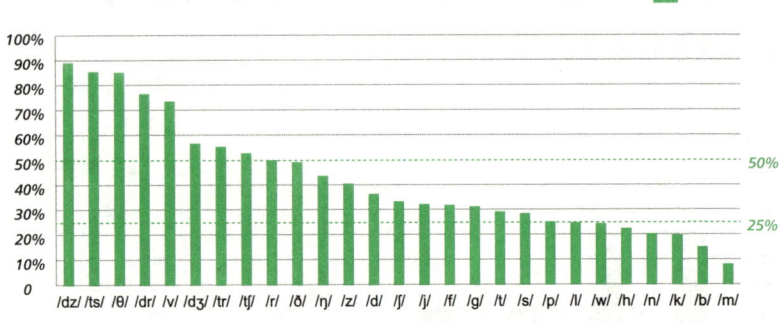

图 2-10　4—5 岁儿童的辅音错误率

四、5—6 岁

1.单元音

　　由图 2-11 可知，5—6 岁儿童可以习惯发出全部 12 个单元音 /ɪ/、/ʌ/、/ə/、/iː/、/e/、/ɒ/、/uː/、/ɜː/、/æ/、/ɑː/、/ʊ/、/ɔː/，习得 7 个单元音 /iː/、/ə/、/ʌ/、/ɪ/、/uː/、/æ/、/ɜː/。对比 4—5 岁儿童，5—6 岁儿童新增了 1 个习得的单元音 /ɜː/，/ɜː/ 的错误率虽然在 2—3 岁年龄段已经小于 25%，但在 3—4 和 4—5 岁年龄段，错误率仍在 25% 以上，说明 2—3 岁时，/ɜː/ 的错误率低于 25% 的现象不稳定。而从 5—6 岁之后，/ɜː/ 的错误率稳定在 25% 以下，故将 5—6 岁年龄段定为 /ɜː/ 的习得年龄段。而习惯发出的单元音数量则与 4—5 岁儿童的一致。

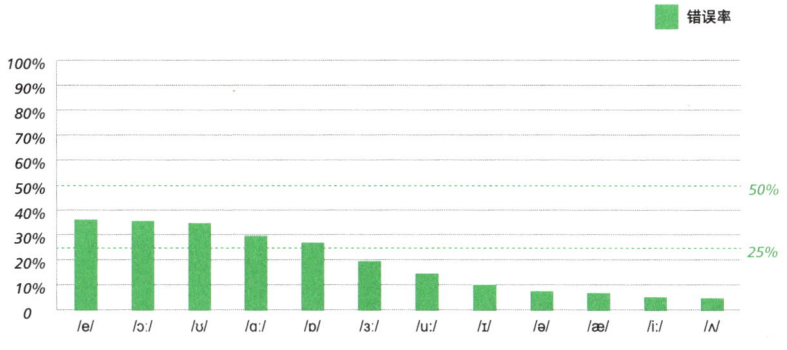

图 2-11　5—6 岁儿童的单元音错误率

2. 双元音

由图 2-12 可知，5—6 岁儿童习惯发出 6 个双元音 /əʊ/、/eɪ/、/aɪ/、/aʊ/、/ɪə/、/eə/，习得 3 个双元音 /eɪ/、/aɪ/、/əʊ/。对比 4—5 岁儿童，5—6 岁儿童新增 2 个习惯发出的双元音 /ɪə/、/eə/，习得的双元音数量则与 4—5 岁儿童的一致。

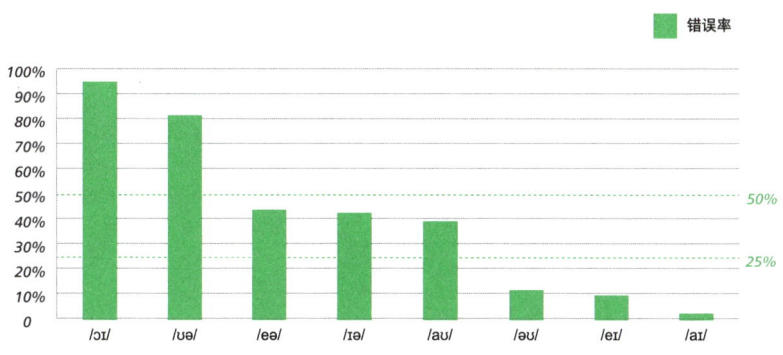

图 2-12　5—6 岁儿童的双元音错误率

3.辅音

由图 2-13 可知，5—6 岁儿童习惯发出 22 个辅音 /m/、/p/、/w/、/k/、/b/、/n/、/h/、/ʃ/、/t/、/g/、/s/、/f/、/l/、/j/、/ð/、/ŋ/、/z/、/d/、/dʒ/、/tʃ/、/r/、/tr/，习得 13 个辅音 /m/、/h/、/n/、/k/、/b/、/w/、/l/、/s/、/p/、/t/、/j/、/g/、/f/。对比4—5岁儿童，5—6岁儿童新增了4个习惯发出的辅音 /dʒ/、/tʃ/、/r/、/tr/，新增了6个习得的辅音 /s/、/p/、/t/、/j/、/g/、/f/。

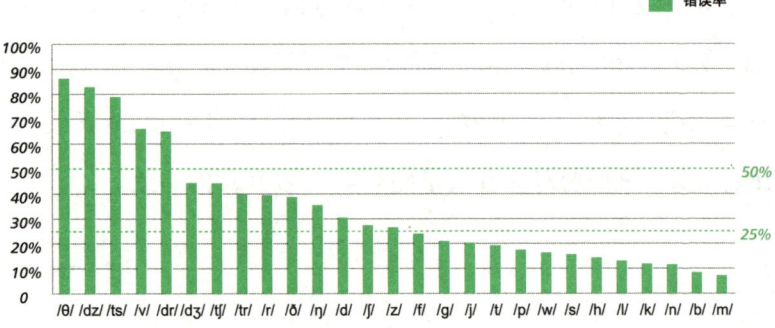

图 2-13　5—6 岁儿童的辅音错误率

五、6—7岁

1.单元音

由图 2-14 可知，6—7 岁儿童可以习惯发出全部 12 个单元音 /ɪ/、/ʌ/、/ə/、/iː/、/e/、/ɒ/、/uː/、/ɜː/、/æ/、/ɑː/、/ʊ/、/ɔː/，习得 9 个单元音 /iː/、/ə/、/ʌ/、/ɪ/、/uː/、/æ/、/ɜː/、/ɑː/、/ɒ/。对比 5—6 岁儿童，6—7 岁儿童新增 2 个习得的单元音 /ɑː/、/ɒ/，习惯发出的单元音数量则与 5—6 岁儿童的相一致。

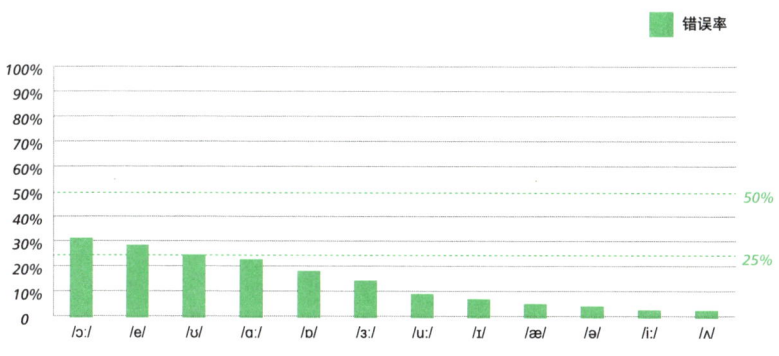

图 2-14　6—7 岁儿童的单元音错误率

2. 双元音

由图 2-15 可知，6—7 岁儿童可以习惯发出 6 个双元音 /əʊ/、/eɪ/、/aɪ/、/aʊ/、/ɪə/、/eə/，习得 3 个双元音 /eɪ/、/aɪ/、/əʊ/。习惯发出的双元音数量与习得的双元音数量均同 5—6 岁儿童的一致。

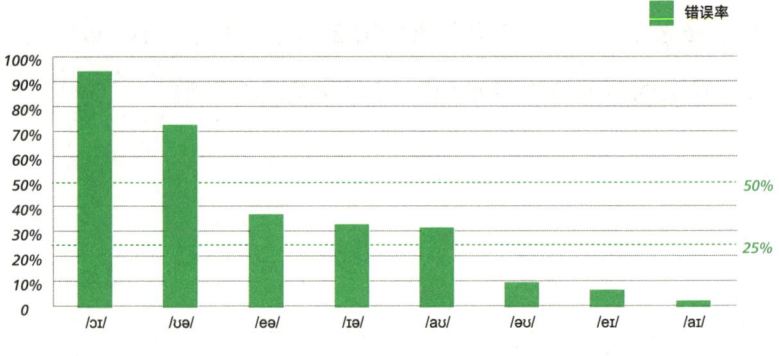

图 2-15　6—7 岁儿童的双元音错误率

3. 辅音

由图 2-16 可知，6—7 岁儿童习惯发出 22 个辅音 /m/、/p/、/w/、/k/、/b/、/n/、/h/、/ʃ/、/t/、/g/、/s/、/f/、/l/、/j/、/ð/、/ŋ/、/z/、/d/、/dʒ/、/tʃ/、/r/、/tr/，习得 16 个辅音 /m/、/h/、/n/、/k/、/b/、/w/、/l/、/s/、/p/、/t/、/j/、/g/、/f/、/d/、/ʃ/、/z/。对比 5—6 岁儿童，6—7 岁儿童新增了 3 个习得辅音 /d/、/ʃ/、/z/，习惯发出的辅音数量则与 5—6 岁儿童的一致。

图 2-16　6—7 岁儿童的辅音错误率

六、7—8岁

1.单元音

　　由图 2-17 可知，7—8 岁儿童可以习惯发出全部 12 个单元音 /ɪ/、/ʌ/、/ə/、/iː/、/e/、/ɒ/、/ɜː/、/uː/、/æ/、/ɑː/、/ʊ/、/ɔː/，习得 11 个单元音 /iː/、/ə/、/ʌ/、/ɪ/、/uː/、/æ/、/ɑː/、/uː/、/ɜː/、/e/、/ʊ/。对比 6—7 岁儿童，7—8 岁儿童新增了 2 个习得单元音 /e/、/ʊ/，习惯发出的单元音数量则与 6—7 岁儿童的一致。

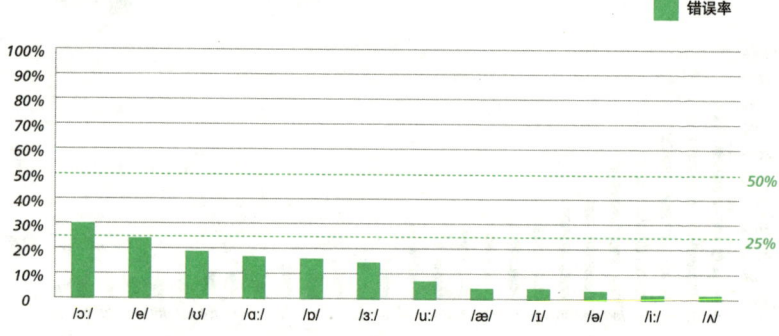

图 2-17　7—8 岁儿童的单元音错误率

2.双元音

　　由图 2-18 可知，7—8 岁儿童习惯发出 6 个双元音 /əʊ/、/eɪ/、/aɪ/、/aʊ/、/ɪə/、/eə/，习得 4 个双元音 /eɪ/、/aɪ/、/əʊ/、/ɪə/。对比 6—7 岁儿童，7—8 岁儿童新增了 1 个习得双元音 /ɪə/，习惯发出的双元音数量则与 6—7 岁儿童的一致。

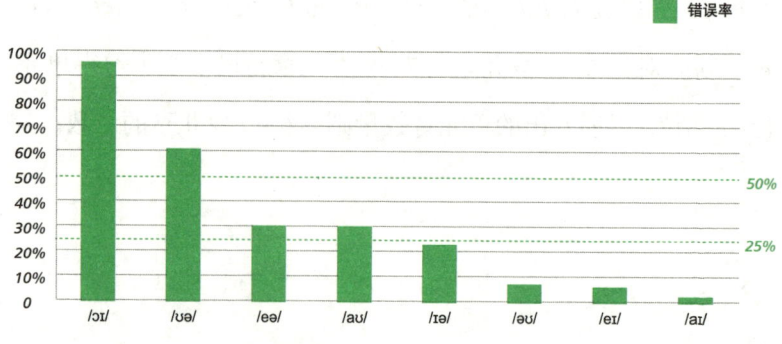

图 2-18　7—8 岁儿童的双元音错误率

3. 辅音

由图2-19可知，7—8岁儿童习惯发出23个辅音 /m/、/p/、/w/、/k/、/b/、/n/、/h/、/ʃ/、/t/、/g/、/s/、/f/、/l/、/j/、/ð/、/ŋ/、/z/、/d/、/dʒ/、/tʃ/、/r/、/tr/、/dr/，习得18个辅音 /m/、/h/、/n/、/k/、/b/、/w/、/l/、/s/、/p/、/t/、/j/、/g/、/f/、/d/、/ʃ/、/z/、/ð/、/ŋ/。对比6—7岁儿童，7—8岁儿童新增了1个习惯发出的辅音 /dr/，新增了2个习得的辅音 /ð/ 和 /ŋ/。

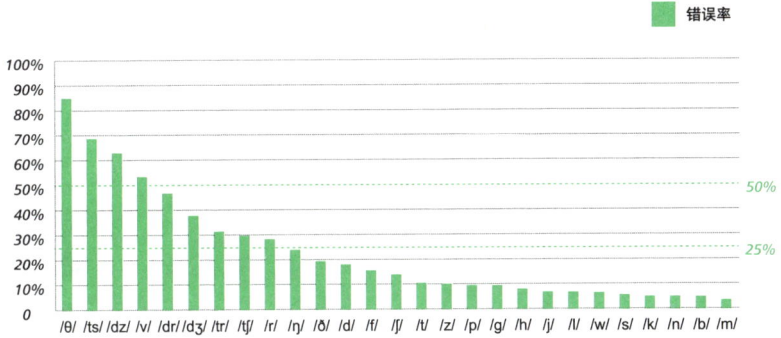

图 2-19　7—8岁儿童的辅音错误率

第二节 累积习惯发出和习得的音素数量

本节与第一节《习惯发出和习得的音素》使用的数据相同。由于 /ʒ/ 的采样数据量不足，因此本节音素数量统计同样不包括辅音 /ʒ/ 的数据。数据统计总共涉及 12 个单元音、8 个双元音、27 个辅音。

1.单元音

由图 2-20 可知，儿童在 2—3 岁时习惯发出的单元音数量还较少。从 3 岁开始，习惯发出的单元音数量增长到 9 个。4 岁开始，儿童能习惯发出所有 12 个单元音。习惯发出年龄较晚（满 4 岁才能发出）的 3 个单元音为 /ɑ:/、/ʊ/、/ɔ:/。

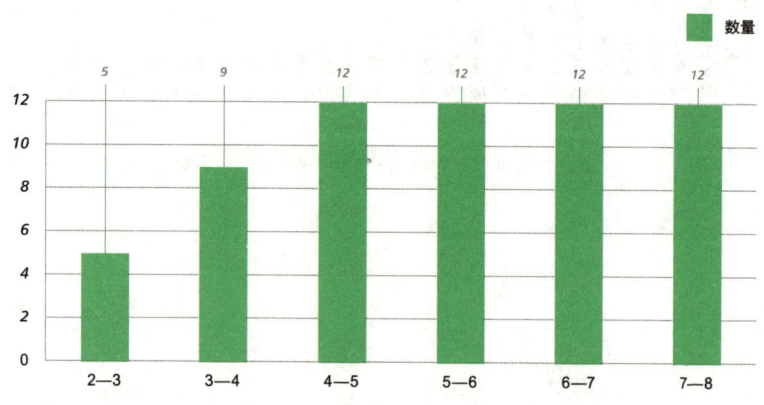

图 2-20　各年龄段习惯发出单元音数量图

由图 2-21 可知，在整个 2—8 岁年龄段，儿童习得的单元音数量随年龄的增加而稳步增长。儿童在 2—3 岁和 3—4 岁时习得的单元音数量都很少。早期儿童最先习得的单元音是 /iː/，随后是 /ə/ 和 /ʌ/。儿童到 7 岁末已经能习得 11 个单元音，只有 1 个单元音 /ɔː/ 未能习得。

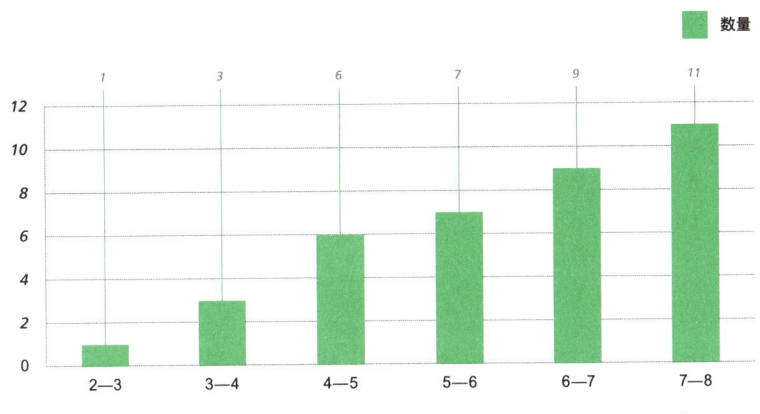

图 2-21 各年龄段习得单元音数量图

2. 双元音

由图 2-22 可知，儿童在 2—3 岁和 3—4 岁两个年龄段习惯发出的双元音数量相同。最先能习惯发出的 3 个双元音为 /aɪ/、/eɪ/、/əʊ/。4 岁后，习惯发出的双元音数量继续增长。儿童在 5—6 岁、6—7 岁和 7—8 岁三个年龄段习惯发出的双元音数量都维持在 6 个。到 7 岁末，仍不能习惯发出 2 个双元音，它们是 /ɔɪ/ 和 /ʊə/。

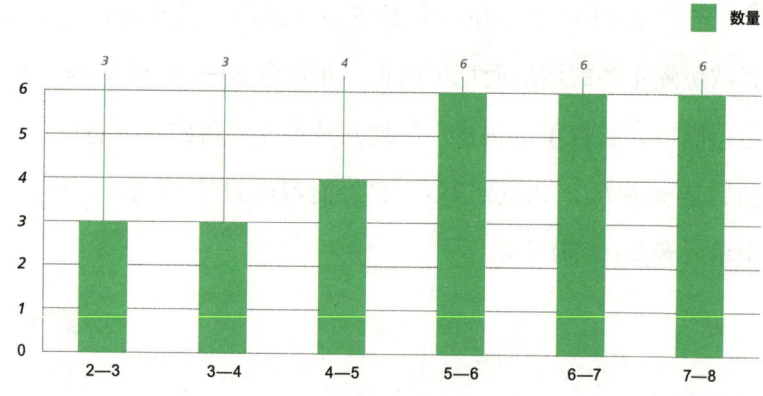

图 2-22 各年龄段习惯发出双元音数量图

由图 2-23 可知，2—3 岁时儿童还不能习得双元音。3—4 岁，儿童可习得 2 个双元音，分别为/eɪ/和/aɪ/。儿童在 4—5 岁、5—6 岁和 6—7 岁三个阶段习得的双元音数量始终维持在 3 个，在这期间，新习得的双元音为 /əʊ/。到 7 岁末，儿童可习得 4 个双元音，还有 4 个双元音未能习得，它们是 /ɔɪ/、/ʊə/、/eə/、/aʊ/。

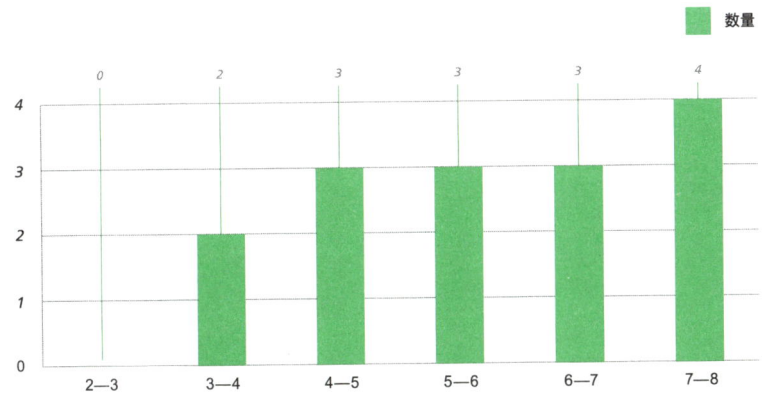

图 2-23 各年龄段习得双元音数量图

3. 辅音

由图 2-24 可知，2—3 岁时儿童能习惯发出 3 个辅音，最早能习惯发出的这 3 个辅音是 /p/、/w/、/m/。到了 3—4 岁，儿童习惯发出的辅音数量大幅度提升到了 14 个。此后一直到 5—6 岁，儿童新习惯发出的辅音数量都随年龄的增长而小幅度增加。6—7 岁时儿童习惯发出的辅音数量与 5—6 岁时一致，均为 22 个。7—8 岁时，习惯发出的辅音音素数量小幅度增长至 23 个。到 7 岁末，还有 4 个辅音儿童尚无法习惯发出，它们是 / θ /、/ts/、/dz/、/v/。

由图 2-25 可知，2—3 岁时儿童无习得的辅音。3—4 岁时习得辅音数量为 1 个，这个最先可以习得的辅音是 /m/。从 4 岁

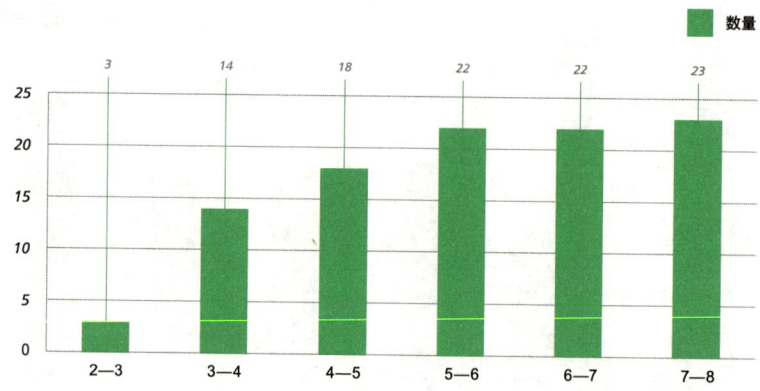

图 2-24　各年龄段习惯发出辅音数量图

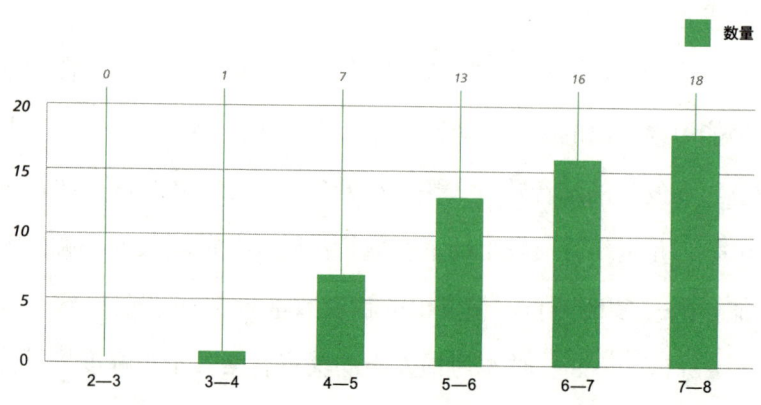

图 2-25　各年龄段习得辅音数量图

开始，儿童习得辅音数量有了大幅度的增长，4—5 岁可以习得 7 个辅音，5—6 岁可以习得 13 个辅音，7—8 岁可以习得 18 个辅音。到 7 岁末，仍有 9 个辅音未能习得，它们是 /θ/、/ts/、/dz/、/v/、/dr/、/dʒ/、/tr/、/tʃ/、/r/。总的来说，4 个辅音连缀 /dz/、/ts/、/dr/、/tr/ 的习得时间都较晚，同时 /θ/ 和 /v/ 这两个汉语普通话中没有的音素习得时间也较晚。

第三节 随年龄变化的音素发音掌握情况图

同样由于 /ʒ/ 的发音数据不足，本节仍只涉及 47 个音素。本部分数据呈现的形式参考了国外的发音发展图（articulation development chart），研究者制作了儿童的单元音、双元音和辅音随年龄变化的掌握情况图（见图 2–26、图 2–27）。

条形的起始年龄段为该音素可被习惯发出的年龄段，条形的终止年龄段为该音素被习得的年龄段。若条形右端停止在 8 岁及以后，说明截至 7 岁 11 个月，该音素还未被习得。因其已超出本研究限定的年龄段范围，此处不作进一步探讨和研究。2—3 岁指 2 岁 0 个月到 2 岁 11 个月，之后的整岁段均依此类推。因为斑马主要用户年龄段在 2—8 岁，所以我们研究抽样的用户最小年龄为 2 岁 0 个月，2 岁之前儿童的语音掌握情况不在本次研究范围内，故条形左端最小从 2 岁 0 个月开始。

在研究中，我们用条形表示各音素儿童习惯发出和习得的年龄段，以呈现音素掌握情况发生变化的平均年龄。通常儿童在到该平均年龄之前就能正确发出其中的大多数音素了，但在过了平均年龄数年之后，儿童在某些情况下仍然会发音错误。

条形的长度粗略地表示了儿童习得特定音素时年龄变化的程度：条形越长，年龄跨度越大。

一、单元音

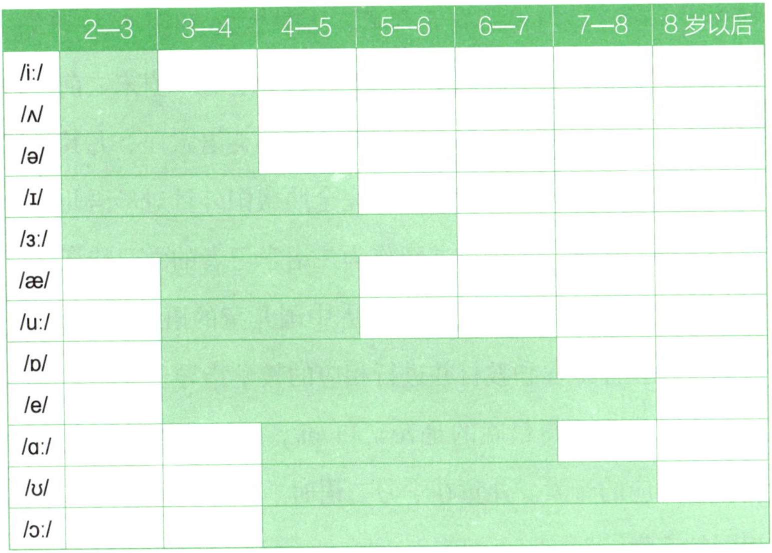

	2—3	3—4	4—5	5—6	6—7	7—8	8岁以后
/iː/	■						
/ʌ/	■	■					
/ə/	■	■					
/ɪ/	■	■	■				
/ɜː/	■	■	■	■			
/æ/	■	■	■	■			
/uː/	■	■	■	■			
/ɒ/	■	■	■	■	■		
/e/	■	■	■	■	■		
/ɑː/	■	■	■	■	■		
/ʊ/	■	■	■	■	■	■	
/ɔː/	■	■	■	■	■	■	■

图 2-26　单元音随年龄变化的掌握情况图

二、双元音

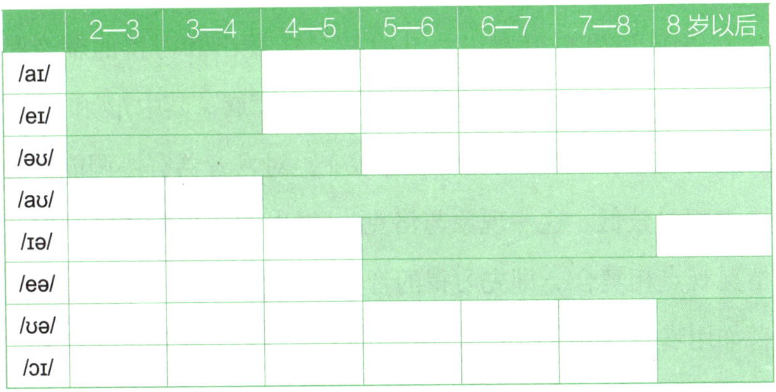

	2—3	3—4	4—5	5—6	6—7	7—8	8岁以后
/aɪ/	■	■					
/eɪ/	■	■					
/əʊ/	■	■	■				
/aʊ/			■	■	■	■	
/ɪə/			■	■	■	■	
/eə/			■	■	■	■	■
/ʊə/							■
/ɔɪ/							■

图 2-27　双元音随年龄变化的掌握情况图

一般来说，绝大部分以英语为母语的儿童在3岁之前（包括3岁）就已经习得所有元音了。从图2-26和图2-27可知，作为以英语为第二语言的学习者，中国儿童在7岁末之前可以习得绝大多数元音。针对中国低龄儿童的英语课程，尤其是涉及词汇和语音教学的部分，不应完全照搬国外针对母语儿童的课程，而是应该考虑中国儿童作为二语学习者的学习特征和习惯。在对教材进行改编时，应考虑中国儿童的语音发展状况，有侧重地设计课程和教材并进行相应的教学指导。

双元音中习得最晚的是 /ʊə/ 和 /ɔɪ/，因为这两个音在汉语中没有对应的音素。儿童在学习二语时，更容易习得与母语中相同的音素[15]。

三、辅音

从图2-28可以看出，儿童较早能发出和习得的辅音是 /m/、/p/、/b/，这些音素在发音时用到了嘴唇（其中 /p/ 和 /b/ 主要用到嘴唇，/m/ 用到嘴唇和鼻腔），对发音器官协调能力的要求相对较低。这一现象与洛克[16]提出的生理模式影响发音情况观点相契合，即先习得的音是那些容易发出和辨识的音，譬如用嘴唇发的音比用舌头和鼻腔发的音更容易辨识和发出。

	2—3	3—4	4—5	5—6	6—7	7—8	8 岁以后
/m/	■	■					
/w/	■	■	■				
/p/	■	■	■	■			
/k/		■	■				
/n/		■	■				
/h/		■	■				
/b/		■	■				
/l/		■	■				
/s/		■	■	■			
/t/		■	■				
/g/		■	■				
/f/		■	■				
/j/		■	■				
/ʃ/		■	■	■	■		
/ð/			■	■	■		
/z/			■	■			
/d/			■	■	■	■	
/ŋ/			■	■	■	■	
/tr/				■	■	■	■
/tʃ/				■	■	■	■
/r/				■	■	■	■
/dʒ/				■	■	■	■
/dr/				■	■	■	■
/v/							■
/θ/							■
/ts/							■
/dz/							■

图 2-28 辅音随年龄变化的掌握情况图

　　根据罗奇（Roach）对英语辅音的分类，除了4个辅音连缀 /tr/、/dr/、/dz/、/ts/ 外的23个辅音按照发音方式（manner of articulation）可细分为以下几类：

- **爆破音**（plosives）: /p/、/b/、/t/、/d/、/k/、/g/。
- **鼻（辅）音**（nasals）: /m/、/n/、/ŋ/。
- **边音**（lateral）: /l/。
- **摩擦音**（fricatives）: /f/、/v/、/θ/、/ð/、/s/、/z/、/ʃ/、/h/。
- **近音**（approximants）: /r/、/j/、/w/。
- **破擦音**（affricates）: /tʃ/、/dʒ/。

　　从整体研究数据来看，作为二语学习者，中国儿童各类辅音的习惯发出（错误率＜50%）和习得（错误率＜25%）年龄段情况如下：

1.爆破音

- 儿童到4岁之前可以习惯发出除 /d/ 以外的所有爆破音，/d/ 则需要等到儿童4岁后才能习惯发出。
- 儿童到6岁之前可以习得除 /d/ 以外的所有爆破音，/d/ 则需要等到儿童6—7岁时才能习得。

国外学者对以英语为母语的儿童进行的爆破音掌握情况研究[17-19]发现，大多数以英语为母语的儿童在4岁之前即可习得所有爆破音[20]。

2.鼻（辅）音

- 儿童到4岁之前可以习惯发出除 /ŋ/ 以外的所有鼻音，/ŋ/ 则需要等到儿童4岁后才能习惯发出。
- 儿童到5岁之前可以习得除 /ŋ/ 以外的所有鼻音，/ŋ/ 则需要等到儿童7—8岁时才能习得。

国外学者研究表明，大多数以英语为母语的儿童同样在4岁之前即可习得所有鼻音。

3.边音

- 儿童在3—4岁能习惯发出 /l/ 音，在4—5岁能习得该音。

4.摩擦音

- 儿童在3—4岁能习惯发出 /h/ 音，在4—5岁能习得该音。
- 儿童在3—4岁能习惯发出 /f/ 音，在5—6岁能习得该音。

- 儿童在 3—4 岁能习惯发出 /s/ 音，在 5—6 岁能习得该音。

- 儿童在 3—4 岁能习惯发出 /ʃ/ 音，在 6—7 岁能习得该音。

- 儿童在 4—5 岁能习惯发出 /z/ 音，在 6—7 岁能习得该音。

- 儿童在 4—5 岁能习惯发出 /ð/ 音，在 7—8 岁能习得该音。

- 儿童在 7 岁末仍不能习惯发出和习得 /θ/ 和 /v/ 两个音。

布格尔（Burger）及莫勒（Mowrer）指出，以英语为母语的儿童一般在较早的时候即可习得 /f/ 和 /v/，而 / θ / 和 /ð/ 两个音素一般在较晚的时候才能习得[20]。本书发现，这一规律在二语学习者身上同样适用。对中国儿童来说，/f/ 在 5—6 岁即可习得，/ð/ 在 7—8 岁才被习得。7 岁末还不能习得 / θ / 和 /v/ 两个音素或许与汉语中没有 / θ / 和 /v/ 这两个音素有关。

5. 近音

- 儿童在 2—3 岁能习惯发出 /w/ 音，在 4—5 岁能习得该音。

- 儿童在 3—4 岁能习惯发出 /j/ 音，在 5—6 岁能习得该音。

- 儿童在5—6岁能习惯发出 /r/ 音，在7岁末还不能习得该音。

对于儿童来说，近音各音素发音难度从高到低为 /r/>/j/>/w/。

6. 破擦音

- 儿童在5—6岁能习惯发出 /tr/ 和 /tʃ/ 的音，习得年龄段未知（7岁末还不能习得）。

破擦音对2—8岁的儿童来说发音难度较大，错误率很高。

综上所述，在儿童持续接受英语口语培训且不考虑"负迁移"影响的前提下，到8岁之前，儿童能完全习得爆破音、鼻音、摩擦音、边音和除 /r/ 以外的近音，但未能习得破擦音。儿童能相对较早习得鼻音、爆破音和边音，随后是近音和摩擦音，在研究年龄范围内未能习得破擦音。国外研究者普里斯特等发现，大部分以英语为母语的儿童可以在5岁前习得英语辅音 [21]，故在引进和改编国外原版词汇教学尤其是辅音教学的教材时，应充分考虑中国儿童的学习情况，对引进的教材内容加以适当改编，以更好地贴合国内儿童的辅音学习发展规律。

第三章

不同地域学生
发音特征

第一节　共有的英语音素常见易错情况

通过观察数据和研究文献，我们得到以下结论：

（1）当英语单词以辅音结尾或者单词中间出现辅音连缀时，学生会习惯性在辅音结尾或者辅音中间增加元音[22-25]。这是因为汉语中没有辅音群，汉语的辅音中间总有元音隔开，所以学生在说英语时会受汉语母语的影响，习惯性在辅音后增加元音，具体表现为：

- 加 /ə/ 音，比如把 clean/kli:n/ 读成 /kəˈli:n/，这一现象最为普遍。

- 在 /p/、/b/ 之后增加 /ʊ/ 音，比如把 please/pli:z/ 读成 /pʊˈli:z/，把 bread/bred/ 读成 /bʊˈred/。

- 在 /tʃ/、/dʒ/、/ʃ/ 后面增加 /ɪ/ 音。比如把 shrill/ʃrɪl/ 读成 /ʃɪˈrɪl/，把 washed/ˈwɒʃt/ 读成 /ˈwɒʃɪt/，把 managed /ˈmænɪdʒd/ 读成 /ˈmænɪdʒɪd/。

（2）汉语中缺少的音素，儿童在学习时发音困难，导致其用相似的易发音英语音素代替。譬如，普通话中没有 /θ/、/ð/、/ʃ/、/ʒ/、/v/ 音，学生在发这些音素时习惯用相似的其他英语音素替代。具体表现为[26-33]：

- 把 /θ/ 发成 /s/，比如把 thing/θɪŋ/ 读成 /sɪŋ/。

- 把 /ð/ 发成 /z/，比如把 those/ðəʊz/ 读成 /zəʊz/。
- 把 /ʃ/ 发成 /s/，比如把 shine/ʃaɪn/ 读成 sign/saɪn/。
- 把 /ʒ/ 发成 /z/，比如把 vision/ˈvɪʒn/ 读成 /ˈvɪzn/。
- 把 /v/ 发成 /w/，比如把 vest/vest/ 读成 west/west/。

（3）发双元音时存在两类问题[34-38]：

- 只读双元音中的第一个音。比如把 like/laɪk/ 读成 /lak/，把 take/teɪk/ 读成 /tek/，把 discount/ˈdɪskaʊnt/ 读成 /ˈdɪskant/，把 bear/beə/ 读成 /be/。
- 误认为双元音是把两个单元音拆开独立读，舌位无自然的滑动过渡。比如把 /eɪ/ 读成 /e/ 加 /ɪ/ 音，把 say/seɪ/ 读成 /se/ 加 /ɪ/ 音。

（4）发短元音和长元音时存在四类问题[39]：

- 混淆短元音和长元音，比如 /ɪ/ 和 /iː/，deep/diːp/ 和 dip/dɪp/ 不分。
- 把英语音素读成某汉字的音或读成拼音，比如把 /ɪ/ 和 /iː/ 读成汉语中"一"（yi）。把 /ɑː/ 读成拼音 a，把 /ɔː/ 读成拼音 ao，把 /uː/ 读成拼音 u。
- 把 /ɪ/ 看作 /iː/ 的短元音，把 /iː/ 看作 /ɪ/ 的长元音，认为两者发音只是时间长短上的区别。

- 学生的口腔开口度通常偏小，会用相似的短元音代替长元音。例如，把 /eɪ/ 发成 /e/，把 bake/beɪk/ 读成 /bek/。

本书提取了斑马英语用户 2020 年 7 月下旬到 8 月下旬近一个月的发音语料数据，对照猿辅导 AI Lab 语音实验室提供的音素错误判断信息，得出斑马用户的音素读错情况数据。通过汇总分析，研究者发现国内绝大部分地区的音素最易错情况基本一致。故综合不同地域音素错误情况，整理出如下 36 个最常见的音素发音错误现象。

单元音（11 个）

- /ɑ:/ 最容易被错发成 /ʌ/ 的音，比如 box/bɑ:ks/（美式发音）被错发成/bʌks/。
- /æ/ 最容易被错发成 /e/ 的音，比如 that/ðæt/ 被错发成 /ðet/。
- /ɔ:/ 最容易被错发成 /ɑ:/ 的音，比如 draw/drɔ:/ 被错发成 /drɑ:/。
- /e/ 最容易被错发成 /æ/ 的音，比如 bed/bed/ 被错发成 /bæd/。
- /ə/ 最容易被错发成 /ɑ:/ 的音，比如 Emma/ˈemə/ 被错发

成 /ˈemɑː/。

- /ɜː/ 最容易被错发成 /ɑː/ 的音，比如 worm/wɜːm/ 被错发成 /wɑːm/。

- /ɪ/ 最容易被错发成 /iː/ 的音，比如 sit/sɪt/ 被错发成 /siːt/。

- /iː/ 最容易被错发成 /ɪ/ 的音，比如 seat/siːt/ 被错发成 /sɪt/。

- /ʊ/ 最容易被错发成 /ɪ/ 的音，比如 goodbye/ˌɡʊdˈbaɪ/ 被错发成 /ˌɡɪdˈbaɪ/。

- /uː/ 最容易被错发成 /əʊ/ 的音，比如 boot/buːt/ 被错发成 /bəʊt/。

- /ʌ/ 最容易被错发成 /æ/ 的音，比如 love/lʌv/ 被错发成 /læv/。

双元音（4个）

- /aɪ/ 最容易被错发成 /æ/ 的音，比如 nice/naɪs/ 被错发成 /næs/。

- /aʊ/ 最容易被错发成 /ʌ/ 的音，比如 about/əˈbaʊt/ 被错发成 /əˈbʌt/。

- /eɪ/ 最容易被错发成 /iː/ 的音，比如 painter/ˈpeɪntər/ 被错发成 /ˈpiːntər/。

- /əʊ/最容易被错发成/ɔː/的音，比如bowl/bəʊl/被错发成/bɔːl/。

辅音（21个）

- /θ/最容易被错发成/s/的音，比如mouth/maʊθ/被错发成/maʊs/。

- /z/最容易被错发成/s/的音，比如guys/gaɪz/被错发成/gaɪs/。

- /w/最容易被错发成/v/的音，比如want/wɒnt/被错发成/vɒnt/。

- /v/最容易被错发成/w/的音，比如vet/vet/被错发成/wet/。

- /tʃ/最容易被错发成/t/的音，比如picture/ˈpɪktʃər/被错发成/ˈpɪktər/。

- /t/最容易被错发成/d/的音，比如street/striːt/被错发成/striːd/。

- /ʃ/最容易被错发成/s/的音，比如trash/træʃ/被错发成/træs/。

- /s/最容易被错发成/z/的音，比如this/ðɪs/被错发成/ðɪz/。

- /r/ 最容易被错发成 /l/ 的音，比如 bear/beə/ 被错发成 /bel/。
- /p/ 最容易被错发成 /b/ 的音，比如 hippo/ˈhɪpəʊ/ 被错发成 /ˈhɪbəʊ/。
- /ŋ/ 最容易被错发成 /n/ 的音，比如 swing/swɪŋ/ 被错发成 /swɪn/。
- /n/ 最容易被错发成 /m/ 的音，比如 one/wʌn/ 被错发成 /wʌm/。
- /m/ 最容易被错发成 /n/ 的音，比如 plum/plʌm/ 被错发成 /plʌn/。
- /l/ 最容易被错发成 /n/ 的音，比如 light/laɪt/ 被错发成 /naɪt/。
- /k/ 最容易被错发成 /g/ 的音，比如 bicycle/ˈbaɪsɪkl/ 被错发成 /ˈbaɪsɪgl/。
- /j/ 最容易被错发成 /ð/ 的音，比如 yes/jes/ 被错发成 /ðes/。
- /g/ 最容易被错发成 /k/ 的音，比如 mug/mʌg/ 被错发成 /mʌk/。
- /dʒ/ 最容易被错发成 /j/ 的音，比如 juice/dʒuːs/ 被错发成 /juːs/。

- /ð/ 最容易被错发成 /z/ 的音，比如 this/ðɪs/ 被错发成 /zɪs/。

- /d/ 最容易被错发成 /t/ 的音，比如 road/rəʊd/ 被错发成 /rəʊt/。

- /b/ 最容易被错发成 /g/ 的音，比如 brown/braʊn/ 被错发成 /graʊn/。

除以上共同的音素常见发音错误现象，我们还发现了一些特殊的易错情况。

单元音方面

- 新疆、西藏、陕西、山东用户最容易将 /iː/ 错发成 /eɪ/ 的音，比如将 clean/kliːn/ 错发成 /kleɪn/。

- 广西用户最容易将 /uː/ 错发成 /ɔː/ 的音，比如将 pool /puːl/ 错发成 /pɔːl/。

双元音方面

- 福建、甘肃、河南、黑龙江、辽宁、宁夏、山东、山西、新疆用户最容易将 /aɪ/ 错发成 /e/ 的音，比如将 bite/baɪt/ 错发成 /bet/。

第二节　共有的汉语方言特征

（1）平、翘舌音不分，比如"知"（zhi）读成（zi），"暂"（zan）读成（zhan）。呈现出该方言特征的地区有：辽宁、黑龙江、吉林、河北、山东、青海、安徽、湖北、湖南、江西、云南、四川、重庆、贵州、广西、内蒙古、新疆、宁夏。

（2）将翘舌音发成平舌音，比如把sh全发成s，把10（shi）读成si。呈现出该方言特征的地区有：山西、江苏吴语区、上海、福建、海南、广东、天津。

（3）鼻音n和边音l不分，如"嫩"（nen）读成（len），"累"（lei）读成（nei）。呈现出该方言特征的地区有：辽宁、河南、陕西南部、甘肃、江苏、浙江、上海、湖北、湖南、江西、福建、海南、四川、重庆、贵州、广东、广西、内蒙古。

（4）普通话中的r声母在方言中会被错发成y，比如日头晒的"日"（ri）会被读成（yi）。呈现出该方言特征的省份有：黑龙江、吉林。

（5）把h发成f的音，比如把"湖"（hu）读成（fu）。呈现出该方言特征的省份和地区有：河南、甘肃、江苏吴语区、浙江吴语区、上海、湖南、江西、云南、重庆、贵州、广西。

（6）把 f 发成 h 的音，比如把吃饭的"饭"（fan）读成（huan）。呈现出该方言特征的地区有：山西中区、甘肃、江苏江淮官话区、湖北、江西、重庆、广西、福建北部。

（7）前、后鼻音不分，比如混淆"明"（ming）和"民"（min）。呈现出该方言特征的地区有：河南、甘肃、青海、安徽、浙江、上海、湖北、湖南、云南、重庆、贵州、广西。

（8）前、后鼻音都发成 ng 的音，比如将"运城"（yun）读成（yung），听起来像"用（yong）城"。呈现出该方言特征的地区有：山西中北部、陕西北部。

（9）普通话中的 r 声母会被读成 l 声母，比如把"柔"（rou）读成"楼"（lou）。呈现出该方言特征的地区有：山东、山西东南地区、江苏吴语区、浙江吴语区、上海、福建。

（10）将 w 发成 v 的音。比如把"问"（wen）读成（ven）。呈现出该方言特征的地区有：山西、广东、新疆、四川。

（11）混淆 w 和 v，将两个音混用。呈现出该方言特征的地区有：江苏吴语区、浙江吴语区、上海、湖南。

第三节　方言特征对英语语音的负迁移影响

以下 11 条英语语音负迁移现象分别对应前述 11 条方言特征。

（1）在读与汉语 zh、ch、sh 发音相似的英语辅音 /dʒ/、/tʃ/、/ʃ/ 时，学生容易将其误读为 /z/、/ts/、/s/。比如把 page /peɪdʒ/ 读成 /peɪts/，把 beach/biːtʃ/ 读成 /biːts/，把 share/ʃeə/ 读成 /seə/。

（2）容易把 /ʃ/ 读成 /s/ 的音，把 /tʃ/ 读成拼音 c：[tsh] 的音。比如把 shop/ʃɒp/ 读成 /sɒp/，把 chip/tʃɪp/ 读成 [tshɪp]。

（3）不区分汉语拼音中的鼻音 n 和边音 l 容易导致英语中混读 /n/ 和 /l/ 两个音素，比如混读 need/niːd/ 和 lead/liːd/。

（4）方言中易把拼音 r：[ʐ] 读成拼音 y：[ɥ] 的音，导致学生在母语中也无法准确发出 r：[ʐ] 音。而英语中没有 y：[ɥ] 这个音，因此学生在发英语 /r/ 音时，便用相似音 /j/ 来代替，导致英语发音中会出现 /r/ 和 /j/ 音混淆的现象。比如把 rock/rɒk/ 读成 /jɒk/。

（5）容易把 /h/ 读成 /f/ 的音，比如把 whose/huːz/ 读成 /fuːz/。

（6）容易把 /f/ 读成 /h/ 的音，比如把 refuse/rɪˈfjuːz/ 读成

/rɪˈhjuːz/。

（7）容易混淆 /n/ 和 /ŋ/ 两个音，比如混淆 thing/θɪŋ/ 和 thin /θɪn/。

（8）容易把 /n/ 读成 /ŋ/ 的音，比如把 bin/bɪn/ 读成 bing /bɪŋ/。

（9）容易把 /r/ 读成 /l/ 的音，比如把 room/ruːm/ 读成 loom /luːm/。

（10）容易把 /w/ 读成 /v/ 的音，比如把 west/west/ 读成 vest /vest/。

（11）容易把 /w/ 和 /v/ 混读。比如把 five/faɪv/ 读成 /faɪw/，把 very/ˈveri/ 读成 /ˈweri/。

第四节　不同地域音素错误情况

在本节中，研究者将有针对性地对我国音素发音错误情况进行分析。在文献综述时发现，已有汉语方言研究的目标群体多为口腔器官已发育成熟、方言发音体系趋近固定的健康成年人。由于低年龄段儿童对发音音位的感知能力仍处于发育过程中，需要到一定年龄之后才能达到和成人一样的稳定状态[40]，故其英语语音受方言影响的程度较发音音位感知能力发育完全人群的低。本研究仅在理想情况下，即假定儿童的方言腔调已经成型，对英语初学者的汉语方言负迁移影响作出推测性结论。满4岁的儿童已经过了语音发展的飞跃期[41]，已经能习惯发出绝大部分音素了，故各地抽样用户年龄大部分集中在4—7岁区间。

下文对各地用户发音错误率是否显著高于/低于全国平均音素错误率的判断是基于各音素读对/读错人数的卡方检验（chi-square test）结果，即当p值小于0.05时为结果显著。

下文各地区"英语语音特点"和"基于斑马用户数据的发现"两部分的研究结论是各自独立的，部分结论可能存在不一致的现象，这是由于前一部分是总结自其他研究者的发现，后一部分是总结自斑马用户的发音数据，两部分的研究方法和数据来源均不一致。

一、东三省

　　辽宁、黑龙江、吉林并称"东三省"。整个东北地区的方言有鲜明的移民特征，清末出现的"闯关东"和政府组织的集体人口迁徙影响了东北地区的语言结构。迁徙到东北地区的人口以山东人和河北人为主，故山东人的胶辽官话和河北人的北方官话也被引入了东北地区[42-44]。目前，整个东北地区的方言以东北官话为主，少部分地区保留了胶辽官话（黑龙江东北部和辽宁东南部）和北方官话（黑龙江北部）。

（一）其他受辽宁方言影响的英语语音特点

　　（1）容易把 /ð/ 发成 /dz/ 的音，比如把 their/ðeə/ 读成 /dzeə/。

　　（2）容易把 /z/ 发成汉语里 z 的音，比如把 zoo/zu:/ 读成 /dzu:/ 或"租"（zu）。

　　（3）容易把 /ʃ/ 发成汉语中 sh 或 x 的音，比如把 show/ʃəʊ/ 读成"受"（shou）或"秀"（xiu）。

　　（4）容易把 /tʃ/ 和 /dʒ/ 发成汉语里 q 和 j 的音，由于英语的 /tʃ/ 和 /dʒ/ 与汉语中 q 和 j 的发音部位和唇形都相同，故容易混淆。学生会把 chain/tʃeɪn/ 读成 /qeɪn/，把 jeep/dʒi:p/ 读成 [tɕi:p]。

　　（5）容易把 /tr/ 和 /dr/ 发成汉语中 ch 和 zh 的音。发汉语中 ch 和 zh 两个音时，舌尖需紧贴硬腭前部，舌面不如发 /tr/ 和 /dr/

两个音时那么凹，而学生发音时，易将这两组音混淆，把 true /truː/ 读成"处"（chu），drew/druː/ 读成"注"（zhu）。

（二）基于辽宁斑马用户数据的发现

基于辽宁省 2000 名用户连续一个月的跟读数据，我们对各音素的发音错误率进行了分类统计。图 3-1 的音素发音错误率是按照从高到低的顺序排列的，从图中可以初步观察到该省用户发音错误率和全国范围内用户总体发音错误率差异较明显的音素。

对该省用户和全国范围内用户的各音素跟读错误率分别做统计学检验，发现两者的音素错误率差异情况如下。

- 错误率显著高于全国的音素（即该省用户发音错误率显著高于全国范围内用户整体发音错误率的音素，亦即该省用户发音较全国范围内用户整体水平差的音素）为 /g/。

- 错误率显著低于全国的音素（即该省用户发音错误率显著低于全国范围内用户整体发音错误率的音素，亦即该省用户发音较全国范围内用户整体水平好的音素）有：/ʊ/、/eə/、/ɪə/、/tr/、/ð/、/əʊ/、/l/、/h/、/n/、/iː/。

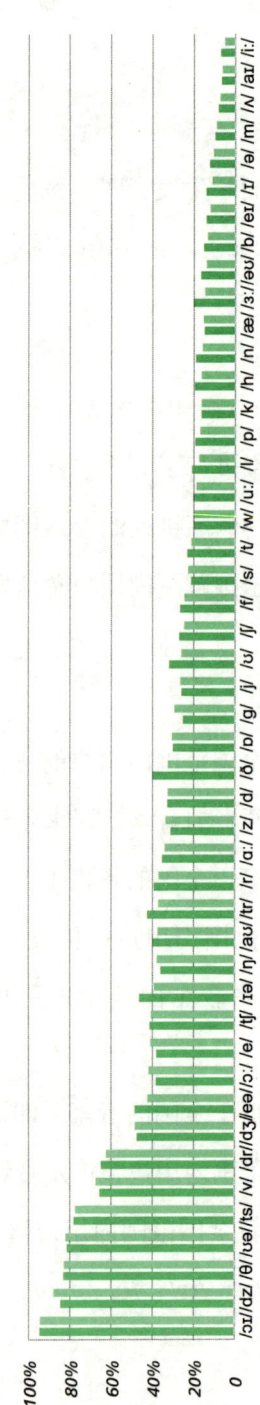

图 3-1　辽宁与全国各音素发音错误率对比

（三）其他受黑龙江方言影响的英语语音特点

（1）无后鼻音，容易把后鼻音发为前鼻音，比如"请"（qing）读成（qin）。这导致说英语时，容易把/ŋ/读成/n/，比如把thing/θɪŋ/读成thin/θɪn/。

（2）容易把 /æ/ 发为汉字"哎"（ai）的音。黑龙江方言的特点之一就是发音时要放松口腔使肌肉松弛，较少存在上下唇紧张及伸展嘴角的发音动作。黑龙江方言中常使用"哎"（ai），"啊"（a）等口型较大的发音，所以学生容易用"哎"（ai）来代替英语中的/æ/音，比如把fat/fæt/读成近似fight/faɪt/的音。

（3）容易混淆 /r/ 和 /l/ 两个音。在黑龙江方言中，经常把"扔"（reng）读成（leng），"如意"的"如"（ru）读成（lu），这一方言现象导致了英语发音时/r/和/l/混淆现象的出现，比如混淆road/rəʊd/和load/ləʊd/。

（4）发含糊音/l/困难，甚至会直接忽略这个音。英语中的/l/根据发音位置不同可分为清晰音/l/和含糊音/l/。在黑龙江方言中，只存在与清晰音/l/发音方式相似的音，如"好了"（hao le）中的"了"（le），而不存在与含糊音/l/相似的音，所以黑龙江学生会发错含糊音/l/甚至忽略这个音，比如容易把world/wɜ:rld/读成word/wɜ:rd/。

（5）容易混淆 /f/ 和 /v/ 两个音。由于普通话中没有 /v/ 这个音，黑龙江人容易将唇齿浊擦音 /v/ 读成唇齿清擦音 /f/，比如把 veil/veɪl/ 读成 fail/feɪl/。

（四）基于黑龙江斑马用户数据的发现

我们提取了抽样的 2000 名黑龙江省用户连续一个月的跟读数据，对其按照音素进行了分类并统计了各音素的发音错误率，将黑龙江省用户所有音素的发音错误率与全国范围内用户各音素发音的整体错误率作了对比。图 3-2 的音素是按照黑龙江省用户音素发音错误率从高到低的顺序排列的，从图中可以初步观察到该省用户发音错误率和全国范围内用户整体发音错误率差异较明显的音素。

对该省用户和全国范围内用户的各音素跟读错误率分别做统计学检验，发现两者的音素错误率差异情况如下。

- 错误率显著高于全国的音素为 /e/。
- 错误率显著低于全国的音素有：/eə/、/ɪə/、/tʃ/、/ð/、/ɪ/、/əʊ/、/r/、/ŋ/、/d/、/ʃ/、/f/、/t/、/h/、/p/、/n/、/iː/、/b/、/m/。

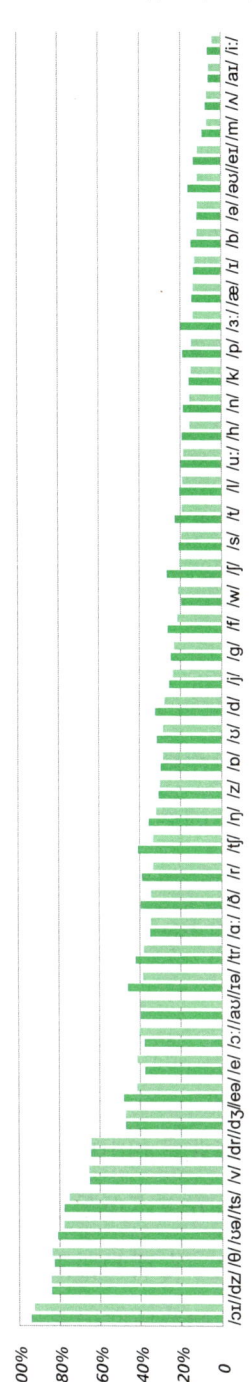

图 3-2　黑龙江与全国各音素发音错误率对比

（五）基于吉林斑马用户数据的发现

我们提取了抽样的 2000 名吉林省用户连续一个月的跟读数据，对其按照音素进行了分类并统计了各音素的发音错误率，将吉林省用户所有音素的发音错误率与全国范围内用户各音素发音整体错误率作了对比。图 3-3 的音素是按照吉林省用户音素发音错误率从高到低的顺序排列的，从图中可以初步观察到该省用户发音错误率和全国范围内用户整体错误率差异较明显的音素。

对该省用户和全国范围内用户的各音素跟读错误率分别做统计学检验，发现两者的音素错误率差异情况如下。

- 错误率显著高于全国的音素有：/e/、/ɪ/、/w/。
- 错误率显著低于全国的音素有：/ʊ/、/eə/、/ɪə/、/ð/、/əʊ/、/r/、/d/、/ʃ/、/eɪ/、/l/、/h/、/p/、/n/、/iː/、/k/。

二、河北

河北在地理位置上与北京和山西接壤，由于彼此之间的人员流动与迁徙，河北省内方言不免受京、晋两地方言影响。河北省内汉语方言主要有北方官话和晋语，大部分地区说北方官话，西边与山西接壤的一部分地区说晋语。

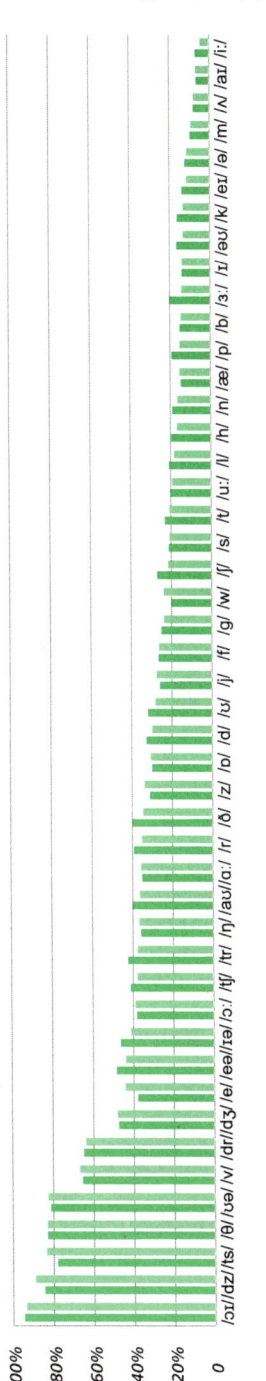

图 3-3 吉林与全国各音素发音错误率对比

（一）其他受河北方言影响的英语语音特点

（1）/n/ 音的弱读或丢失。这一现象出现在来自张家口和邯郸的学生当中。这两地的方言中前鼻音韵母 an[æ]、ian[iæ]、uan[uæ]、üan[yæ] 的韵尾 n 常常会被隐去，使得发音时口腔中的气流不受阻碍，将这些音发成 a[a]，ia[ia]，ua[ua]，üa[ya]。所以在英语发音中，学生也会把英语中的 /n/ 弱读或直接丢掉，比如把 fan/fæn/ 读成 /fæ/。

（2）在中元音 /ʌ/ 前加一个滑音 /w/。河北省沧州和衡水等地的方言中，常出现把 e 发成 wo 的现象，比如把"饿"（e）读成"握"（wo）。受此影响，学生容易把 above/əˈbʌv/ 读成 /wəˈbʌv/。

（二）基于河北斑马用户数据的发现

我们提取了抽样的 2000 名河北省用户连续一个月的跟读数据，对其按照音素进行了分类并统计了各音素的发音错误率，将河北省用户所有音素的发音错误率与全国范围内用户各音素发音整体错误率作了对比。图 3-4 的音素是按照河北省用户音素发音错误率从高到低的顺序排列的，从图中可以初步观察到该省用户发音错误率和全国范围内用户整体错误率差异较明显的音素。

图3-4 河北与全国各音素发音错误率对比

对该省用户和全国范围内用户的各音素跟读错误率分别做统计学检验，发现两者的音素错误率差异情况如下。

- 无错误率显著高于全国的音素。
- 错误率显著低于全国的音素有：/ʊə/、/eə/、/ɪə/、/ð/、/æ/、/r/、/ʃ/、/f/、/eɪ/、/j/、/l/、/ə/、/ʌ/、/aɪ/、/n/。

三、河南

河南大部分地区所说的方言都是中原官话，少部分为晋语。中原官话是北方汉语的一个分支，流行于中国的中原地区。河南省地处中原核心地区，故中原官话在此最为盛行。明代实行的大规模人口迁移政策使得很多山西居民迁徙移居到了河南境内，河南中北部的方言中能找到很多晋语的影子，比如河南中北部地区方言中存在的各种音变现象就是由于受到了晋语变音现象的影响[45-46]。

（一）其他受河南方言影响的英语语音特点

（1）容易省略单词中的 /n/ 音。比如把 bank/bæŋk/ 读成/bæk/，把 bind/baɪnd/ 读成 /baɪd/。

（2）容易混淆 /ɪ/ 和 /eɪ/ 两个音。比如把 sit/sɪt/ 读成 /seɪt/。

（3）英语发音时常用类似/hw/的双唇音代替/f/音。

（4）容易将英语中的 /r/ 音发成汉字"日"（ri）的音。

（5）容易将 /s/ 音发成汉字"是"（shi）的音。

（二）基于河南斑马用户数据的发现

我们提取了抽样的 2000 名河南省用户连续一个月的跟读数据，对其按照音素进行了分类并统计了各音素的发音错误率，将河南省用户所有音素的发音错误率与全国范围内用户各音素发音整体错误率作了对比。图 3-5 的音素是按照河南省用户音素发音错误率从高到低的顺序排列的，从图中可以初步观察到该省用户发音错误率和全国范围内用户整体错误率差异较明显的音素。

对该省用户和全国范围内用户的各音素跟读错误率分别做统计学检验，发现两者的音素错误率差异情况如下。

- 错误率显著高于全国的音素有：/ɔː/、/uː/、/j/。
- 错误率显著低于全国的音素有：/ θ /、/v/、/æ/、/ɪ/。

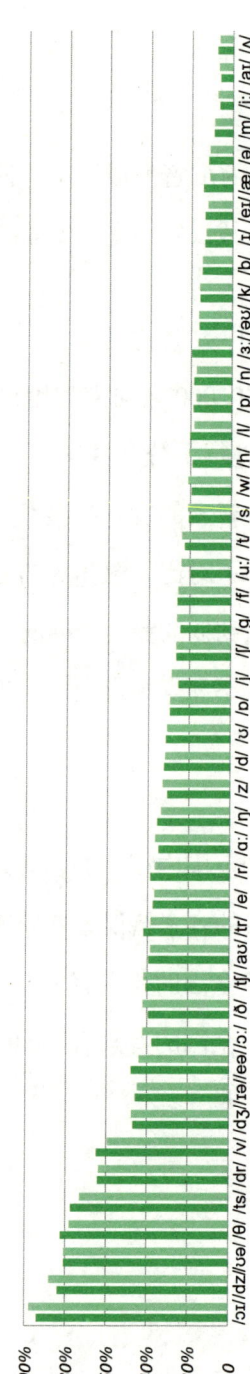

图 3-5　河南与全国各音素发音错误率对比

四、山东

山东省内的方言十分复杂，山东位于三大官话——北方官话、胶辽官话和中原官话的交界处。山东方言既有官话的特征，又在声母、韵母、儿化等方面体现出其自身的特点，内部具有较强的一致性。山东方言的一些特征，如舌叶音、唇齿塞擦音、齿间音等现象在整个汉语方言体系中也是非常少见的[47]。从地域上看，山东半岛说的是胶辽官话，山东西北部是北方官话，山东西南部是中原官话。

（一）其他受山东方言影响的英语语音特点

使用山东方言发汉语的 z、c、s 音时，会把舌尖外伸，放在上下齿之间，发成齿间音，近似英语的 /θ/、/ð/。导致在英语发音中，容易把 /s/ 读成 /θ/，把 /z/ 读成 /ð/，比如把 sin/sɪn/ 读成 thin/θɪn/，把 bays/beɪz/ 读成 bathe/beɪð/。

（二）基于山东斑马用户数据的发现

我们提取了抽样的 2000 名山东省用户连续一个月的跟读数据，对其按照音素进行了分类并统计了各音素的发音错误率，将山东省用户所有音素的发音错误率与全国范围内用户各音素发音整体错误率作了对比。图 3-6 的音素是按照山东省用户音素发音错误率从高到低的顺序排列的，从图中可以初步观

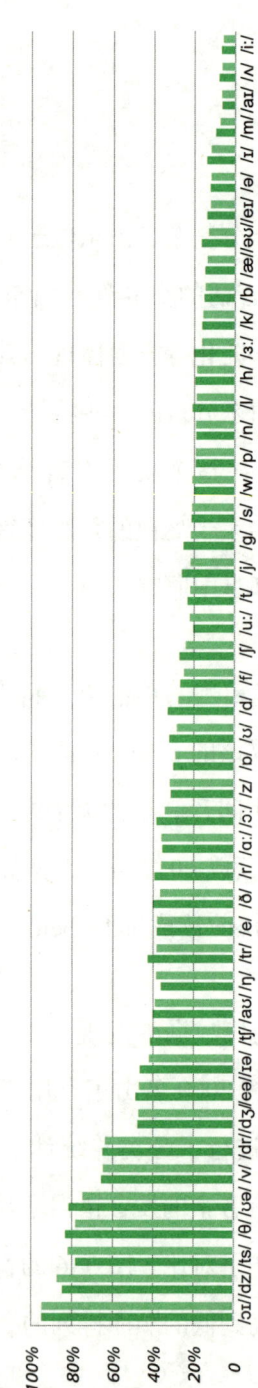

图 3-6 山东与全国各音素发音错误率对比

察到该省用户发音错误率和全国范围内用户整体错误率差异较明显的音素。

对该省用户和全国范围内用户的各音素跟读错误率分别做统计学检验，发现两者的音素错误率差异情况如下。

- 无错误率显著高于全国的音素。
- 错误率显著低于全国的音素有：/ɔː/、/ʊə/、/ʊ/、/θ/、/ð/、/ɪ/、/əʊ/、/d/、/j/、/g/、/m/。

五、山西

山西省内的汉语方言主要是晋语，少部分区域为中原官话。陈庆延在《晋语的源与流》中指出，西周时期形成的古晋语到了春秋战国时期分化成河东方言和并州方言两种。到了现代，河东方言归属中原官话，并州方言保留入声，独立为晋语[48]。

其他受山西方言影响的英语语音特点

（1）容易把/aɪ/发成/eɪ/的音。这是由于山西北部朔州地区的方言中常将"白"（bai）读为（bei）、"快"（kuai）读为（kuei），这导致英语学习者较难分辨英语中/aɪ/和/eɪ/两个音，易将 nice/naɪs/ 读为 /neɪs/。

（2）混淆 /aʊ/ 和 /ɔ:/ 两个音。在研究中发现，学习者在读 about/əˈbaʊt/ 一词时，容易将其误读为 /əˈbɔ:t/。

（3）混淆 /æ/ 与 /ə/ 两个音。虽然这两个音在汉语中有相似的音，但习惯上会被统一发成韵母 a 的音，这导致该地英语学习者容易将 /æ/ 音读为 /ə/，如将 man/mæn/ 读成 /mən/。

（4）遇到 /ə/ 重读时会把 /ə/ 发成 /ɑ:/ 的音。在山西某些地区如大常，在读"了"（le）时，常会读成/lɑ:/，比如"吃完饭了"说成"吃完饭啦"。故在英语学习中容易将 today/təˈdeɪ/ 读成 /tɑ:ˈdeɪ/。

（5）把单元音 /i:/ 和 /ɪ/ 读成双元音 /eɪ/。晋方言区人会把汉语中的"丽"（li）读成"累"（lei），故在英语发音时容易把 lead/li:d/ 读成 /leɪd/，leave/li:v/ 和 live/lɪv/ 读成 /leɪv/。

（6）把双元音 /əʊ/ 读成单元音 /ʊ/。孟县方言（属于晋方言的一种）中，位于声母 m 之后的韵母 ou 都被读做 u，比如"某"（mou）读成（mu）。在英语学习时，容易把 most/məʊst/ 读成 /mʊst/。

（7）混淆送气音和不送气音。山西有些地区会将送气音 /tʰ/ 读作/t/，比如清徐、太谷等地，将"桃儿"/tʰaur/为/taur/（音似"刀儿"）。这种送气和不送气的混淆，直接对英语习得产生负迁移影响，导致学习者容易将 tall/tɔ:l/ 读为 dall/dɔ:l/。

（8）没有鼻音 n，把鼻音 n 读成边音 l。因此，在英语学习中容易把 /n/ 的音发成 /l/ 的音，比如把 like/laɪk/ 读作 /naɪk/，把 nice/naɪs/ 读作 /laɪs/。

（9）山西晋语区孟县方言中，会把 r 读成 z，比如"日"（ri）读成（zi）。因而在学习英语时，容易把 /r/ 音发为 /z/ 音，比如将 reach/riːtʃ/ 读成 /ziːtʃ/。

（二）基于山西斑马用户数据的发现

我们提取了抽样的 2000 名山西省用户连续一个月的跟读数据，对其按照音素进行了分类并统计了各音素的发音错误率，将山西省用户所有音素的发音错误率与全国范围内用户各音素发音整体错误率作了对比。图 3-7 的音素是按照山西省用户音素发音错误率从高到低的顺序排列的，从图中可以初步观察到该省用户发音错误率和全国范围内用户整体错误率差异较明显的音素。

对该省用户和全国范围内用户的各音素跟读错误率分别做统计学检验，发现两者的音素错误率差异情况如下。

- 无错误率显著高于全国的音素。

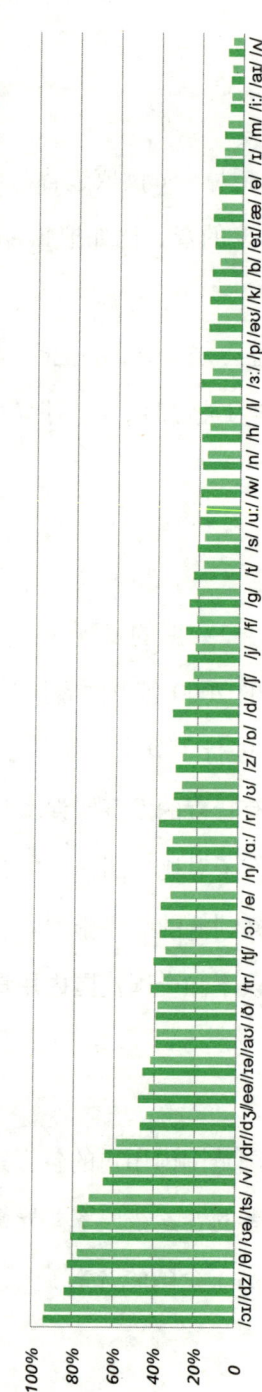

图 3-7 山西与全国各音素发音错误率对比

- 错误率显著低于全国的音素有：/ɔ:/、/e/、/ʊə/、/ʊ/、/eə/、/θ/、/dr/、/u:/、/tr/、/tʃ/、/æ/、/əʊ/、/r/、/d/、/z/、/ʃ/、/f/、/eɪ/、/j/、/g/、/t/、/s/、/l/、/w/、/h/、/p/、/ʌ/、/k/、/b/。

六、陕西

陕西省内汉语方言有中原官话、西南官话和晋语三大类。按照地理、文化、气候和语言等因素可将陕西划分为3个方言区：陕北方言区、关中方言区和陕南方言区。陕北方言区在地理位置上接近山西，故陕北方言属于晋语[49]；关中方言则属于中原官话；陕南方言区在地理位置上接近四川，主要说西南官话和中原官话。

（一）其他受陕西方言影响的英语语音特点

（1）将/ʊ/发成/əʊ/的音。西安临潼区、户县、周至等地区方言中常将u音发成ou的音，譬如将"读"（du）发成（dou）的音、"努"（nu）读成（nou）、"图"（tu）读成（tou）。因此，在英语语音学习过程中，也容易将/ʊ/读成/əʊ/的音，比如把book/bʊk/读成/bəʊk/。

（2）将 /en/ 发成 /eɪ/ 的音。在陕西白水、淳化、长武一带方言中，汉语 en 音节在与 b、p、m、f 相拼时，很容易被发成 ei 的音，如将"本"（ben）读作（bei）、"盆"（pen）读作（pei）、"分"（fen）读作（fei）等。因此，这些地区的学生容易把英语的 /en/ 读作 /eɪ/，如把 hen/hen/ 读成 hey/heɪ/。

（二）基于陕西斑马用户数据的发现

我们提取了抽样的 2000 名陕西省用户连续一个月的跟读数据，对其按照音素进行了分类并统计了各音素的发音错误率，将陕西省用户所有音素的发音错误率与全国范围内用户各音素发音整体错误率作了对比。图 3-8 的音素是按照陕西省用户音素发音错误率从高到低的顺序排列的，从图中可以初步观察到该省用户发音错误率和全国范围内用户整体错误率差异较明显的音素。

对该省用户和全国范围内用户的各音素跟读错误率分别做统计学检验，发现两者的音素错误率差异情况如下。

- 无错误率显著高于全国的音素。
- 错误率显著低于全国的音素有：/ʊ/、/eə/、/v/、/dʒ/、/ɒ/、/ɪə/、/tr/、/tʃ/、/æ/、/r/、/d/、/z/、/ʃ/、/f/、/g/、/t/、/s/、/l/、/b/、/m/。

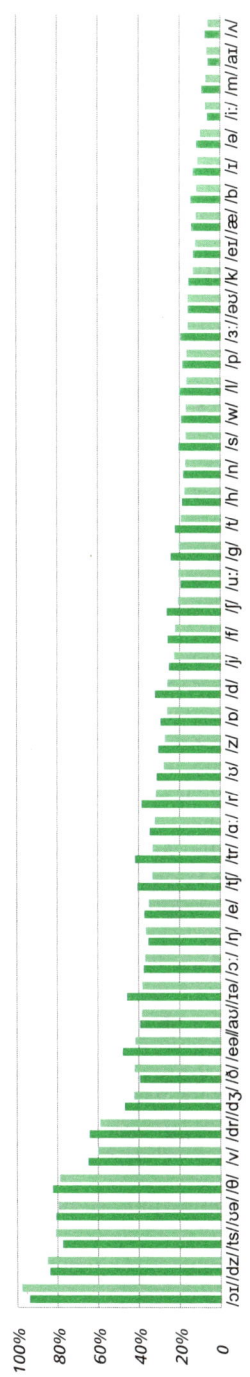

图 3-8 陕西与全国各音素发音错误率对比

七、甘肃

甘肃省内汉语方言主要有两种，中原官话和兰银官话。兰银官话的使用者主要集中在兰州市和甘肃河西片 14 个地区。中原官话的使用人数比兰银官话多，是甘肃省使用人数最多的一种方言，中原官话区又包括陇中片、秦陇片、关中片[50–52]。

（一）其他受甘肃方言影响的英语语音特点

（1）普通话塞音中有三对对立的送气音和不送气音——b–p、d–t、g–k，甘肃天水、平凉、武都等地方言中会将一部分不送气音发为送气音。例如将"病"（bing）、"动"（dong）、"跪"（gui）等字的声母发为送气音，分别读为（ping）、（tong）、（kui）。这导致学生在读spring, string, scream等词时，容易将爆破浊辅音 /b/、/d/、/g/ 读为爆破清辅音 /p/、/t/、/k/。

（2）使用甘肃方言发复韵母音时口型小，没有滑动、过渡现象。因而在学习英语时，当地学习者常误将 /aɪ/ 发成汉语韵母 ai，/əʊ/ 和 /aʊ/ 发成 ou，听上去就像将两个用力平均、发音短促的单元音拼在一起，两者之间的松紧区别及长短对立不明显，听上去发音不完整。此外，该地学习者还会将 /aʊ/ 和 /əʊ/ 发成 /ɔː/ 的音，比如将 know/nəʊ/ 和 now/naʊ/ 两个词都读成 nor/nɔː/，使得 note-not, so-saw, soap-soup 等几组词的发音听起来没有明显区别。try, fly, life, like 等词中开合双元音 /aɪ/ 则

会被发成后元音 /ɑ:/ 或前元音 /æ/ 的音，比如将 like/laɪk/ 误读成 lark/lɑ:k/ 或 lack/læk/。

（3）甘肃方言里，普通话中的圆唇音 o 韵母会被发成不圆唇音 e 韵母的音，如将"播"（bo）、"馍"（mo）读成（be）、（me）。这导致学生在学习英语时，容易把英语中的 /ɔ:/ 读成 /ə/ 的音，比如把 short/ʃɔ:t/ 读成 /ʃət/。

（4）容易把 /ʒ/ 读成 /r/ 的音，如把 pleasure/ˈpleʒə/ 读成 /ˈplerə/。

（5）鼻音韵尾会造成英语元音的鼻化或给单词加鼻音 /n/，比如把 back/bæk/ 读成 bank/bæŋk/，把 had/hæd/ 读成 hand/hænd/。

（二）基于甘肃斑马用户数据的发现

我们提取了抽样的 2000 名甘肃省用户连续一个月的跟读数据，按照音素对其进行了分类并统计了各音素的发音错误率，将甘肃省用户所有音素的发音错误率与全国范围内用户各音素发音整体错误率作了对比。图 3-9 的音素是按照甘肃省用户音素发音错误率从高到低的顺序排列的，从图中可以初步观察到该省用户发音错误率和全国范围内用户整体错误率差异较明显的音素。

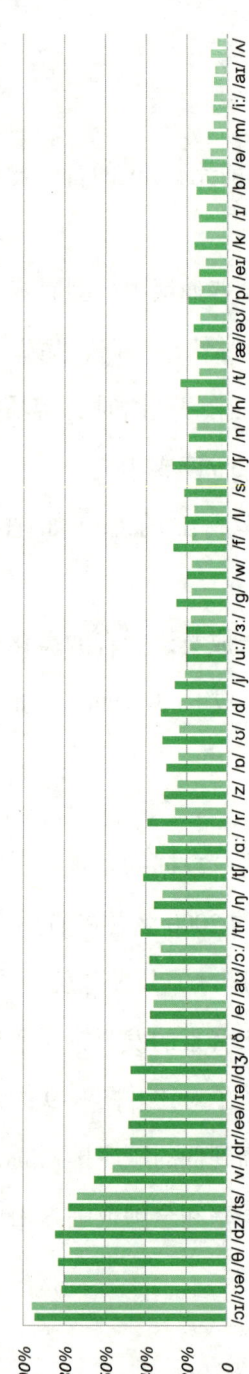

图3-9 甘肃与全国各音素发音错误率对比

对该省用户和全国范围内用户的各音素跟读错误率分别做统计学检验，发现两者的音素错误率差异情况如下。

- 无错误率显著高于全国的音素。
- 错误率显著低于全国的音素有：/ɔ:/、/ɑ:/、/dz/、/ʊ/、/eə/、/θ/、/v/、/dr/、/dʒ/、/ɒ/、/ɪə/、/aʊ/、/tr/、/tʃ/、/əʊ/、/r/、/ŋ/、/d/、/z/、/ʃ/、/f/、/eɪ/、/j/、/g/、/t/、/s/、/l/、/h/、/p/、/ə/、/ʌ/、/n/、/k/、/b/、/m/。

八、青海

青海省的汉语方言主要以西宁河湟方言系为主，西宁话流行于全省各地。该地方言的语法结构和基本词汇大致与普通话相同，属于中原官话秦陇片。

（一）基于青海斑马用户数据的发现

我们提取了抽样的 776 名青海用户连续一个月的跟读数据，对其按照音素进行了分类并统计了各音素的发音错误率，将青海省用户所有音素的发音错误率与全国范围内用户各音素发音整体错误率作了对比。图 3-10 的音素是按照青海省用户音素发音错误率从高到低的顺序排列的，从图中可以初步观察到该省用户发音错误率和全国范围内用户整体错误率差异较明显的音素。

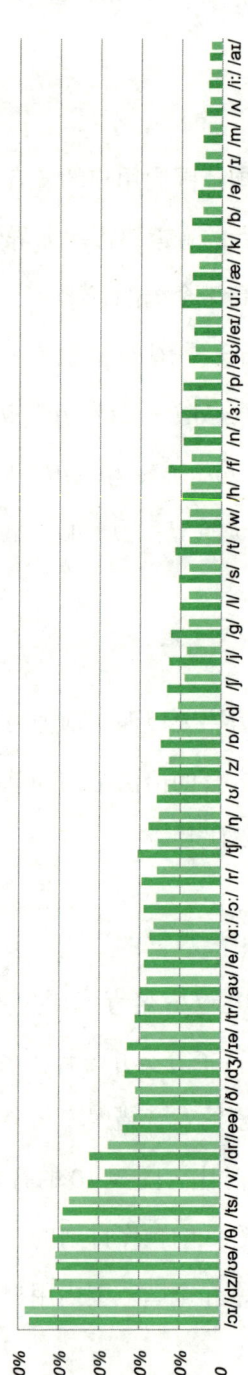

图 3-10　青海与全国各音素发音错误率对比

对该省用户和全国范围内用户的各音素跟读错误率分别做统计学检验，发现两者的音素错误率差异情况如下：

- 无错误率显著高于全国的音素。
- 错误率显著低于全国的音素有：/ɔː/、/ʊ/、/eə/、/v/、/dr/、/dʒ/、/ɒ/、/uː/、/ɪə/、/tʃ/、/æ/、/əʊ/、/r/、/ŋ/、/d/、/z/、/ʃ/、/f/、/j/、/g/、/t/、/s/、/l/、/w/、/h/、/p/、/ə/、/n/、/k/、/b/、/m/。

九、安徽

安徽省内的方言可大致分为官话、赣语、吴语、徽语四类。官话区包括中原官话和江淮官话。官话区内部基本可以互相通话，非官话区的赣语内部和吴语内部也基本可以互通，但徽语由于内部差异较大，互通有一定难度。安徽省内江淮官话的代表为合肥话，中原官话的代表为阜阳话，赣语的代表为怀宁话，吴语的代表为泾县话，徽语的代表则为歙县话。

（一）其他受安徽方言影响的英语语音特点

（1）容易把/ʒ/发成汉语拼音中r或y的音，比如将pleasure /ˈpleʒə/读成[ˈplezə]和[ˈpleɥə]。两者中，读成r的现象更为常见。

（2）容易把 /ʃ/、/tʃ/、/dʒ/ 发成拼音中 x、q、j 的音。比如把 she/ʃi/ 里的 /ʃ/ 读成 x，把 cheese/tʃiːz/ 里的 /tʃ/ 读成 q，把 orange /ˈɒrəndʒ/ 里的 /dʒ/ 读成 j。

（3）容易把 /r/ 发成拼音中 r 的音或者英语中 /l/ 的音，比如把 road/rəʊd/ 读成 /ləʊd/。

（4）容易混淆 /tʃ/ 和 /ts/、/dʒ/ 和 /dz/ 两对音。比如把 peach /piːtʃ/ 读成 /piːts/，把 job/dʒɒb/ 读成 /dzɒb/。

（5）容易把英语中的 /tr/ 读成汉语中的 ch 或 c 的音，把 /dr/ 读成汉语中 zh 或 z 的音。比如把 try 中的 /tr/ 读成 ch（较常见）或 c（较少见），把 drive 中的 /dr/ 读成 zh（较常见）或 z（较少见）。

（二）基于安徽斑马用户数据的发现

我们提取了抽样的 2000 名安徽省用户连续一个月的跟读数据，对其按照音素进行了分类并统计了各音素的发音错误率，将安徽省用户所有音素的发音错误率与全国范围内用户各音素发音整体错误率作了对比。图 3–11 的音素是按照安徽省用户音素发音错误率从高到低的顺序排列的，从图中可以初步观察到该省用户发音错误率和全国范围内用户整体错误率差异较明显的音素。

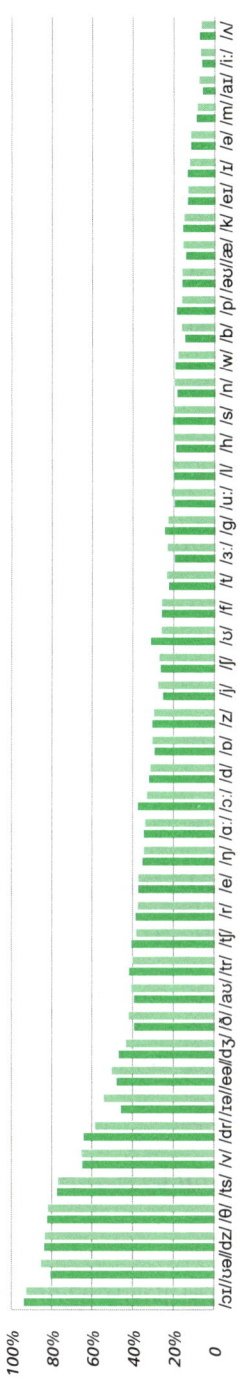

图 3-11　安徽与全国各音素发音错误率对比

对该省用户和全国范围内用户的各音素跟读错误率分别做统计学检验，发现两者的音素错误率差异情况如下。

- 错误率显著高于全国的音素有：/ʊə/、/ɪə/、/aɪ/。
- 错误率显著低于全国的音素有：/ɔː/、/ʊ/、/dr/、/l/。

十、江苏

江苏省有三个方言片区——江淮官话区、吴语区和中原官话区，其中江淮官话区和吴语区的占比较大。江淮官话与吴语在江苏境内的划分大体以长江为界，但边界线并不与长江径流完全重合[53-54]。

（一）其他受江苏方言影响的英语语音特点

（1）容易用汉语拼音中扁唇的 u 音代替英语中的后元音 /uː/，比如将 pool/puːl/ 读成 /pul/。

（2）容易把 /aɪ/ 发成 /aiː/ 音，比如把 my/maɪ/ 读成 /maiː/。

（3）容易把 /əʊ/ 发成 /aʊ/ 的音，比如把 old/əʊld/ 读成 /aʊld/。

（4）容易把 /tr/ 发成 /tʃ/ 的音，比如把 tractor/ˈtræktə/ 读成 /ˈtʃæktə/。

（5）容易吞音。比如把单词中的 /l/ 音吞掉，把 child/tʃaɪld/

读成 /tʃaɪd/；把单词中的 /n/ 音吞掉，把 point/pɔɪnt/ 读成 /pɔɪt/。

（二）基于江苏斑马用户数据的发现

　　我们提取了抽样的 2000 名江苏省用户连续一个月的跟读数据，对其按照音素进行了分类并统计了各音素的发音错误率，将江苏省用户所有音素的发音错误率与全国范围内用户各音素发音整体错误率作了对比。图 3-12 的音素是按照江苏省用户音素发音错误率从高到低的顺序排列的，从图中可以初步观察到该省用户发音错误率和全国范围内用户整体错误率差异较明显的音素。

　　对该省用户和全国范围内用户的各音素跟读错误率分别做统计学检验，发现两者的音素错误率差异情况如下。

- 无错误率显著高于全国的音素。
- 错误率显著低于全国的音素有：/e/、/ɑː/、/ʊ/、/eə/、/v/、/dʒ/、/ɒ/、/uː/、/ð/、/ɪ/、/d/、/ʃ/、/g/、/w/、/n/、/k/。

图3-12　江苏与全国各音素发音错误率对比

十一、浙江

浙江省内方言包括吴语、徽语、江淮官话和闽语，其中吴语是浙江省内使用人数最多也是分布最广的方言。同时，浙江也是吴语的主要分布地区，其省内吴语区面积占整个吴语区的80%左右[55]。

（一）其他受浙江方言影响的英语语音特点

（1）容易混淆 /tr/ 和 /dr/ 两个音，比如把 tree/triː/ 读成 /driː/。

（2）容易混淆 /ts/ 和 /dz/ 两个音，比如把 pets/pets/ 读成 /pedz/，shirts/ʃɜːts/读成 /ʃɜːdz/。

（二）基于浙江斑马用户数据的发现

我们提取了抽样的 2000 名浙江省用户连续一个月的跟读数据，对其按照音素进行了分类并统计了各音素的发音错误率，将浙江省用户各音素的发音错误率与全国范围内用户整体错误率作了对比。图 3-13 的音素顺序是按照浙江省用户音素发音错误率从高到低的顺序排列的，从图中可以初步观察到该省用户和全国范围内用户整体错误率差异较明显的音素。

对该省用户和全国范围内用户的各音素跟读错误率分别做统计学检验，发现两者的音素错误率差异情况如下。

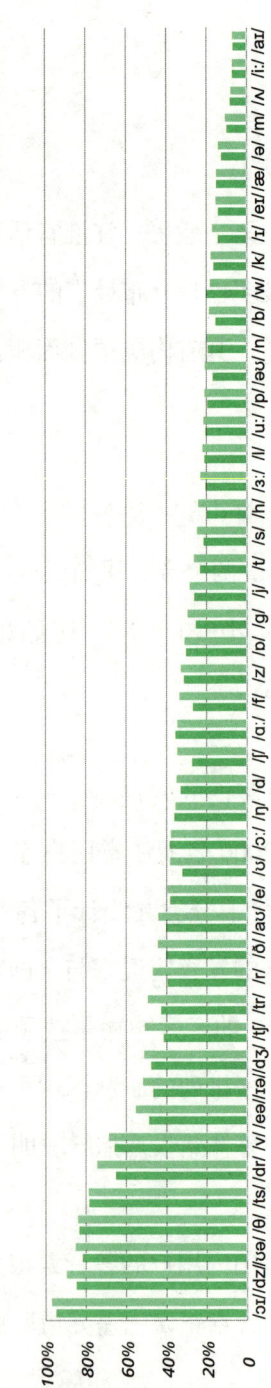

图 3-13 浙江与全国各音素发音错误率对比

- 错误率显著高于全国的音素有：/ʊ/、/eə/、/dr/、/ɪə/、/aʊ/、/tr/、/tʃ/、/ð/、/əʊ/、/r/、/ʃ/、/f/、/g/、/t/、/s/、/h/、/b/。
- 无错误率显著低于全国的音素。

十二、上海

　　上海方言又称沪语，属于吴语太湖方言片区的苏（苏州）沪（上海）嘉（嘉兴）小片方言，该方言区位于苏州和嘉兴两大方言中心的交界处[56]。

（一）其他受上海方言影响的英语语音特点

　　容易把英语中 /ʃ/ 的音发成汉语中的 s 或 x，比如把 shock /ʃɒk/ 读成 /sɒk/ 或者拼音（xiaoke）/[ɕiaukhɤ]。

（二）基于上海斑马用户数据的发现

　　我们提取了抽样的 2000 名上海市用户连续一个月的跟读数据，对其按照音素进行了分类并统计了各音素的发音错误率，将上海用户所有音素的发音错误率与全国范围内用户各音素发音整体错误率作了对比。图 3-14 的音素是按照上海用户音素发音错误率从高到低的顺序排列的，从图中可以初步观察到该市用户和全国范围内用户整体错误率差异较明显的音素。

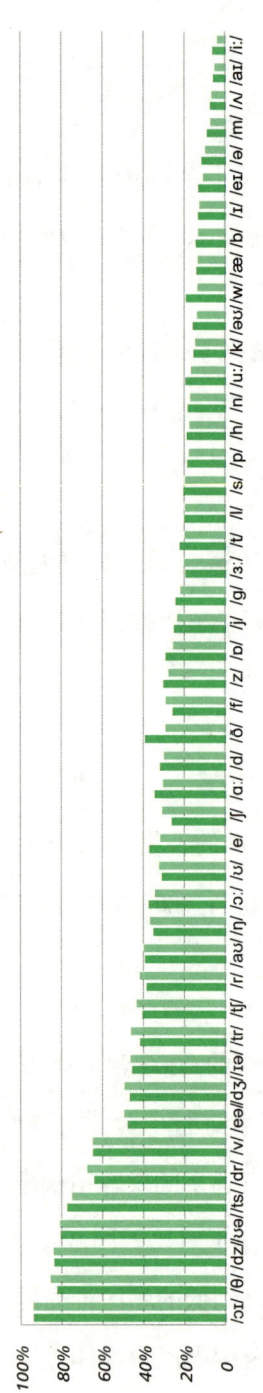

图 3-14　上海与全国各音素发音错误率对比

对该市用户和全国范围内用户的各音素跟读错误率分别做统计学检验，发现两者的音素错误率差异情况如下。

- 错误率显著高于全国的音素有：/r/、/ʃ/、/f/。
- 错误率显著低于全国的音素有：/e/、/ɑː/、/ɒ/、/uː/、/ð/、/ɪ/、/eɪ/、/w/、/iː/。

十三、湖北

湖北方言主要有西南官话、江淮官话和赣方言，其中西南官话分布最广[57]。

（一）其他受湖北方言影响的英语语音特点

（1）容易把 /uː/ 读成 /vu/ 音。

（2）容易把 /l/ 读成 /r/ 的音，比如把 load/ləʊd/ 读成 road /rəʊd/。

（二）基于湖北斑马用户数据的发现

我们提取了抽样的2000名湖北省用户连续一个月的跟读数据，对其按照音素进行了分类并统计了各音素的发音错误率，将湖北省用户所有音素的发音错误率与全国范围内用户各音素发音整体错误率作了对比。图3-15的音素是按照湖北省用户音

图3-15　湖北与全国各音素发音错误率对比

素发音错误率从高到低的顺序排列的，从图中可以初步观察到该省用户和全国范围内用户整体错误率差异较明显的音素。

对该省用户和全国范围内用户的各音素跟读错误率分别做统计学检验，发现两者的音素错误率差异情况如下。

- 错误率显著高于全国的音素有：/ʊ/、/θ/、/dr/、/tr/、/tʃ/、/ɪ/、/r/、/ʃ/、/j/、/s/、/l/、/n/。
- 无错误率显著低于全国的音素。

十四、湖南

湖南方言主要有湘语、西南官话、赣语、客家语四种，其中湘语是湖南省内分布最广、使用人数最多的方言。从五代到明朝末年，江西人口持续向湖南迁移，在湖南东部和江西交界的一块南北走向的狭长地带形成了明显的赣语和客家话方言区。历史上南北方向的移民活动，特别是距离现在最近的一次南北移民活动，与北方官员及士兵的流动共同促使了湖南北部洞庭湖平原地带比较典型的西南官话的形成。位于湖南境内湘江和资江中上游及下游的益阳、汨罗、岳阳都是湘语区[58]。

（一）其他受湖南方言影响的英语语音特点

（1）容易把 /e/ 发成 /aɪ/ 或者 /eɪ/ 的音，比如把 said/sed/ 读成 /saɪd/ 或 /seɪd/，smell/smel/ 读成 smile/smaɪl/。

（2）容易混淆 /əʊ/ 和 /aʊ/ 两个音。

（3）习惯性用英语字母的名称音代替单元音音素，如误把单元音 /ɪ/ 读成双元音 /aɪ/ 等。

（4）容易混淆 /ʃ/ 和 /tʃ/、/ʒ/ 和 /dʒ/ 两对擦音。

（5）发音时常忽略以辅音结尾单词末尾的辅音，比如把 next/nekst/ 读成 /neks/。

（6）容易把英语的 /r/、/j/、/h/ 音错发成汉字"日"（ri）、"基"（ji）、"喝"（he）的音。

（7）容易把英语中 /ʃ/ 的音发成汉字"思"（si）或"希"（xi）的音，把 /tʃ/ 发成"欺"（qi）的音，/dʒ/ 发成"基"（ji）的音。

（二）基于湖南斑马用户数据的发现

我们提取了抽样的 2000 名湖南省用户连续一个月的跟读数据，对其按照音素进行了分类并统计了各音素的发音错误率，将湖南省用户所有音素的发音错误率与全国范围内用户各音素发音整体错误率作了对比。图 3-16 的音素是按照湖南省用户音素发音错误率从高到低的顺序排列的，从图中可以初步观察到该省用户和全国范围内用户整体错误率差异较明显的音素。

图 3-16　湖南与全国各音素发音错误率对比

对该省用户和全国范围内用户的各音素跟读错误率分别做统计学检验，发现两者的音素错误率差异情况如下。

- 错误率显著高于全国的音素有：/ɔ:/、/e/、/ɑ:/、/ʊ/、/eə/、/v/、/ɒ/、/ɪə/、/aʊ/、/tr/、/tʃ/、/æ/、/əʊ/、/r/、/ŋ/、/d/、/z/、/ʃ/、/f/、/eɪ/、/j/、/g/、/t/、/s/、/l/、/h/、/p/、/ə/、/ʌ/、/n/、/k/、/b/、/m/。
- 无错误率显著低于全国的音素。

十五、江西

江西省内的方言有赣语、客家话、江淮官话、吴语和徽语，其中赣语在省内的分布范围最广，使用人数也最多，赣语面积和使用人口占全省总面积和总人口的三分之二。靠近安徽的部分地区说徽语，靠近广东的部分地区则说客家话。

（一）其他受江西方言影响的英语语音特点

（1）容易混淆 /r/ 和 /l/ 两个音，比如混淆 row/rəʊ/ 和 low/ləʊ/ 两个单词的发音。

（2）容易把 /h/ 读成 /k/，比如把 he/hi:/ 读成 /ki:/。

（3）容易混淆 /n/ 和 /ŋ/ 两个音或将两个音一律读为 /n/。比如混淆 sin/sɪn/ 和 sing/sɪŋ/ 两个词或将两个词都读为 /sɪn/。

（4）将英语中/ʃ/、/tʃ/、/dʒ/、/tr/、/dr/的音进行方言化处理。将 /ʃ/ 读成 si[si] 或 xi[ɕi]，如 show/ʃəʊ/ 读成 [ɕiəʊ]；将 /tʃ/ 读成 ci[tshi] 或 qi[tɕhi]，如 coach/kəʊtʃ/ 读成 [kəʊtɕhi]；将 /dʒ/ 读成 zi[tsi] 或 ji[tɕi]，如 joke/dʒəʊk/ 读成 [tɕiəʊk]；将 /tr/ 读成 cu[tshu] 或 que[tɕhe]，如 tree/tri:/ 读成 [tɕhei:]；将 /dr/ 读成 zu[tsu] 或 jue[tɕe]，如 drive/draɪv/ 读成 [tɕeaɪv]。

（5）发音时容易忽略单词词尾的 /m/ 和 /n/ 音，比如把 time /taɪm/ 读成 /taɪ/，把 train/treɪn/ 读成 /treɪ/。

（6）发音时容易忽略单词词尾的 /l/ 音，比如把 ball/bɔ:l/ 读成 /bɔ:/，把 cool/ku:l/ 读成 /ku:/。

（二）基于江西斑马用户数据的发现

我们提取了抽样的 2000 名江西省用户连续一个月的跟读数据，对其按照音素进行了分类并统计了各音素的发音错误率，将江西省用户所有音素的发音错误率与全国范围内用户各音素发音整体错误率作了对比。图 3-17 的音素是按照江西省用户音素发音错误率从高到低的顺序排列的，从图中可以初步观察到该省用户和全国范围内用户整体错误率差异较明显的音素。

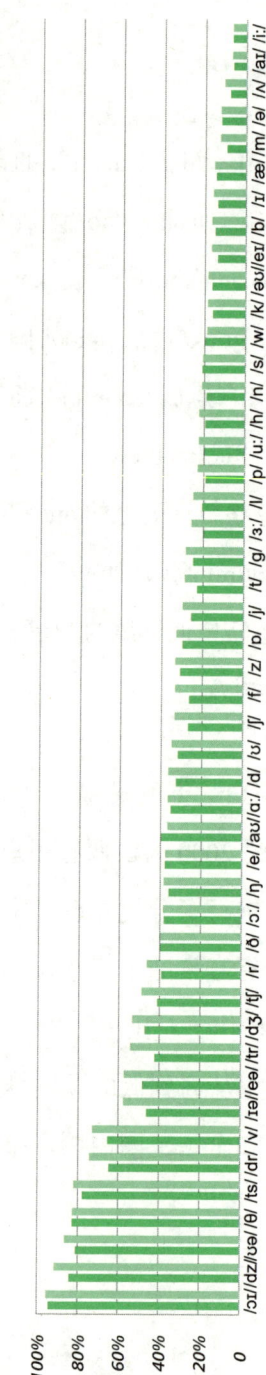

图 3-17 江西与全国各音素发音错误率对比

对该省用户和全国范围内用户的各音素跟读错误率分别作统计学检验，发现两者的音素错误率差异情况如下。

- 错误率显著高于全国的音素有：/ʊə/、/dz/、/eə/、/v/、/dr/、/dʒ/、/ɒ/、/uː/、/ɪə/、/tr/、/tʃ/、/r/、/d/、/ʃ/、/f/、/eɪ/、/j/、/g/、/t/、/l/、/h/、/p/、/ʌ/、/n/、/k/、/m/。

- 无错误率显著低于全国的音素。

十六、福建

福建省内的方言有闽语、客家语、赣语、吴语和官话。其中闽语在省内的分布范围最广，主要分布在福建沿海和内陆地区。

（一）其他受福建方言影响的英语语音特点

（1）难以区分英语中 /m/–/b/、/n/–/d/、/ŋ/–/g/ 三组音素，比如把 boy/bɔɪ/ 读成 /mɔɪ/，把 dawn 读成 /nɔːn/。

（2）容易把英语中的 /h/ 音发成汉语中 x 的音，比如把 here /hɪə/ 读成 [ɕɪə]，把 him/hɪm/ 读成 [ɕɪm]。

（3）无法准确辨别清辅音和浊辅音。比如 /p/–/b/ 不分、/t/–/d/ 不分、/k/–/g/ 不分。

（4）无法发出汉语中唇齿音声母 f 的音，比如只能把"飞"（fei）读作（hui）。这导致在英语发音过程中会将 /f/ 发为 /h/ 的音，例如把 face/feɪs/ 读成 /heɪs/。

（二）基于福建斑马用户数据的发现

我们提取了抽样的 2000 名福建省用户连续一个月的跟读数据，对其按照音素进行了分类并统计了各音素的发音错误率，将福建省用户所有音素的发音错误率与全国范围内用户各音素发音整体错误率作了对比。图 3–18 的音素是按照福建省用户音素发音错误率从高到低的顺序排列的，从图中可以初步观察到该省和全国范围内用户整体错误率差异较明显的音素。

对该省用户和全国范围内用户的各音素跟读错误率分别做统计学检验，发现两者的音素错误率差异情况如下。

- 错误率显著高于全国的音素有：/ʊə/、/eə/、/θ/、/v/、/dr/、/uː/、/tʃ/、/ð/、/æ/、/əʊ/、/r/、/d/、/ʃ/、/f/、/eɪ/、/t/、/s/、/l/、/h/、/p/、/k/、/b/、/m/。
- 无错误率显著低于全国的音素。

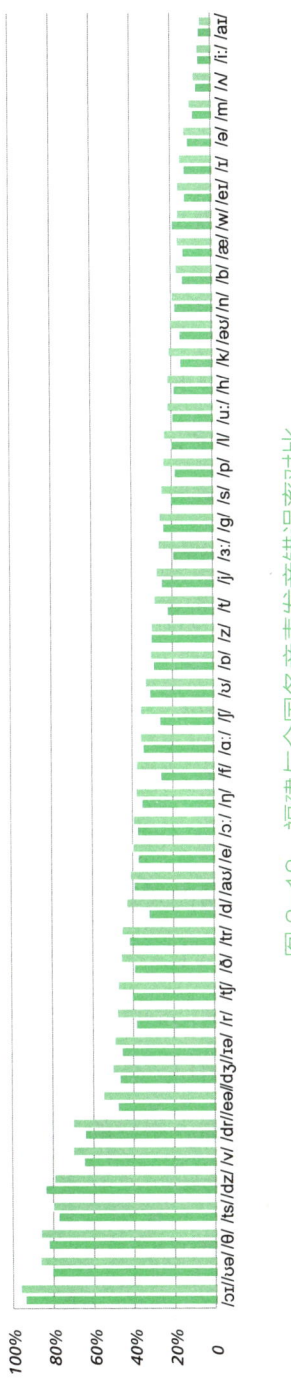

图 3-18　福建与全国各音素发音错误率对比

十七、海南

海南省内的汉语方言为闽语，属于闽语的琼文区。

（一）其他受海南方言影响的英语语音特点

（1）容易把 /h/ 发成 /k/ 的音，把 /f/ 发成 /p/ 的音。比如把 here/hɪə/ 读成 /kɪə/，把 coffee/ˈkɒfi/ 读成 /ˈkɒpi/。

（2）出现将某些音省掉的丢音现象。比如把 next/nekst/ 读成 /neks/，把 picture/ˈpɪktʃə/ 读成 /ˈpɪktə/。

（3）容易把 /f/ 发成 /h/ 的音，比如把 face/feɪs/ 读成 /heɪs/。

（二）基于海南斑马用户数据的发现

我们提取了抽样的 2000 名海南省用户连续一个月的跟读数据，对其按照音素进行了分类并统计了各音素的发音错误率，将海南省用户所有音素的发音错误率与全国范围内用户各音素发音整体错误率作了对比。图 3-19 的音素是按照海南省用户音素发音错误率从高到低的顺序排列的，从图中可以初步观察到该省和全国范围内用户整体错误率差异较明显的音素。

对该省用户和全国范围内用户的各音素跟读错误率分别做统计学检验，发现两者的音素错误率差异情况如下。

- 错误率显著高于全国的音素有：/ʊə/、/ʊ/、/eə/、/θ/、/v/、/dʒ/、/uː/、/ɪə/、/tr/、/tʃ/、/əʊ/、/r/、/d/、/ʃ/、

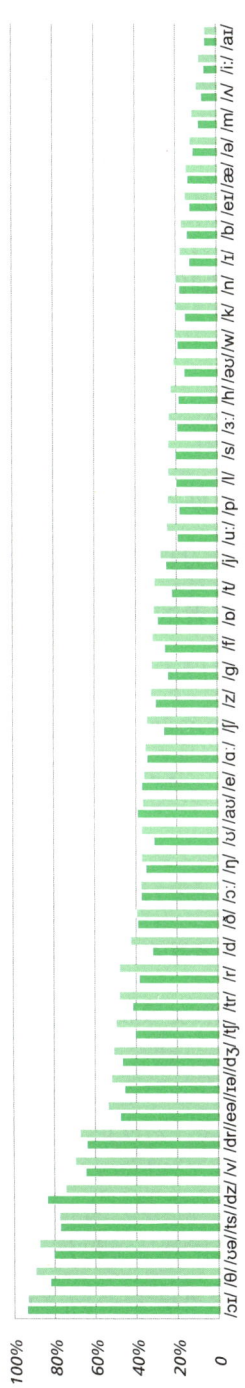

图 3-19　海南与全国各音素发音错误率对比

/f/、/eɪ/、/j/、/g/、/t/、/s/、/l/、/h/、/p/、/ʌ/、/i:/、
/k/、/b/、/m/。

- 错误率显著低于全国的音素为 /dz/。

十八、云南

云南省位于北方方言西南官话区，与其接壤的四川和贵州都是西南官话区，但云南的官话受到历史上汉族人口移民的影响，形成了有别于前述两者的独特方言特征。纵观云南方言的发展历程，其最开始是在以南京话为代表的江淮官话基础上发展而来的，在清代后开始受湖广、四川等地西南官话的影响，后逐步形成了现在的云南方言。

（一）其他受云南方言影响的英语语音特点

（1）容易把字母 a 的字母音 /eɪ/ 发为 /e/ 或 /aɪ/。

（2）将英文中的 /e/ 音发成汉语拼音字母 e 的音，即汉字"鹅"（ e ）的音。

（3）常将 /ɜ:/ 发成前元音 /e/ 的音，比如把 bird/bɜ:d/ 读作 /bed/。

（4）容易将 /r/ 发成汉语拼音 r 的音。

（5）常将 /v/ 发成汉字"吴"（ wu ）的音。

（二）基于云南斑马用户数据的发现

　　我们提取了抽样的 2000 名云南省用户连续一个月的跟读数据，对其按照音素进行了分类并统计了各音素的发音错误率，将云南省用户所有音素的发音错误率与全国范围内用户各音素发音整体错误率作了对比。图 3-20 的音素是按照云南省用户音素发音错误率从高到低的顺序排列的，从图中可以初步观察到该省用户和全国范围内用户整体错误率差异较明显的音素。

　　对该省用户和全国范围内用户的各音素跟读错误率分别做统计学检验，发现两者的音素错误率差异情况如下。

- 错误率显著高于全国的音素有：/eə/、/ɒ/、/ɪə/、/əʊ/。
- 错误率显著低于全国的音素有：/ɔː/、/dʒ/、/ɪ/、/t/、/s/、/w/。

十九、川渝地区

　　川渝地区指四川省和重庆市两地。四川省内的汉语方言为西南官话，在中部和东北部留有一些客家话居民区。重庆毗邻四川，也属于西南官话方言区。

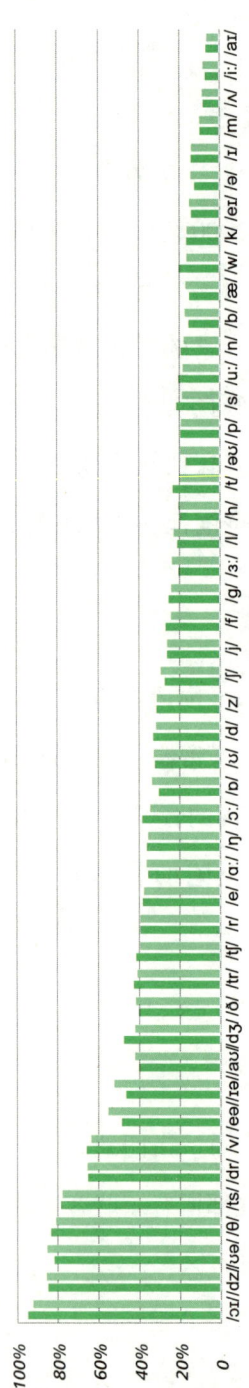

图 3-20　云南与全国各音素发音错误率对比

（一）其他受四川方言影响的英语语音特点

（1）容易把 /ʌ/ 发成 /ɑː/ 的音。因为四川方言中没有与英语 /ʌ/ 音相对应的音，所以该地英语学习者容易把 /ʌ/ 发成 /ɑː/ 的音，把 but/bʌt/ 读成 /bɑːt/。

（2）容易在 /iː/ 或 /ɪ/ 前加一个 /j/ 的音，比如把 east/iːst/ 读成 /jiːst/，把 ear/ɪə/ 读成 /jɪə/。

（3）容易把 /r/ 发成 /l/ 的音，比如把 pray/preɪ/ 读成 /pleɪ/。

（4）容易把 /h/ 发成 /f/ 的音，比如把 who/huː/ 读成 /fuː/。

（二）基于四川斑马用户数据的发现

我们提取了抽样的 2000 名四川省用户连续一个月的跟读数据，对其按照音素进行了分类并统计了各音素的发音错误率，将四川省用户所有音素的发音错误率与全国范围内用户各音素发音整体错误率作了对比。图 3–21 的音素是按照四川省用户音素发音错误率从高到低的顺序排列的，从图中可以初步观察到该省用户和全国范围内用户整体错误率差异较明显的音素。

对该省用户和全国范围内用户的各音素跟读错误率分别做统计学检验，发现两者的音素错误率差异情况如下。

图3-21 四川与全国各音素发音错误率对比

- 错误率显著高于全国的音素有：/ɔː/、/ɑː/、/ʊ/、/v/、/dr/、/ɒ/、/tʃ/、/ð/、/ɪ/、/əʊ/、/r/、/d/、/ʃ/、/j/、/l/、/w/、/h/、/p/、/ə/、/n/、/k/。
- 无错误率显著低于全国的音素。

（三）其他受重庆方言影响的英语语音特点

（1）容易把英语中的 /æ/ 发成汉语中 an[æ] 的音。重庆地区的方言中没有与英语中单元音 /æ/ 相对应的音，故该地的英语学习者常将 /æ/ 发成汉语中 an[æ] 的音。比如把 back/bæk/ 读成 bank/bæŋk/，把 bad/bæd/ 读成 band/bænd/。

（2）容易在元音后加翘舌音。重庆方言中儿化现象比较普遍，这种发音习惯使得该方言区的英语学习者常在发部分元音特别是 /ə/ 音时，往往会加上一个翘舌音，如将 a 和 about /əˈbaʊt/ 分别发音为 /ər/ 和 /ərˈbaʊt/。

（四）基于重庆斑马用户数据的发现

我们提取了抽样的 2000 名重庆市用户连续一个月的跟读数据，对其按照音素进行了分类并统计了各音素的发音错误率，将重庆市用户所有音素的发音错误率与全国范围内用户各音素发音整体错误率作了对比。图 3-22 的音素是按照重庆市用户音素发音错误率从高到低的顺序排列的，从图中可以

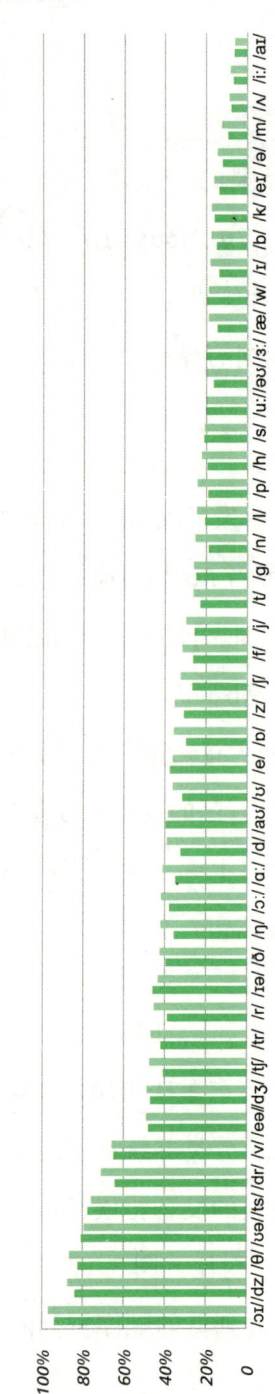

图 3-22　重庆与全国各音素发音错误率对比

初步观察到该市用户和全国范围内用户整体错误率差异较明显的音素。

　　对该市用户和全国范围内用户的各音素跟读错误率分别做统计学检验，发现两者的音素错误率差异情况如下。

- 错误率显著高于全国的音素有：/ɔː/、/ɑː/、/ʊ/、/θ/、/dr/、/ɒ/、/tr/、/tʃ/、/æ/、/əʊ/、/r/、/ŋ/、/d/、/z/、/ʃ/、/f/、/eɪ/、/j/、/t/、/l/、/h/、/p/、/ə/、/n/、/b/、/m/。
- 无错误率显著低于全国的音素。

二十、贵州

　　贵州省内的汉语方言为西南官话，其周围的四川省、云南省和重庆市也同样是西南官话区。

（一）其他受贵州方言影响的英语语音特点

　　（1）容易把英语中的/tʃ/和/dʒ/发成汉字"起"（qi）和"挤"（ji）的音。

　　（2）容易把英语中/ʃ/和/ʒ/两个音发成汉字"喜"（xi）和"倚"（yi）的音。

（二）基于贵州斑马用户数据的发现

我们提取了抽样的 2000 名贵州省用户连续一个月的跟读数据，对其按照音素进行了分类并统计了各音素的发音错误率，将贵州省用户所有音素的发音错误率与全国范围内用户各音素发音整体错误率作了对比。图 3-23 的音素是按照贵州省用户音素发音错误率从高到低的顺序排列的，从图中可以初步观察到该省用户和全国范围内用户整体错误率差异较明显的音素。

对该省用户和全国范围内用户的各音素跟读错误率分别做统计学检验，发现两者的音素错误率差异情况如下。

- 错误率显著高于全国的音素有：/ɑː/、/ʊ/、/eə/、/dr/、/ɒ/、/ɪə/、/ð/、/æ/、/əʊ/、/r/、/d/、/z/、/ʃ/、/j/、/t/、/l/、/h/、/p/、/ə/、/ʌ/、/n/、/iː/、/k/、/b/、/m/。
- 错误率显著低于全国的音素为 /ɔɪ/。

二十一、广东

广东省内汉语方言构成比较复杂，主要的汉语方言有粤语、客家话和闽语。靠近广西的部分说粤语，靠近福建的部分说客家话，靠近海南的部分则说闽语。

图 3-23　贵州与全国各音素发音错误率对比

（一）其他受广东方言影响的英语语音特点

（1）容易把 /eɪ/ 发成 /e/ 或 /æ/ 的音。比如把 same/seɪm/ 读成 /sem/，把 place/pleɪs/ 读成 /plæs/。

（2）容易把 /əʊ/ 发成 /ɔː/ 的音，比如把 most/məʊst/ 读成 /mɔːst/。

（3）容易把 /ə/ 发成 /e/ 或 /æ/ 的音，比如把 really/ˈrɪəli/ 读成 /ˈrɪeli/。

（4）容易混淆 /u/ 与 /əʊ/ 两个音，比如将 boat/bəʊt/ 和 boot /buːt/ 两个词混淆。

（5）容易把 /z/、/dz/、/tz/ 都发成 /s/ 的音。比如把 others /ˈʌðəz/ 读成 /ˈʌðəs/，把 friends/frendz/ 读成 /frens/，把 minutes /ˈmɪnɪtz/ 读成 /ˈmɪnɪs/。

（6）容易把 /r/ 发成 /l/ 的音，比如把 very/ˈveri/ 读成 /ˈveli/。

（7）容易把 /m/ 发成 /n/ 的音或直接将其省略，比如把 them /ðəm/ 读成 /ðən/ 或 /ðə/。

（8）容易混淆 /ŋ/ 和 /n/ 两个音，比如把 thing/θɪŋ/ 读成 thin /θɪn/。

（9）容易混淆清辅音和浊辅音。比如把 /p/ 发成 /b/ 的音，把 people/ˈpiːpəl/ 读成 /ˈbiːpəl/；把 /t/ 发成 /d/ 的音，把 take/teɪk/ 读成 /deɪk/。

（10）容易把 /h/ 发成 /f/ 的音，比如把 whose/huːz/ 读成 /fuːz/。

（二）基于广东斑马用户数据的发现

我们提取了抽样的 2000 名广东省用户连续一个月的跟读数据，对其按照音素进行了分类并统计了各音素的发音错误率，将广东省用户所有音素的发音错误率与全国范围内用户各音素发音整体错误率作了对比。图 3-24 的音素是按照广东省用户音素发音错误率从高到低的顺序排列的，从图中可以初步观察到该省用户和全国范围内用户整体错误率差异较明显的音素。

对该省用户和全国范围内用户的各音素跟读错误率分别做统计学检验，发现两者的音素错误率差异情况如下。

- 错误率显著高于全国的音素有：/ʊə/、/ʊ/、/eə/、/ts/、/v/、/dr/、/dʒ/、/uː/、/tr/、/tʃ/、/æ/、/əʊ/、/r/、/ŋ/、/d/、/z/、/ʃ/、/f/、/eɪ/、/g/、/t/、/s/、/l/、/h/、/p/、/ʌ/、/n/、/k/、/b/、/m/。
- 错误率显著低于全国的音素为 /dz/。

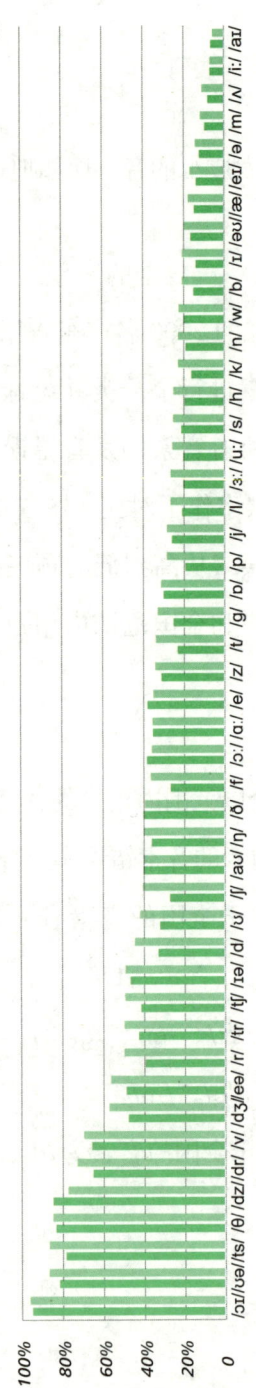

图 3-24　广东与全国各音素发音错误率对比

二十二、广西

广西壮族自治区内的汉语方言主要有粤语、西南官话、客家话、平话和闽语五种。粤语和西南官话是广西壮族自治区内使用范围最广的两大方言。

（一）其他受广西方言影响的英语语音特点

（1）容易把 /ɜː/ 读成 /ə/ 的音，比如把 bird/bɜːd/ 读成 /bəd/。

（2）容易混淆 /uː/ 与 /əʊ/ 两个音，比如将 boat/bəʊt/ 与 boot /buːt/ 两个词混淆。

（3）容易把清辅音发成浊辅音。比如把 /p/ 发成 /b/ 的音，把 people/'piːpl/ 读成 /'biːpl/；把 /t/ 发成 /d/ 的音，把 take/teɪk/ 读成 /deɪk/；把 /k/ 发成 /g/ 的音，把 car/kɑː/ 读成 /gɑː/。

（4）容易把 /tʃ/ 发成 /dʒ/ 的音，比如把 chair/tʃeə/ 读成 /dʒeə/。

（5）容易混淆 /l/ 和 /r/ 两个音，比如把 very/'veri/ 读成 /'veli/。

（6）辅音的漏音现象。在读以 /b/、/d/、/g/、/p/ 等辅音结尾的单词时，在收尾时常会把气流切断，导致这些辅音无法发音完全，即尽管主观想要发出辅音，但实际却发不出来。比如把 blackboard/'blækbɔːd/ 读成 /'blæbɔːd/。

（7）无法发出 /k/ 音。广西方言中没有与英语里 /k/ 相对应的音，因此在发 bike/baɪk/ 时，由于语音的负迁移现象，学习者在发音时常会隐去 /k/ 音，将其错发成 buy/baɪ/ 的音。

（8）容易把/z/发成/s/的音，比如把zoo/zu:/读成/su:/。

（9）读以/m/结尾的英语单词时会将合口音发成开口音或直接省略/m/的音。

（二）基于广西斑马用户数据的发现

我们提取了抽样的 2000 名广西壮族自治区用户连续一个月的跟读数据，按照音素对其进行分类，统计了各音素的发音错误率，并将广西壮族自治区用户各音素的发音错误率与全国范围内用户整体错误率作了对比。图 3-25 的音素顺序是按照广西壮族自治区用户音素发音错误率从高到低的顺序排列的，从图中可以初步观察到该自治区用户和全国范围内用户整体错误率差异较明显的音素。

对该自治区用户和全国范围内用户的各音素跟读错误率分别做统计学检验，发现两者的音素错误率差异情况如下。

- 错误率显著高于全国的音素有：/ɑ:/、/ʊə/、/ʊ/、/eə/、/θ/、/v/、/dr/、/dʒ/、/ɒ/、/u:/、/ɪə/、/aʊ/、/tr/、/tʃ/、/ð/、/æ/、/əʊ/、/r/、/d/、/z/、/ʃ/、/f/、/eɪ/、/j/、/g/、/t/、/s/、/l/、/w/、/h/、/p/、/ə/、/ʌ/、/n/、/i:/、/k/、/b/、/m/。

- 无错误率显著低于全国的音素。

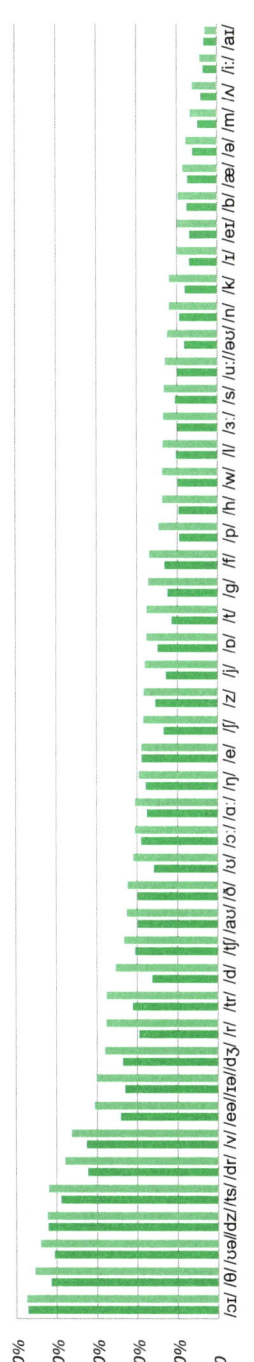

图 3-25 广西与全国各音素发音错误率对比

二十三、北京

北京市的方言为北京官话方言。

（一）其他受北京方言影响的英语语音特点

（1）容易把短元音 /ɪ/ 发为汉字"衣"（yi）的音。

（2）容易把 /ʊ/ 发成汉字"乌"（wu）的音。

（3）容易混淆 /ɔ:/ 和 /əʊ/ 两个音。把 /ɔ:/ 发成 /əʊ/ 的延长音，把 /əʊ/ 发成 /ɔ:/ 的短音，例如把 boat/bəʊt/ 读成 /bɔ:t/，把 board /bɔ:d/读成/bəʊd/。

（4）容易把 /æ/ 发成 /e/ 的音或汉字"欸"或"哀"（ai）的音，比如把 bad/bæd/ 读成 bed/bed/。

（5）容易把 /ɑ:/ 发成汉语的中元音，即汉字"阿"（a）的音，比如把 heart/hɑ:t/ 读成 [hat]。

（6）容易把双元音 /aʊ/ 和 /aɪ/ 分别发成汉字"嗷"（ao）与"哀"（ai）的音。

（7）容易把 /eə/ 读成一个双元音加单元音 /aɪə/ 或 /eɪə/。

（8）容易把 /z/ 发成汉语中 z 的音，比如把 zoo/zu:/ 读成"租"（zu）。

（9）容易把 /ʒ/ 发成汉字"知"（zhi）或"日"（ri）的音，比如把 measure/ˈmeʒə/ 读成 [ˈmetsə]。

（10）容易把 /r/ 发成近似汉字"日"（ri）的音，比如把 row/rəʊ/ 读成"肉"（rou）。

（11）容易把 /ð/ 发成汉字"资"（zi）的音，比如把 those /ðəʊz/ 读成[tsəʊs]，听起来像（zousi）。

（12）容易把 /θ/ 发成汉字"丝"（si）的音，比如把 think /θɪŋk/ 读成 /sɪŋk/，与 sink 的音近似。

（二）基于北京斑马用户数据的发现

我们提取了抽样的 2000 名北京市用户连续一个月的跟读数据，对其按照音素进行了分类并统计了各音素的发音错误率，将北京市用户所有音素的发音错误率与全国范围内用户各音素发音整体错误率作了对比。图 3-26 的音素是按照北京市用户音素发音错误率从高到低的顺序排列的，从图中可以初步观察到该市用户和全国范围内用户整体错误率差异较明显的音素。

对该市用户和全国范围内用户的各音素跟读错误率分别做统计学检验，发现两者的音素错误率差异情况如下。

- 错误率显著高于全国的音素有：/ɔː/、/dʒ/、/tʃ/、/s/。
- 错误率显著低于全国的音素有：/ʊə/、/ð/、/ɪ/、/h/、/m/。

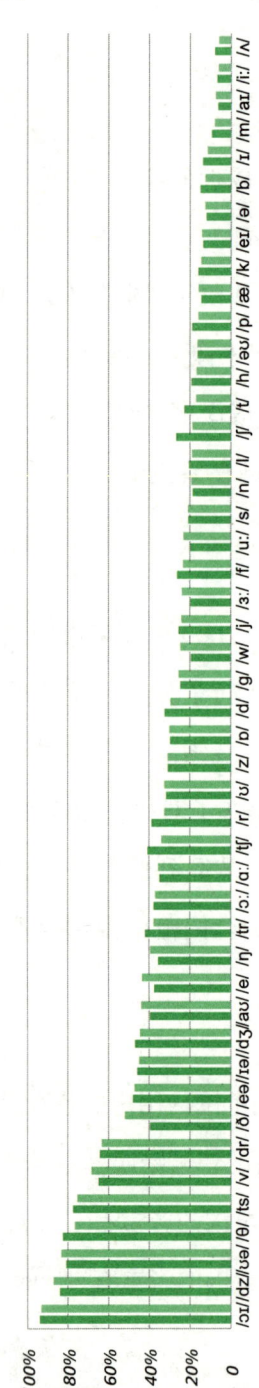

图3-26　北京与全国各音素发音错误率对比

二十四、天津

天津市方言为北方官话方言。

（一）其他受天津方言影响的英语语音特点

（1）容易混淆 /e/ 和 /aɪ/ 两个音，比如把 cherry/ˈtʃeri/ 读成 /ˈtʃaɪri/。

（2）容易混淆 /æ/ 和 /aɪ/ 两个音，比如把 shadow/ˈʃædəʊ/ 读成 /ˈʃaɪdəʊ/。

（3）普通话中的 r 音在天津方言中容易被发成 y 音，而英语中与汉语中 y 音类似的音素是 /j/，因此部分天津学生在读英语时受方言负迁移的影响会将 /r/ 音发成 /j/ 音，比如把 rock /rɒk/ 读成 /jɒk/。

（二）基于斑马用户数据的发现

我们提取了抽样的 2000 名天津市用户连续一个月的跟读数据，对其按照音素进行了分类并统计了各音素的发音错误率，将天津市用户各音素的发音错误率与全国范围内用户各音素发音整体错误率作了对比。图 3-27 的音素顺序是按照天津市用户音素发音错误率从高到低的顺序排列的，从图中可以初步观察到该市用户和全国范围内用户整体错误率差异较明显的音素。

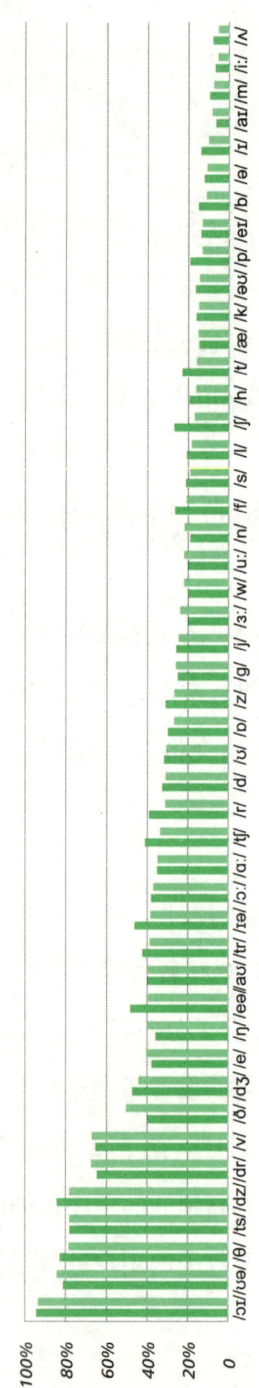

图 3-27　天津与全国各音素发音错误率对比

　　对该市用户和全国范围内用户的各音素跟读错误率分别做统计学检验，发现两者的音素错误率差异情况如下。

- 无错误率显著高于全国的音素。
- 错误率显著低于全国的音素有：/eə/、/ɒ/、/uː/、/ɪə/、/ð/、/əʊ/、/z/、/eɪ/、/j/、/h/、/ə/、/n/。

二十五、内蒙古

　　内蒙古自治区内的汉语方言主要有东北官话、晋语和兰银官话三种。

（一）其他受内蒙古汉语方言影响的英语语音特点

　　（1）内蒙古自治区的汉语方言没有与英语的短元音 /e/、/ʌ/、/æ/ 和双元音 /eə/、/ʊə/ 相对应的音，因此在英语学习中，这几个音的发音错误率最高。

　　（2）容易混淆 /r/ 和 /l/ 两个音，比如混淆 road/rəʊd/ 和 load /ləʊd/。

（二）基于内蒙古斑马用户数据的发现

　　我们提取了抽样的 2000 名内蒙古自治区用户连续一个月的跟读数据，对其按照音素进行了分类并统计了各音素的发音错误率，将内蒙古自治区用户各音素的发音错误率与全国范围内用户整体错误率作了对比。图 3-28 的音素顺序是按照内蒙古自治区用户音素发音错误率从高到低的顺序排列的，从图中可以初步观察到该自治区用户和全国范围内用户整体错误率差异较明显的音素。

对该自治区用户和全国范围内用户的各音素跟读错误率分别做统计学检验，发现两者的音素错误率差异情况如下。

- 错误率显著高于全国的音素为 /ð/。
- 错误率显著低于全国的音素有：/e/、/ɑ:/、/ʊə/、/ʊ/、/θ/、/ts/、/dr/、/ɒ/、/u:/、/tr/、/tʃ/、/æ/、/əʊ/、/r/、/ŋ/、/d/、/z/、/ʃ/、/f/、/eɪ/、/j/、/g/、/t/、/s/、/l/、/h/、/p/、/ʌ/、/n/、/k/。

二十六、新疆

新疆维吾尔自治区内的汉语方言主要有兰银官话、中原官话和北京官话三种。

（一）基于新疆斑马用户数据的发现

我们提取了抽样的 2000 名新疆维吾尔自治区用户连续一

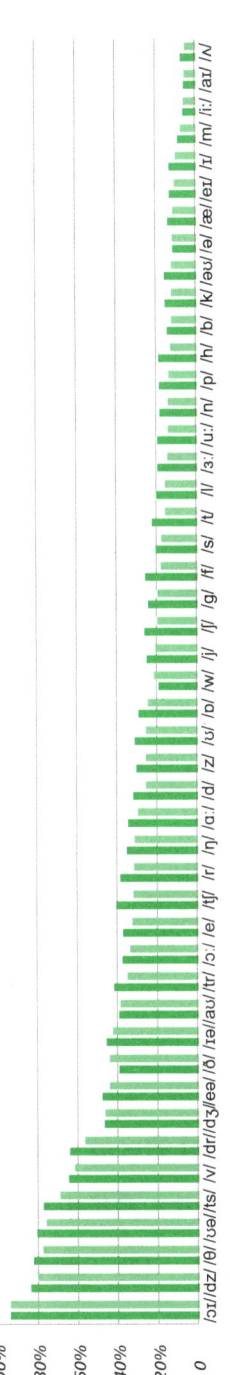

图3-28　内蒙古与全国各音素发音错误率对比

个月的跟读数据，对其按照音素进行了分类并统计了各音素的发音错误率，将新疆维吾尔自治区用户各音素的发音错误率与全国范围内用户整体错误率作了对比。图 3-29 的音素顺序是按照新疆维吾尔自治区用户音素发音错误率从高到低的顺序排列的，从图中可以初步观察到该自治区用户和全国范围内用户整体错误率差异较明显的音素。

对该自治区用户和全国范围内用户的各音素跟读错误率分别做统计学检验，发现两者的音素错误率差异情况如下。

- 错误率显著高于全国的音素为 /e/。
- 错误率显著低于全国的音素有：/ʊ/、/θ/、/v/、/dr/、/dʒ/、/ɒ/、/tr/、/tʃ/、/əʊ/、/r/、/ŋ/、/d/、/ʃ/、/f/、/j/、/g/、/t/、/s/、/l/、/h/、/p/、/ʌ/、/n/、/k/、/b/、/m/。

二十七、西藏

西藏自治区除拉萨市外的区域大部分说藏语和其他少数民族语言，汉语方言使用者主要集中在拉萨市。拉萨市的汉语方言融合了四川、陕西、山西、湖南等地多种汉语方言的特点[59]。

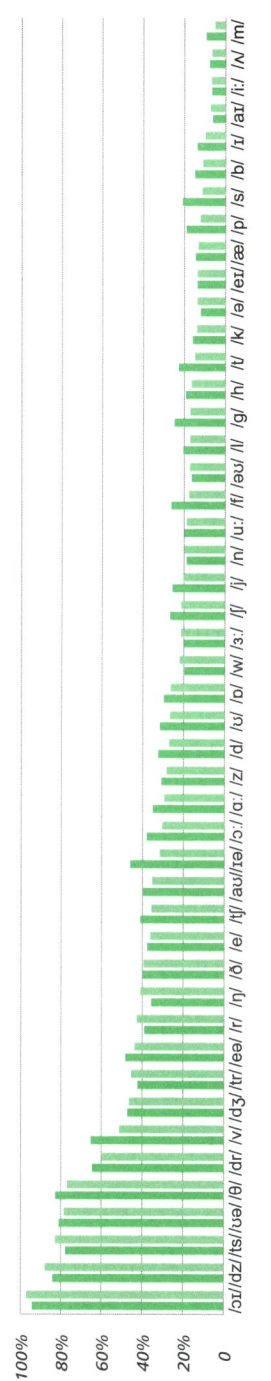

图 3-29 新疆与全国各音素发音错误率对比

（一）其他受西藏汉语方言影响的英语语音特点

（1）容易把 /æ/ 发成 /e/ 的音，比如把 at/æt/ 读成 /et/，把 can /kæn/ 读成 /ken/。

（2）容易把 /ʌ/ 发成 /ɑ:/ 的音，比如把 much/mʌtʃ/ 读成 /mɑ:tʃ/。

（3）容易把 /ɒ/ 发成 /ə/ 的音，比如把 cost/kɒst/ 读成 /kəst/。

（4）容易把 /z/ 发成 /s/ 的音，比如将 please/pli:z/ 读成 /pli:s/。

（5）容易把 /ʃ/ 发成汉语中 sh 的音，比如把 /ʒ/ 发成汉语中 r 的音。

（6）无法准确发出 /ŋ/ 的音。

（二）基于西藏斑马用户数据的发现

我们提取了198名（由于西藏地区用户数少，小于2000人，所以此处提取了全量西藏用户数据）西藏自治区用户连续一个月的跟读数据，对其按照音素进行了分类并统计了各音素的发音错误率，将西藏自治区用户各音素的发音错误率与全国范围内用户各音素发音整体错误率作了对比。图 3–30 的音素顺序是按照西藏自治区用户音素发音错误率从高到低的顺序排列的，从图中可以初步观察到该自治区用户和全国范围内用户整体错误率差异较明显的音素。

图 3-30 西藏与全国各音素发音错误率对比

对该自治区用户和全国范围内用户的各音素跟读错误率分别做统计学检验，发现两者的音素错误率差异情况如下。

- 错误率显著高于全国的音素为 /ɪ/。
- 错误率显著低于全国的音素有：/v/、/dr/、/uː/、/ŋ/、/t/。

二十八、宁夏

宁夏回族自治区内的汉语方言主要为兰银官话和中原官话。宁夏北部川区话属于兰银官话，南部山区话属于中原官话[60]。

（一）其他受宁夏汉语方言影响的英语语音特点

（1）容易用汉语中的音代替 /i/、/uː/、/eɪ/、/ʌ/、/æ/ 等音，比如把 /iː/ 发成汉字"一"（yi）的音，把 /uː/ 发成汉字"乌"（wu）的音。

（2）无法准确发出 /æ/ 的音，比如把 /æ/ 发成 /e/ 的音，把 bat/bæt/ 读成 bet/bet/；在 /æ/ 后加 /n/ 音，比如把 bad/bæd/ 读成 /bænd/；把 /æ/ 发成汉语的复韵母，即汉字"爱"（ai）的音，或发成英语双元音 /aɪ/，使 back/bæk/ 听起来像 bike/baɪk/。

（3）无法准确发出 /eɪ/ 的音，比如把 /eɪ/ 单音化，发成 /e/ 的音，或单纯延长第一个元音发成 /e:/ 的音，即把 late/leɪt/ 读成 let/let/，把 rain/reɪn/ 读成 /re:n/ 或 /ren/；发 /eɪ/ 的第一个元音时开口太小，导致将其发成 /ɪ/ 或 /i:/，如把 make/meɪk/ 读成 /mɪk/，把 sail/seɪl/ 读成 /si:l/；发 /eɪ/ 的第一个元音时开口太大，以致把 /eɪ/ 发成汉字"爱"（ai）的音，比如把 late/leɪt/ 读得像 light /laɪt/。

（4）容易把词尾的浊塞音 /b/、/d/、/g/ 发成相对应的清塞音 /p/、/t/、/k/，比如把 mob/mɒb/ 读成 mop/mɒp/，把 feed/fi:d/ 读成 feet/fi:t/。

（二）基于宁夏斑马用户数据的发现

我们提取了 1747 名（由于宁夏地区用户数少，小于 2000 人，所以此处提取了全量宁夏用户数据）宁夏回族自治区用户连续一个月的跟读数据，对其按照音素进行了分类并统计了各音素的发音错误率，将宁夏回族自治区用户各音素的发音错误率与全国范围内用户整体错误率作了对比。图 3-31 的音素顺序是按照宁夏回族自治区用户音素发音错误率从高到低的顺序排列的，从图中可以初步观察到该自治区用户和全国范围内用户整体错误率差异较明显的音素。

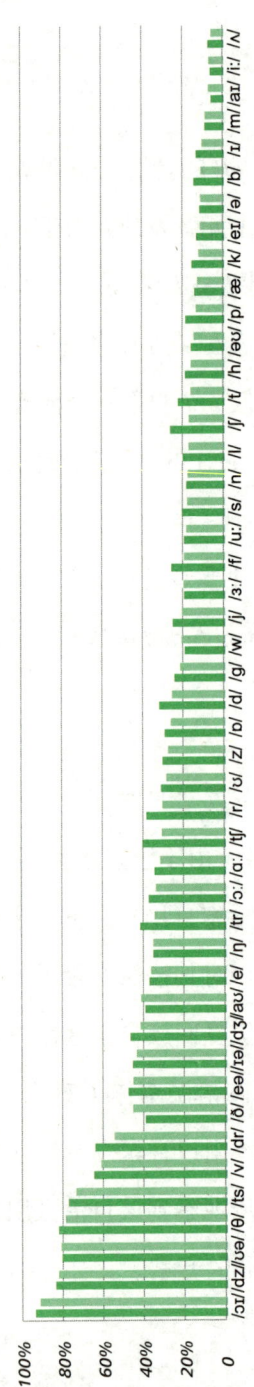

图 3-31　宁夏与全国各音素发音错误率对比

对该自治区用户和全国范围内用户的各音素跟读错误率分别做统计学检验，发现两者的音素错误率差异情况如下。

- 错误率显著高于全国的音素有：/ð/、/aɪ/。
- 错误率显著低于全国的音素有：/ɔ:/、/ɑ:/、/ʊ/、/θ/、/v/、/dr/、/dʒ/、/ɒ/、/tr/、/tʃ/、/r/、/d/、/z/、/ʃ/、/f/、/eɪ/、/j/、/g/、/t/、/s/、/l/、/h/、/p/、/ʌ/、/k/、/b/。

第五节　不同地域音素发音相对情况

表 3-1 ~ 表 3-3 分别为单元音、双元音和辅音类别下各音素（不包含 /ʒ/）的全国整体音素错误率和各地区错误率差异的显著性检验结果。若某地区儿童的某音素发音错误率显著高于全国，我们就推定该地区学生这个音素的发音准确性低于全国平均水平；若某地区儿童的音素发音错误率显著低于全国，我们则推定该地区学生这个音素的发音准确性高于全国平均水平。以单元音 /ɔ:/ 为例，有 5 个地区（北京、河南、湖南、四川、重庆）学生的错误率显著高于全国整体的音素错误率（37.83%），说明这些地区学生 /ɔ:/ 的发音准确性低于全国平均水平；有 7 个地区（安徽、甘肃、山东、山西、云南、青海、宁夏）用户的错误率显著低于全国整体的音素错误率（37.83%），说明这些地区学生 /ɔ:/ 的发音准确性高于全国平均水平。

观察表 3-1 ~ 表 3-3 可以发现一个明显的现象：音素发音准确性普遍低于全国整体水平的地区多为南方省份，音素发音准确性普遍高于全国整体水平的地区多为北方省份。我们推测这可能是由于北方地区的方言受官话影响，与普通话偏离程度小，而南方地区的方言与普通话偏离程度大。普通话标准发音和英语标准发音之间的差异相较于方言和英语标准发音之间的差异更小，所以才会出现这种现象。

单元音、双元音和辅音音素的各地区与全国整体错误率比较如下。

表 3-1　单元音音素的各地区与全国整体错误率对比

音素	全国平均错误率/%	音素错误率显著高于全国的省份（即发音较全国平均水平差）	音素错误率显著低于全国的省份（即发音较全国平均水平好）
/ɔ:/	37.83	北京 河南 湖南 四川 重庆	安徽 甘肃 山东 山西 云南 青海 宁夏
/e/	37.54	黑龙江 湖南 吉林 新疆	江苏 内蒙古 山西 上海
/ɑ:/	34.89	广西 贵州 湖南 四川 重庆	甘肃 江苏 内蒙古 上海 宁夏
/ʊ/	31.54	广东 广西 贵州 海南 湖北 湖南 四川 浙江 重庆	安徽 甘肃 吉林 江苏 辽宁 内蒙古 山东 山西 陕西 新疆 青海 宁夏
/ɒ/	29.63	广西 贵州 湖南 江西 四川 云南 重庆	甘肃 江苏 内蒙古 陕西 上海 天津 新疆 青海 宁夏
/u:/	19.87	福建 广东 广西 海南 河南 江西	江苏 内蒙古 山西 上海 天津 青海 西藏
/ɜ:/	19.85	安徽 福建 广东 广西 贵州 海南 湖北 湖南 江苏 江西 上海 四川 云南 浙江	北京 甘肃 河北 河南 黑龙江 吉林 辽宁 内蒙古 山东 山西 陕西 天津 新疆 重庆 青海
/æ/	14.45	福建 广东 广西 贵州 湖南 重庆	河北 河南 内蒙古 山西 陕西 青海
/ɪ/	13.63	湖北 吉林 四川 西藏	安徽 北京 河南 黑龙江 江苏 山东 上海 云南
/ə/	11.92	广西 贵州 湖南 四川 重庆	甘肃 河北 天津 青海
/ʌ/	7.67	广东 广西 贵州 海南 湖南 江西	甘肃 河北 内蒙古 山西 新疆 宁夏
/i:/	6.55	广西 贵州 海南	黑龙江 吉林 辽宁 上海

表 3-2　双元音音素的各地区与全国整体错误率对比

音素	全国平均错误率/%	音素错误率显著高于全国的省份（即发音较全国平均水平差）	音素错误率显著低于全国的省份（即发音较全国平均水平好）
/ɔɪ/	94.09	无	贵州
/əʊ/	80.90	安徽 福建 广东 广西 海南 江西	北京 河北 内蒙古 山东 山西 四川
/eə/	48.08	福建 广东 广西 贵州 海南 湖南 江西 云南 浙江	甘肃 河北 黑龙江 吉林 江苏 辽宁 山西 陕西 天津 青海
/ɪə/	45.95	安徽 广西 贵州 海南 湖南 江西 云南 浙江	甘肃 河北 黑龙江 吉林 辽宁 陕西 天津 青海
/aʊ/	39.61	广西 湖南 新疆 浙江	甘肃
/ʊə/	16.22	福建 广东 广西 贵州 海南 湖南 四川 云南 浙江 重庆	甘肃 黑龙江 吉林 辽宁 内蒙古 山东 山西 天津 新疆 青海
/eɪ/	13.52	福建 广东 广西 海南 湖南 江西 重庆	甘肃 河北 吉林 内蒙古 山西 上海 天津 宁夏
/aɪ/	6.18	安徽 宁夏	河北

表 3-3　辅音音素的各地区与全国整体错误率对比

音素	全国平均错误率/%	音素错误率显著高于全国的省份（即发音较全国平均水平差）	音素错误率显著低于全国的省份（即发音较全国平均水平好）
/dʒ/	84.00	江西	甘肃 广东 海南
/θ/	82.57	福建 广西 海南 湖北 重庆	甘肃 河南 内蒙古 山东 山西 新疆 宁夏
/ts/	77.64	广东	内蒙古
/v/	65.04	福建 广东 广西 海南 湖南 江西 四川	甘肃 河南 江苏 陕西 新疆 青海 宁夏 西藏
/dr/	64.40	福建 广东 广西 贵州 湖北 江西 四川 浙江 重庆	安徽 甘肃 内蒙古 山西 新疆 青海 宁夏 西藏

表 3-3　辅音音素的各地区与全国整体错误率对比　续表

音素	全国平均错误率/%	音素错误率显著高于全国的省份（即发音较全国平均水平差）	音素错误率显著低于全国的省份（即发音较全国平均水平好）
/dʒ/	47.06	北京 广东 广西 海南 江西	甘肃 江苏 陕西 新疆 云南 青海 宁夏
/tr/	42.08	广东 广西 海南 湖北 湖南 江西 浙江 重庆	甘肃 辽宁 内蒙古 山西 陕西 新疆 宁夏
/tʃ/	40.86	北京 福建 广东 广西 海南 湖北 湖南 江西 四川 浙江 重庆	甘肃 黑龙江 内蒙古 山西 陕西 新疆 青海 宁夏
/ð/	39.60	福建 广西 贵州 内蒙古 四川 浙江 宁夏	北京 河北 黑龙江 吉林 江苏 辽宁 山东 上海 天津
/r/	38.85	福建 广东 广西 贵州 海南 湖北 湖南 江西 上海 四川 浙江 重庆	甘肃 河北 黑龙江 吉林 内蒙古 山西 陕西 新疆 青海 宁夏
/ŋ/	35.55	广东 湖南 重庆	甘肃 黑龙江 内蒙古 新疆 青海 西藏
/d/	32.36	福建 广东 广西 贵州 海南 湖南 江西 四川 重庆	甘肃 黑龙江 吉林 江苏 内蒙古 山东 山西 陕西 新疆 青海 宁夏
/z/	30.75	广东 广西 贵州 湖南 重庆	甘肃 内蒙古 山西 陕西 天津 青海 宁夏
/ʃ/	26.65	福建 广东 广西 贵州 海南 湖北 湖南 江西 上海 四川 浙江 重庆	甘肃 河北 黑龙江 吉林 江苏 内蒙古 山西 陕西 新疆 青海 宁夏
/f/	26.22	福建 广东 广西 海南 湖北 湖南 江西 上海 浙江 重庆	甘肃 河北 黑龙江 内蒙古 山西 陕西 新疆 青海 宁夏
/j/	25.53	广西 贵州 海南 河南 湖北 湖南 江西 四川 重庆	甘肃 河北 内蒙古 山东 山西 天津 新疆 青海 宁夏
/g/	24.73	广东 广西 海南 湖南 江西 辽宁 浙江	甘肃 江苏 内蒙古 山东 山西 陕西 新疆 青海 宁夏

表 3-3　辅音音素的各地区与全国整体错误率对比　续表

音素	全国平均错误率 /%	音素错误率显著高于全国的省份（即发音较全国平均水平差）	音素错误率显著低于全国的省份（即发音较全国平均水平好）
/t/	22.71	福建 广东 广西 贵州 海南 湖南 江西 浙江 重庆	甘肃 黑龙江 内蒙古 山西 陕西 新疆 云南 青海 宁夏 西藏
/s/	20.84	北京 福建 广东 广西 海南 湖北 湖南 浙江	甘肃 内蒙古 山西 陕西 新疆 云南 青海 宁夏
/l/	20.44	福建 广东 广西 贵州 海南 湖北 湖南 江西 四川 重庆	甘肃 河北 吉林 辽宁 内蒙古 山西 陕西 新疆 青海 宁夏
/w/	19.58	广西 吉林 四川	江苏 山西 上海 云南 青海
/h/	19.19	福建 广东 广西 贵州 海南 湖南 江西 四川 浙江 重庆	北京 甘肃 黑龙江 吉林 辽宁 内蒙古 山西 天津 新疆 青海 宁夏
/p/	18.91	福建 广东 广西 贵州 海南 湖南 江西 四川 重庆	甘肃 黑龙江 吉林 内蒙古 山西 新疆 青海 宁夏
/n/	18.64	广东 广西 贵州 湖北 湖南 江西 四川 重庆	甘肃 河北 黑龙江 吉林 江苏 辽宁 内蒙古 天津 新疆 青海
/k/	15.86	福建 广东 广西 贵州 海南 湖南 江西 四川	甘肃 吉林 江苏 内蒙古 山西 新疆 青海 宁夏
/b/	14.80	福建 广东 广西 贵州 海南 湖南 浙江 重庆	甘肃 黑龙江 山西 陕西 新疆 青海 宁夏
/m/	9.27	福建 广东 广西 贵州 海南 湖南 江西 重庆	北京 甘肃 黑龙江 山东 陕西 新疆 青海

第六节　不同地域平均音素发音错误率

通过抽取31个省、市、自治区的斑马用户近1个月的跟读数据发现47个音素（由于辅音 /ʒ/ 的发音数据不足，故此处不包括/ʒ/的错误率）的全国整体错误率如图3-32所示。

通过对比不同类别音素的发音错误率，我们发现从全国整体错误率水平上来看。

- 错误率最高的5个单元音为：/ɔː/、/e/、/ɑː/、/ʊ/、/ɒ/。
- 错误率最高的5个双元音为：/ɔɪ/、/ʊə/、/eə/、/ɪə/、/aʊ/。
- 因为辅音连缀错误率都很高，故在不考虑 /dz/、/ts/、/dr/、/tr/ 这4个辅音连缀前提下，错误率最高的5个辅音为：/θ/、/v/、/dʒ/、/tʃ/、/ð/。

观察图3-32发现，双元音（ /ɔɪ/、/ʊə/、/eə/、/ɪə/、/aʊ/ ）的错误率以及辅音中摩擦音（ /θ/、/v/ ）和破擦音（ /dʒ/、/tʃ/、/dz/、/ts/、/dr/、/tr/ ）的错误率明显高于单元音的错误率。结合第二章音素习得年龄，发现错误率最高的5个双元音均为8岁之前未能习得的音素，错误率最高的5个辅音则为8岁之前未能习得或者普通话中不存在类似音的音素。

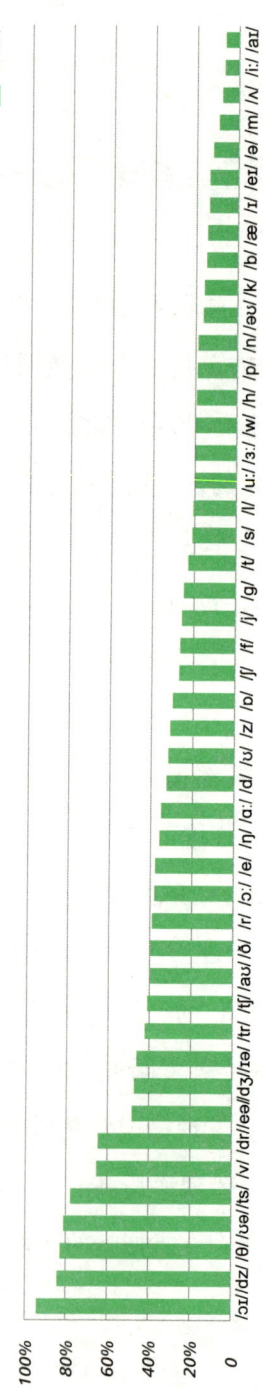

图 3-32　全国各音素发音整体错误率

第七节　不同地域最易错音素总结

　　表 3–4 为我们基于不同地区斑马用户音素语音数据统计出的不同地域各自最易错的 5 个单元音、5 个双元音和 5 个辅音（考虑到 4 个辅音连缀 /dz/、/ts/、/dr/、/tr/ 的错误率均很高，整体都很易错，为了探索更多易错的辅音音素，表中列出的最易错辅音是排除辅音连缀后的最易错辅音）。表 3–4 中，方框中标记的数字为当前音素的易错排名，比如在单元音中，/e/ 和安徽省交叉的方框中标记的数字为 1，说明安徽省用户最易错的单元音是 /e/。其他数字意义依此类推，即 2—5 分别代表排在第 2—5 位的易错音素。

　　由表 3–4 可以看出，所有地区最易错的 5 个单元音和 5 个双元音都相同。各地最易错的 5 个辅音中，都含有 /θ/、/v/、/dʒ/ 三个音素，其他易错音素主要为 /ð/、/r/、/ŋ/、/tʃ/，其中只有广西壮族自治区用户的 5 个最易错辅音中出现了 /d/，属于比较特殊的情况。

　　从音素类型来看，在单元音方面，/ɒ/ 对于所有 31 个地区的用户来说，都是相对不容易读错的音（排在第 4 位或者第 5 位），说明 /ɒ/ 在 5 个单元音中是相对较容易发正确的音。结合音素习得年龄段数据可知，/ɒ/ 也是这 5 个单元音中较早能被儿

表 3-4　各地区最易混错的 5 个单元音、5 个双元音和 5 个辅音

地区	单元音					双元音					辅音							
	/e/	/ɑː/	/ɔː/	/ɒ/	/ʊ/	/ɔɪ/	/ʊə/	/ɪə/	/eə/	/aʊ/	/θ/	/v/	/dʒ/	/ð/	/r/	/d/	/ŋ/	/ʃ/
安徽	1	2	3	4	5	1	2	3	4	5	1	2	3	4				5
四川	3	2	1	5	4	1	2	3	4	5	1	2	4		3			5
重庆	4	2	1	5	3	1	2	4	3	5	1	2	3		5			4
天津	1	3	2	5	4	1	2	5	3	4	1	2	4	3			5	
北京	1	3	2	5	4	1	2	4	3	5	1	2	4	3			5	
福建	1	3	2	5	4	1	2	4	3	5	1	2	3					5
甘肃	1	3	2	4	5	1	2	4	3	5	1	2	3	4			5	
广东	4	3	2	5	1	1	2	4	3	5	1	2	3		4			5
广西	4	3	2	5	1	1	2	4	3	5	1	2	3		4			5
贵州	2	1	3	4	5	1	2	4	3	5	1	2	5	3	4			
海南	3	4	1	5	2	1	2	4	3	5	1	2	3		5			4
河北	2	3	1	5	4	1	2	4	3	5	1	2	3	5				4
河南	2	3	1	5	4	1	2	3	4	5	1	2	3	4				5
黑龙江	1	3	2	4	5	1	2	5	3	4	1	2	3	4	5			
湖北	2	3	1	5	4	1	2	4	3	5	1	2	3		5			4
湖南	2	4	1	5	3	1	2	4	3	5	1	2	3		5			4
吉林	1	3	2	4	5	1	2	4	3	5	1	2	3				5	4

表 3-4　各地区最易错的 5 个单元音、5 个双元音和 5 个辅音

地区	单元音					双元音					辅音							
	/e/	/ɑː/	/ɔː/	/ɒ/	/ʊ/	/ɔɪ/	/ʊə/	/ɪə/	/eə/	/aʊ/	/θ/	/v/	/dʒ/	/ð/	/r/	/d/	/ŋ/	/tʃ/
辽宁	2	3	1	4	5	1	2	4	3	5	1	2	3				5	4
江苏	2	3	1	5	4	1	2	4	3	5	1	2	4		5			3
江西	2	3	1	5	4	1	2	3	4	5	1	2	3		5			4
内蒙古	2	3	1	5	4	1	2	4	3	5	1	2	3	4				5
宁夏	1	3	2	5	4	1	2	4	3	5	1	2	4	3			5	
青海	1	2	3	5	4	1	2	4	3	5	1	2	4	3	5			4
山东	1	2	3	4	5	1	2	4	3	5	1	2	3				5	5
山西	2	3	1	5	4	1	2	4	3	5	1	2	3	4				5
陕西	2	3	1	5	4	1	2	5	3	4	1	2	3	4			5	
上海	3	4	1	5	2	1	2	4	3	5	1	2	3		5			4
西藏	1	5	2	4	3	1	2	5	4	3	1	2	4	3	5			
新疆	1	3	2	5	4	1	2	5	3	4	1	2	3		4		5	
云南	1	2	3	4	5	1	2	4	3	5	1	2	3	4			5	5
浙江	1	4	3	5	2	1	2	4	3	5	1	2	3		5			4

续表

童习惯发出并习得的音素。在双元音方面，所有 31 个地区用户 /ɔɪ/、/ʊə/ 和 /aʊ/ 的易错排名都基本一致，区别主要在于 /ɪə/ 和 /eə/ 两个音素。综合音素习得年龄段数据可以看出，最易发错的 /ɔɪ/ 和易错程度排在第 5 位的 /aʊ/ 这两个音素易错排名的先后顺序和音素习惯发出年龄段的先后顺序是相反的。在这 5 个双元音中，最不易错的 /aʊ/ 是儿童最早能习惯发出的，最易错的 /ɔɪ/ 是儿童最晚习惯发出的。在辅音方面，对所有地区的用户来说，/θ/ 和 /v/ 两个音素都是易发错的，推测是因为普通话中不存在与 /θ/ 和 /v/ 类似的音素，所以中国儿童较难发出这两个音。

从地域方面来看，地理位置相近且方言相似的两个地区最易错的 5 个音素和易错音素排名也相似。其中典型的例子有三个，广东与广西、四川与重庆、吉林与辽宁。广东与广西接壤且两地说粤语和客家话的人口比例都很大。在英语发音方面，这两个地区最易错的 5 个单元音和 5 个双元音及其易错音素排名一致，最易错的前 4 个辅音及其易错音素排名也相同。四川与重庆接壤且两地都为西南官话区。在英语发音方面，两地最易错的 5 个单元音相同，/e/ 和 /ʊ/ 易错排名不一致；最易错的 5 个双元音相同，但 /ɪə/ 和 /eə/ 的易错排名不一致；最易错的 5 个辅音也相同，/dʒ/、/r/、/tʃ/ 的易错排名不一致。吉林与辽宁

接壤且两省都为东北官话区。在英语发音方面，两省最易错的
5 个双元音和 5 个辅音及其易错音素排名均一致；最易错的 5
个单元音也相同，但 /e/、/ɑ:/、/ɔ:/ 的易错排名不一致。

　　以上临近地区之间最易错的音素完全相同可能是因为受到
汉语方言的影响。临近地区儿童汉语方言发音特征非常相似，
故汉语方言对英语发音的影响也非常相似。而临近两地易错音
素的排名不完全一致，则可能是由两地方言的细微差异所致，
即两地方言虽大体上属于同一大类，但各自的方言还是存在一
些细微的区别，这些汉语方言里的细微区别给英语发音带来了
稍有不同的负迁移影响。

第八节　辽宁、四川两省用户音素发音实例分析

根据张明红[61]的观点，儿童在3岁时生理还不够成熟，不能自如地支配发音器官（舌、唇、齿等），而到了4岁，儿童语音发展已经相对成熟稳定。为了排除儿童语音发展不全对音素发音的影响，我们将分析对象年龄限定在了4—8岁区间。

考虑到数据的代表性，我们分别选取了北方东北官话和南方西南官话的典型代表省份辽宁和四川作为研究对象。这两省方言特征足够明显且样本充足，能够较好地代表南北方地区用户发音的差异。

我们提取了2020年7月中旬到7月底半个月时间内辽宁、四川两省用户的所有音素跟读音频数据，经过听取学生发音音频和相关数据分析，得出以下几点结论，并依此对上文基于文献总结的辽宁和四川用户发音特征进行了检验。

一、辽宁省用户发音实例分析

（1）学生发 /ð/ 音时，容易将其错发成 /z/ 或者 /dz/ 的音。例如在读 with 这个词时，标准发音是 /wɪð/，有学生把它读成 /wɪz/，有的读成 /wɪdz/，但经数据分析与人耳辨音，我们发现 /ð/ 被错发成 /z/ 的概率更大。上文根据文献梳理得出的 /ð/ 会被

误发成 /dz/ 的现象是真实存在的，但 /dz/ 并不是 /ð/ 最易被错发成的音。

（2）学生发 /z/ 音时，容易将其错发成 /s/ 或者汉语中的 z 音。当 /z/ 置于单词末尾时，用户易将 /z/ 发成英语里的 /s/，如在读 is 这个词时，标准发音是 /ɪz/，但用户会把它读成 /ɪs/；is 在与 here 进行连读时，here's /hɪəz/ 易被错发成 /hɪəs/；plums /plʌmz/ 会被错发成 /plʌms/。此外，/z/ 也常被发成汉语中 z 的音，但这种情况一般出现在读以 /z/ 开头的单词时，比如 zero /ˈzɪərəʊ/ 容易被用户错发成 [ˈtsɪərəʊ]。这也验证了上文提到的辽宁英语学习者容易把 /z/ 发成汉语里 z 的音这一结论。

（3）学生发 /ʃ/ 音时，容易将其错发成 /s/ 或汉语中 sh 的音。辽宁用户最易将 /ʃ/ 错发成 /s/ 的音，比如将 sheep /ʃiːp/ 错读成 /siːp/。此外，/ʃ/ 有时也会被错发汉语中 sh 的音，比如将 shell /ʃel/ 错读成 [sel]。这与上文提到的辽宁英语学习者容易把 /ʃ/ 发成汉语中 sh 的音这一结论一致，但暂时还未在数据中发现将 /ʃ/ 错发成汉语中 x 的音的情况。

（4）学生发 /tʃ/ 音时，容易将其错发成汉语中 q 的音，比如将 peach /piːtʃ/ 错读成 [piːtch]；学生发 /dʒ/ 音时，则容易将其错发成汉语中 j 的音，比如将 juice /dʒuːs/ 错读成 [tcuːs]。这验证了上文提到的辽宁英语学习者容易把 /tʃ/ 和 /dʒ/ 发成汉语里 q 和 j 的音这一结论。

二、四川省用户发音实例分析

（1）学生发 /ʌ/ 音时，容易将其错发成 /æ/ 或 /ɑː/ 的音。四川省用户最容易将 /ʌ/ 错发成 /æ/ 的音，其次是发成 /ɑː/ 的音。比如将 gun/gʌn/ 错发成 /gæn/，将 cut/kʌt/ 错发成 /kɑːt/。这与上文提到的四川方言中无英语 /ʌ/ 音导致四川英语学习者极易将其发成 /ɑː/ 的结论一致。

（2）学生发 /iː/ 音时，容易将其错发成 /eɪ/ 或 /ɪ/ 的音。最易被错发成 /eɪ/，比如将 seal/siːl/ 读成 /seɪl/，将 kiwi/ˈkiːwi/ 读成 /ˈkeɪwi/，将 see/siː/ 读成 /seɪ/。其次还容易错发成 /ɪ/，比如将 seat/siːt/ 读成 /sɪt/。暂未观察到上文提到的四川英语学习者易在 /iː/ 前加 /j/ 的现象。

（3）学生发 /ɪ/ 音时，最易将其错发成 /iː/ 的音，比如将 deer/dɪr/ 读成 /diːr/。当 /ɪ/ 置于词首时，很多用户会在前面加一个 /j/ 的音，比如将 ear/ɪə/ 读成 /jɪə/，听上去像中文的"意耳"。这与上文提到的四川英语学习者易在 /ɪ/ 前加 /j/ 的结论是一致的。

（4）学生发 /r/ 音时，容易将其错发成 /l/ 的音，比如将 green/griːn/ 读成 /gliːn/。这与上文提到的四川英语学习者容易把 /r/ 发成 /l/ 音这一结论一致。

（5）并未观察到学生在发 /h/ 音时有特别明显的错发现象，暂与上文文献中提到的容易把 /h/ 发成 /f/ 音的结论不匹配。

综上所述，通过研究斑马英语用户的音素发音错误情况，我们发现前文中基于文献总结的辽宁省和四川省用户的发音特征与实际发音情况大致相符，仅有少部分文献结论如四川省用户容易把 /h/ 发成 /f/ 的音和辽宁省用户易将 /ʃ/ 发成汉语中 x 的音等与实际发音情况不一致。

▶ 结语

通过研究斑马用户数据，我们分析得出了 2—8 岁不同整岁段儿童能习惯发出和习得的具体音素与累积的音素数量，同时绘制了中国儿童单元音、双元音和辅音掌握情况随年龄段变化的发展图。研究发现，总体来说中国儿童最先习得的是单元音，在 8 岁之前能习得绝大部分元音。当儿童接受持续的英语口语培训时，在不考虑负迁移影响的条件下，到 8 岁之前，儿童能完全习得爆破音、鼻音、摩擦音、边音和除 /r/ 外的近音，但不能习得破擦音。

通过对跨地域发音数据和文献的分析，我们发现不同地域的儿童在学习英语发音时有一些共有的音素易错情况。因此，我们研究了不同地区的方言特征及其带来的英语语音负迁移现象，详细分析了不同地域的英语学习者受方言影响的英语语音发音特点及每个地区发音较好和较差的 5 个音素。

根据数据分析，我们认为在针对相关年龄段和相关地区的儿童进行英语语音教学指导或课程制作时，可参考音素随年龄段变化的学习发展图、各地区方言对英语学习的负迁移影响和本地区发音较好和较差的 5 个音素，以便更有针对性地为中国儿童提供个性化学习指导。

　　本研究利用斑马积累的超过 10 亿条儿童英语语料数据，对不同年龄段和不同地域英语学习者的英语语音特点做了研究，产出了一些有教育和教学指导意义的结论，为相关英语课程的制作和教学提供了参考。后续，我们还会进行儿童汉语语音特点的研究，针对汉语中产生正迁移的音，教师可以减少相应英语语音的练习量；针对汉语中产生负迁移的音，教师可以适当增加对应英语语音的练习量。布格尔及莫勒的研究表明，儿童在母语中习得时间较晚的辅音音素在外语学习中习得的时间也较晚，比如 /s/、/z/、/r/、/tʃ/ 和 /ʃ/。因此，我们下一步还将研究相同音素在汉语和英语中被儿童习得的先后顺序是否一致。另外，斯特里特（Streeter）发现 4 个月的基库尤人婴儿能区分英语的清辅音和浊辅音，例如能区分 /p/ 和 /b/，/t/ 和 /d/ 等[62]。基于这一现象，我们随后还将研究中国儿童从何时开始可以区分英语中的清辅音和浊辅音，到何时为止能完全掌握清辅音和浊辅音的发音区别。这些研究结果将有助于教研人员更好地安排英语清辅音和浊辅音的单词学习。本书中跨年龄段方向的最小研究单位为一个整岁年龄段，如果将研究单位向下细化到具体月龄，可以产出关于音素习惯发出和习得的对应月龄段研究报告。

斑马教研中心长期关注如何通过用户大数据形成有教育指导意义的结论，研究结论将以多种形式发布。感谢用户、家长及教育工作者对斑马和斑马教研中心的关注与支持。

参考文献

[1] GRUNWELL P. The development of phonology: a descriptive profile[J]. First Language, 1981, 2(6): 161-191

[2] SANDER E. When are speech sounds learned[J]. Journal of Speech and Hearing Disorders, 1972, 37(1): 55-63.

[3] SMIT A, HAND L, FREILINGER J, et al. The Iowa articulation norms project and its Nebraska replication[J]. Journal of Speech and Hearing Disorders, 1990, 55(4): 779-798.

[4] POOLE I. Genetic Development of Articulation of Consonant Sounds in Speech[J]. The Elementary English Review, 1934, 11(6):159-161.

[5] TEMPLIN M. Certain language skills in children: Their development and interrelationships[M]. Minneapolis, MN: University of Minnesota Press, 1957.

[6] WELLMAN B, CASE I, MENGERT I, et al. Speech sounds of young children[J]. University of Iowa Study, Child Welfare, 1931, 5(2), 1-82.

[7] 何家勇，李珊，何云婷，等 . 英汉双语家庭儿童语言习得研究之一——元音习得初探 [J]. 大家，2011(02): 171-172.

[8] 何家勇，王海燕 . 英汉双语家庭儿童语言习得研究之二——辅音习得初探 [J]. 牡丹江教育学院学报，2011(05): 40-41.

[9] 白晨雨，郝福莲 . 山西方言在二语习得中的负迁移成因探析 [J]. 汉字文化，2020(10): 17-18.

[10] 陈军 . 赣方言对英语语音学习的负迁移作用及应对策略——以南昌大学共青学院 2014 级英语专业学生为例 [J]. 疯狂英语（理论版），2016(03): 187-188.

[11]　陈乾峰. 浙江方言对英语语音学习的影响及对策 [J]. 长春教育学院学报，2011,27(03): 102-103.

[12]　RAQUEL T A. Phonological acquisition in preschoolers learning a second language via immersion: a longitudinal study[J]. Clinical Linguistics & Phonetics, 2004, 18(3): 183-210.

[13]　汪文珍. 英语语音 [M]. 上海：上海外语教育出版社，2001.

[14]　AMAYREH M M, Dyson A T. The acquisition of Arabic consonants[J]. J Speech Lang Hear Res, 1998, 41(3): 642-653.

[15]　BRIERE E. An investigation of phonological interference[J]. Language,1966, 42(4): 768-798.

[16]　LOCKE J. Phonological acquisition and change[M]. New York: Academic Press, 1983.

[17]　OLMSTED D L. Out of the Mouth of Babes[M]. The Hague: Mouton, 1971.

[18]　PRATHER E M, HEDRICK D L, KERN C A. Articulation development in children aged two to four years[J]. Journal of Speech and Hearing Disorders, 1975, 40(2):179-191.

[19]　ARLT P B, GOODBAN M T. A Comparative Study of Articulation Acquisition as Based on a Study of 240 Normals, Aged Three to Six[J]. Language Speech & Hearing Services in Schools, 1976, 7(3): 100-102.

[20]　MOWRER D, BURGER S. A comparative analysis of phonological acquisition of consonants in the speech of 2½-6-year-old Xhosa- and English-speaking children[J]. Clinical Linguistics & Phonetics, 1991, 5(2):139-164.

[21]　PRIESTER G, POST W, GOORHURS-BROUSER S. Phonetic and phonemic acquisition: Normative data in English and Dutch speech sound development[J]. International Journal of Pediatric Otorhinolaryngology, 2011, 75(4): 592-596.

[22] 张秋艳. 辽宁地区方言对大学生英语学习的影响 [J]. 疯狂英语（教师版），2007(12): 57-60.

[23] 徐楠. 黑龙江方言对中学生英语语音学习影响的实证研究 [D]. 黑龙江：哈尔滨师范大学, 2016.

[24] 任素珍. 陕西方言发音对英语发音的影响分析 [J]. 陕西教育（高教版），2011(04): 34-35.

[25] 丁君. 河南方言对英语语音学习的影响 [J]. 河南理工大学学报（社会科学版），2002, 3(1): 73-74.

[26] 翟晓萌，李冬梅. 吉林方言负迁移对英语学习者语音的影响 [J]. 科技展望，2016, 26(12): 294.

[27] 孔玉花. 论青海方言对英语语音学习的负迁移 [J]. 青海师范大学学报（哲学社会科学版），2013, 27(2): 77-80.

[28] 王秋. 浙江方言对高职学生英语语音的负迁移影响及对策研究 [J]. 湖北开放职业学院学报, 2019, 32(05): 171-172, 175.

[29] 孙霞. 湖北方言对英语口语的影响及教学策略研究 [J]. 科教文汇（中旬刊），2013(26): 49-51.

[30] 付清. 湖南方言对英语辅音习得的迁移模式实证研究 [J]. 湘南学院学报, 2015, 36(06): 44-49.

[31] 王玲. 赣方言对英语语音学习负迁移的实证研究 [J]. 教育学术月刊, 2013(07): 89-91, 102.

[32] 段媛薇. 云南方言在英语语音学习中的负迁移现象及对策——以普洱市为例 [J]. 普洱学院学报, 2014, 30(02): 108-110.

[33] 田曼. 川渝地区小学英语语音教学问题原因及对策研究[D]. 南充: 西华师范大学, 2016.

[34] 王密卿，刘锦晖. 河北方言区学生英语发音常见错误分析及对策 [J]. 石家庄学院学报, 2013, 15(02): 96-100.

[35] 韩世霞. 甘肃方言在英语语音学习中的负迁移现象探究 [J]. 陇东学院学报, 2014, 25(06): 45-47.

[36] 黄晓琼. 安徽方言对英语语音习得的负迁移作用 [J]. 宿州学院学报, 2018, 33(02): 42-44.

[37] 付清. 湘方言元音音段音位对英语语音习得的负迁移研究 [J]. 湘南学院学报, 2018, 39(04): 70-74, 118.

[38] 杜昌忠. 福建方言与英语语音 [J]. 福建外语, 1988(Z2): 52-55, 75.

[39] 孙蕊, 孟静, 肖雨. 河北方言在英语语音习得中的负迁移现象探讨 [J]. 佳木斯职业学院学报, 2017(06): 398.

[40] 冯燕. 儿童普通话音位范畴感知及其发展 [D]. 上海: 华中师范大学, 2018.

[41] 张明红. 学前儿童语言教育与活动指导第 3 版 [M]. 上海: 华东师范大学出版社, 2014.

[42] 王丹丹. 黑龙江方言的文化认知研究 [J]. 边疆经济与文化, 2020(06): 7-8.

[43] 杨松柠, 徐晶, 刘爱玲. 移民背景下黑龙江方言的形成与发展 [J]. 大庆师范学院学报, 2014, 34(05): 72-75.

[44] 中国社会科学院. 中国语言地图集 [M]. 北京: 商务印书馆, 2012.

[45] 吴齐阳. 河南方言演变及其对文化的影响 [J]. 郑州航空工业管理学院学报（社会科学版）, 2020, 39(05): 54-61.

[46] 鲁冰. 河南方言与中原文化保护传承 [J]. 中国高校社会科学, 2018(06): 144-151, 157.

[47] 钱曾怡. 山东方言研究 [M]. 济南: 齐鲁书社, 2001.

[48] 崔淑慧. 从山西方言研究到晋语研究 [J]. 山西师大学报（社会科学版）, 2004(01): 129-135.

[49] 孙立新, 傅来兮. 陕西方言语音特征与规律研究 [J]. 咸阳师范学院学报, 2019, 34(03): 33-39.

[50] 雒鹏 . 甘肃汉语方言研究现状和分区 [J]. 甘肃高师学报 , 2007(04): 1-4.

[51] 周璐昕，李永宏 . 甘肃方言语音研究进展 [J]. 现代语文 , 2018(07): 39-43.

[52] 张燕来 . 兰银官话语音研究 [D]. 北京：北京语言文化大学 , 2003.

[53] 毕一鸣 .《江苏话与普通话》（之一）——江苏方音与普通话语音的差异 [J]. 视听界，1998(06): 3-5.

[54] 毕一鸣 .《江苏话与普通话》（之二）——江苏方音与普通话语音的差异 [J]. 视听界，1999(01): 3-5.

[55] 朱海滨 . 浙江方言分布的历史人文背景——兼论语言底层与南方方言区的形成 [J]. 历史地理 , 2011(00): 258-275.

[56] 陈忠敏 . 上海地区方言的分区及其历史人文背景 [J]. 复旦学报（社会科学版），1992(04): 101-108.

[57] 熊婕 . 浅谈湖北方言区普通话口语课程中的词汇规范教学 [J]. 湖北第二师范学院学报 , 2018, 35(07): 1-4.

[58] 彭泽润，胡月 . 从地理语言学看湖南语言分布格局 [J]. 铜仁学院学报 , 2019, 21(04): 112-117.

[59] 王树新 . 西藏自治区的人口迁移及迁移人口状况分析 [J]. 人口研究 . 2004(01): 60-65.

[60] 文莉，周玉忠 . 影响宁夏山区学生英语语音水平的限制因子与对策分析 [J]. 内蒙古师范大学学报（教育科学版），2014，27(10): 117-119.

[61] 张明红 . 学前儿童语言教育与活动指导第 3 版 [M]. 上海：华东师范大学出版社，2014.

[62] STREETER L A. Language perception in 2-month-old infants shows effects of both innate mechanisms and experience[J]. Nature, 1976, 259(5538): 39-41.

附录　不同体系音标对照

英式音标（DJ 音标）和美式音标（KK 音标）标记形式的差异主要体现在元音部分，辅音部分的标记形式则相同。不同体系的英语元音标记形式对照如下。

英国英语音标			美国英语音标
1963 年出版的第 13 版 DJ 音标	1997 年出版的第 15 版 DJ 音标	1997 年出版的 *Longman Dictionary of Contemporary English*（简称 L.D.C.E 中的音标）	KK 音标
ɑː	ɑː	ɑː	ɑ
ɔː	ɔː	ɔː	ɔ(ɔr)
əː	ɜː	ɜː	ɝ(ɜr)
iː	iː	iː	i
uː	uː	uː	u
ʌ	ʌ	ʌ	ʌ
ɔ	ɒ	ɒ	ɑ
ə	ə	ə	ə
i	ɪ	ɪ	ɪ
u	ʊ	ʊ	u
e	e	e	ɛ
æ	æ	æ	æ
ai	aɪ	aɪ	aɪ
ei	ɪə	ɪə	eɪ
ɔi	ɔɪ	ɔɪ	ɔɪ
au	aʊ	aʊ	aʊ
əu	əʊ	əʊ	o
ɛə	eə	eə	ɪr
iə	ɪə	ɪə	ɪr/ɪɾ
uə	ʊə	ʊə	ur

儿童核心素养
能力发展分龄研究

语言和思维能力发展模型

斑马教研中心　著

清华大学出版社
北京

图书在版编目（CIP）数据

儿童核心素养能力发展分龄研究 / 斑马教研中心著. —北京：清华大学出版社，2024. 1

ISBN 978-7-302-64963-2

Ⅰ.①儿… Ⅱ.①斑… Ⅲ.①儿童教育—教育研究 Ⅳ.①G61

中国国家版本馆CIP数据核字（2023）第242154号

责任编辑：李益倩
封面设计：卜　凡
责任校对：赵琳爽
责任印制：杨　艳

出版发行：清华大学出版社
　　　　　网　　址：https://www.tup.com.cn, https://www.wqxuetang.com
　　　　　地　　址：北京清华大学学研大厦A座　邮　　编：100084
　　　　　社 总 机：010-83470000　　邮　　购：010-62786544
　　　　　投稿与读者服务：010-62776969, c-service@tup.tsinghua.edu.cn
　　　　　质量反馈：010-62772015, zhiliang@tup.tsinghua.edu.cn
印 装 者：北京联兴盛业印刷股份有限公司
经　　销：全国新华书店
开　　本：140mm×210mm　　印　　张：13.75　　字　　数：234千字
版　　次：2024年3月第1版　　印　　次：2024年3月第1次印刷
定　　价：78.00元（全三册）

产品编号：103736-01

目　录

第一章

语言能力模型

第一节 引言

语言是交流沟通的工具，它影响和塑造人的思维，也是儿童未来发展的基础。任何其他学科的学习，都需要儿童具备良好的读写能力，能够在多种场景下灵活运用语言。汉语是大多数中国儿童的母语。儿童通常在 3 岁左右就已具备了基本的听说能力，能够听懂他人的讲话并用语言表达自己的想法和感受。此时的儿童处于语言敏感期，开始对文字产生兴趣，词汇量突飞猛进，读写能力开始发展。然而，关于如何为这一年龄段儿童的语言发展提供支持和引导，目前国内还缺乏成体系的研究。市面上的早教产品大多停留在教儿童识字写字、读绘本听故事的阶段，缺少对语言能力各维度的整体考量，也缺乏对各年龄段应重点培养哪些能力、以何种方式培养、达到什么水平的科学认知。

为了能够更好地服务教学以及为早期语言活动的设计和语言能力的评估提供参考，本书的研究者们开发了一套针对 3—8 岁儿童语言发展能力的模型。本模型以中国大陆与中国台湾地区的语文课程标准和美国各州共同核心标准（Common Core State Standards，CCSS）中的语言标准为框架，以中国教材和英语母语国家的早期读写能力训练材料为分析对象，结合文献中的实证研究结论，辅以多位一线教学研发教师的实践经验，梳理了儿童早期语言能力的发展路径。此外还借助斑马海量的学员操作与作答数据，对模型进行了校准与优化。

对语言能力的划分，本模型参考了不同国家与地区的母语教学课程标准。在《3—6岁儿童学习与发展指南》中，儿童语言发展分为倾听与表达、阅读与书写准备两个方面，体现了儿童从口头语言到书面语言的发展路径。美国各州共同核心标准则将母语能力划分为阅读、写作、听说三个方面，其中"听说"侧重在不同场景下的沟通和语言运用。中国大陆的《义务教育语文课程标准（2022年版）》中每个学段的教学目标与学习内容均分为识字与写字、阅读、写作、口语交际四个方面，中国台湾地区的"国语文课程纲要"从听、说、读、写、识字五个方面划分语言能力。

由此可见，阅读、写作、沟通交际，是上述标准共同关心的维度。中国大陆与中国台湾地区的课程标准专门列出了识字与写字能力，这主要是为了与理解性的阅读能力相区分。由于识字本身不是目的，而是为后续文本阅读奠定基础，因此本能力模型仍将其视为整体阅读能力发展的一项前序能力。需要说明的是，尽管对语言能力做了上述划分，但各种语言能力的发展是相互关联的。例如，写作中结构能力的发展是以阅读中的逻辑梳理为基础，而口语交际中的话语能力与写作中的谋篇布局、安排结构的能力遵循同样的逻辑和思维方式。因此在设计教学活动时，应整体考虑各维度语言能力的培养。下文将从阅读、写作、口语交际这三个方面阐述儿童语言能力是如何发展进阶的。

第二节 阅读

随着"大语文"概念的提出,"新高考"改革的推行,阅读在语文教育中的重要性日益提高。2022 年,高考语文卷面字数已经接近 8500 字 [1]。这对学生的阅读速度和阅读理解能力提出了更高要求,以至于坊间一直流传着"得阅读者得语文"的说法。不过,阅读的重要性不仅局限于语文一科,凡是以文字为媒介的学习,都需要良好的阅读能力作为基础。可以说,阅读能力的高低,决定了一个人整体学习能力的强弱。

高夫(Gough)和通曼(Tunmer)于 1986 年提出了简单阅读理论(Simple View of Reading)[1],这是读写相关研究中得到最广泛认可的理论之一。该理论认为,一个人的阅读理解能力(Reading Comprehension)等于解码能力(Decoding)和语言理解能力(Language Comprehension)的乘积,简写为 RC=D × LC。其中,解码能力是指根据语音学原理发声或解码书面文字的能力;语言理解能力也等同于听力理解能力,即同样的话被说出来,一个人能够理解多少。尽管简单阅读理论在提出时以英语为研究对象,但已有大量研究证明,这一公式同样适用于汉语阅读 [2-3]。但由于汉字是表意文字,无法像英语

---

1 根据 2022 年高考语文全国 I 卷、全国 II 卷、北京卷卷面字数计算得出。

那样直接从字形拼读发音，因此需要将解码能力进一步拆分成识字能力与词汇能力，下文将分别阐述它们的发展。

一、识字

汉字是中文的最小语义单元，认字是一切读写能力发展的基础。研究认为，中文认字能力的发展经过三个阶段：视觉阶段、声觉/分析阶段、正字法阶段，这也是学习一个新汉字所经历的三个步骤。在视觉阶段，儿童主要借助一些明显的特征来记忆汉字，如"牛"是左边头上有个角；在声觉/分析阶段，儿童可以借助字音，或是与其他汉字类比等方式，分析地认识新字；在正字法阶段，儿童能够判断什么样的字符合构字规律，什么样的一定不是汉字（例如三点水出现在右边，一定是错字）。

在此基础上，本节从三个维度阐述儿童识字能力的发展。认识能力是最早发展的，建立在视觉能力的基础上，需要儿童在字形与字义之间建立快速映射（fast mapping）。区分能力需要儿童具备字音、字形的分析能力。书写能力需要儿童了解正字法，从而按照汉字的构字规律书写准确、美观的汉字，具体如表 1–1 所示。

表 1-1　识字能力分级别描述

能力维度	说明	教学示例
认识	认识汉字，能够将汉字的音形义匹配起来	(1) 利用字形联想等方式多强调汉字的字形特征 (2) 提供多个汉字出现的情境，消除情境依赖的影响
	认识部件，能够将部件的名形义匹配起来	(1) 将有相同部件的汉字安排在一组教学 (2) 以部件为单位讲解汉字构成 (3) 练习根据形声字的形旁猜测字义，根据声旁猜测字音，培养儿童的部件意识
区分	区分字形，能够区分同音字和形近字字形	(1) 将同音字安排在一组教学，或在学习新字时关联已学过的同音字 (2) 辨析同音字的字义和用法
	区分字音，能够区分多音字的不同读音	讲解多音字不同读音对应的义项
书写	能够按笔顺规则书写汉字	讲解笔顺规则，并在儿童倒插笔书写时予以纠正
	能够结构准确、匀称、美观地书写汉字	讲解各种结构汉字的书写要点

（一）认识

（1）认识汉字，指的是能够将汉字的音、形、义匹配起来。3 岁左右，儿童进入识字敏感期，到 8 岁，按照语文课标的要求，将认识 2500 个左右常用汉字。儿童对汉字的掌握程度也是随年龄逐渐深入的。

3 岁左右，儿童开始对文字产生兴趣，能够意识到文字是有意义的。但此时仍是以整体感知字形为主，在他们看来，汉字与图画没什么区别，"田"字是四个方框，而不是由横、竖、折的笔画构成的。因此，这一阶段的识字启蒙，可以首先选取构字能力强的象形字、独体字。象形字的字形与字义联系明显，易于儿童理解；独体字是很多合体字的构字部件，学习独体字可以为日后学习合体字打下基础。

识字早期，儿童认字有情境依赖性[4]。可能认识了牛奶盒子上的"牛"字，换一个场景，"牛街"路牌上的"牛"字就不认识了。原因在于，儿童记住的其实是牛字出现的场景。因此，要有意识地变换汉字出现的语境，引导儿童在不同的场景中认字，从而确保儿童掌握的是汉字符号，而不是与其共同出现的其他背景信息。

（2）认识部件，指的是能够将构字部件的名、形、义匹配起来，例如知道带有月字旁的汉字大多与肢体部位有关，带有三点水的汉字大多与水有关。研究表明，儿童在5岁左右能够意识到汉字是由部件构成的[5-7]。此时教育者可以有意识地以部件为单位讲解汉字的构成，引导儿童根据构字部件推测字义。例如看到复杂的"鲸"字，虽然不认识，也能猜出它和鱼有关。根据部件推测字义，将大大提升儿童的识字能力和识字量。

（二）区分

（1）区分字形，指的是能够区分同音字和形近字的字形。

同音字的区分往往需要儿童借助表意部件理解汉字含义，因此建立在认识部件的能力基础上[8-9]。形声是汉字最主要的构字方式，占常用汉字的 80% 以上。因此在教学中，可以引导儿童借助形旁区分同音字的不同含义。例如惊和鲸发音相同，但一个是竖心旁，表示与心理活动有关；另一个是鱼字旁，表明与鱼类有关。

形近字需要儿童的视觉发展更进一步，能够识别出汉字中的笔画差异。研究表明，这种视觉能力要到 5 岁左右才能具备[10-11]。在教学中，可以将同音字、形近字放在一起学习，引导儿童辨析多个汉字的区别。例如，将主和玉放在一起，请儿童观察它们字形上的差别；或是借助日字加一笔的游戏，引导儿童比较申、由、甲、田等形近字的不同。

（2）区分字音，指的是能够区分多音字的不同读音，根据语境读准字音。在教学中，可以着重讲解不同读音对应的义项，帮助儿童理解，也可以用组词的方式，结合词语理解不同读音的含义。

（三）书写

书写指的是正确书写汉字。书写属于精细动作，受儿童手部肌肉发展的影响，他们要到 6 岁左右才能完成汉字书写。在此之前，儿童通过简单的涂鸦表达意思，也在此过程中锻炼精细动作，提高握笔能力。汉字的准确书写，建立在对字形、部件、笔画准确认识的基础上。起初，儿童只能歪歪扭扭地写出汉字的形状，经常出现倒插笔的现象。随着儿童进一步了解字形结构与书写规则，他们开始能够按笔顺书写，进而书写结构准确、匀称美观的汉字。

二、词汇

研究认为，词汇能力包含两部分，词汇广度与词汇深度。广度是指一个人的词汇量，即儿童所知的、至少掌握基本意义的词汇数量；深度是指对词语理解的丰富程度，表层理解包括词语的读音、构成汉字的字形，更深的理解包含词语的用法、搭配、词性、同反义词、使用频率等 [12-13]。对一个词语的掌握，是借助它与其他词语的关联、对比而逐步加深的。在语言发展早期，词汇广度更加重要，儿童需要掌握一定的词汇才能理解和交流。随着词汇量的增加，儿童开始在词与词之间建立联系。接触到的新词汇，也会改变心理词典中已有词汇的组织形式，增加词汇的理解深度 [14]。语言能力发展到一定阶段后，儿童可以借助已经掌握的词汇去推断未知词汇的含义，这将大大提高儿童的词汇能力，使他们可以通过阅读、交流，而不是有意识的学习来扩大词汇量。

基于此，本节从四个维度阐述儿童词汇能力的发展。其中理解与运用最先出现，只涉及单个词汇；区分建立在一定词汇量的基础上，需要儿童掌握词与词之间的联系与差异；推断是更高级的词汇学习能力，它限制了儿童词汇量的发展，具体如表 1–2 所示。

表 1–2 词汇能力分级别描述

能力维度	说明	教学示例
理解	知道词语的意思	通过提供多样的语境 / 图片，帮助儿童准确理解词语含义
运用	正确使用词语表达意思	提供多样的语境 / 图片，帮助儿童准确理解词语含义，并通过反例帮助儿童准确理解词语的用法
区分	区分多个词语之间的对立或差异关系	（1）在词义讲解时关联已掌握的近义词、反义词（2）利用词汇地图 / 思维导图关联已学词汇，引导儿童关注它们的用法差异
区分	区分一个词语的多个义项	介绍多义词的概念，引导儿童基于词语本义推测引申义，并根据上下文确定词语在文中的意思
推断	根据组成词语的各语素的含义，推断词语含义	在词义讲解前，先请儿童根据组成它的各个汉字的意思，猜一猜词语的意思
推断	利用上下文线索，得出关于词语意思的合理结论	引导儿童借助同义词、反义词等线索，或因果、对比等逻辑关系，猜一猜生词的意思

（一）理解

理解词语是指知道词语的意思。对任何一个词语的理解，通常包括四个阶段：从未听说过；听说过，但不知道什么意思；在语境中能够理解词义；脱离语境理解词义[15]。对于语言发展早期的简单词汇来说，阶段一到阶段四的发展发生得相对迅速。儿童从能够听懂，并使用语言进行交流起，就已经具备了词汇理解能力。例如听到"太阳"，就知道这个词指的是天上那个会发光发热的球体，或者能够从若干张图片中找出画有太阳的一张。在开始识字后，儿童看到文字"太阳"，也能反应出它的含义。

在词汇学习早期，相比于其他的语义相关属性，词频是更重要的影响因素[16]。儿童首先学会的是日常生活中反复出现的词。高频复现帮助儿童在词音与词义之间建立起映射，并不断强化。整体上，词汇学习遵循从具体到抽象的原则。儿童首先理解的是生活中各类常见物品、动作、属性对应的词语，如苹果、跑、红色；其次能够理解相对抽象的类别词，如圆形，以及简单的方位关系词，如里面、外面；再次是相对抽象的时间词，以及表示逻辑关系的常见连词，如因为……所以……；最后，随着年龄增长和语言经验的丰富，儿童能够理解表示心理状态等更加抽象的词语，如悲伤、愉悦等。因此，教学词汇的选取，整体上也应遵循从具体到抽象的原则，根据儿童年龄学习符合其认知发展水平的词汇。

（二）运用

运用词语是指正确使用词语表达意思。能够自如运用的词汇，又称作表达性词汇，通常少于理解性词汇[1]。经常导致的问题是，知道一个词的意思，但在表达时想不起来使用，或无法准确使用。因此在教学中，词汇的理解与运用往往是同时进行的。在学习了一个词语的含义后，鼓励儿童试着用这个词造句，在不同的场景下使用。

对任何一个词语的掌握，都是从不精确到精确逐渐完善的。随着年龄增长和语言经验的增加，这一过程大多能够迅速完成；但在儿童语言能力发展之初，由于心理词汇储备不足，经常出现泛化或窄化的现象。泛化是指对一个词的理解大于其原本的范围，例如学习了"残骸"这个词，知道它的含义之一是"残破、不完整的剩余物"，于是把桌上的剩饭也称作"残骸"，这就扩大了词语的使用范围。相应地，窄化是指对一个词的理解小于其原本的范围，例如看到一只金毛，学到"狗"这个词，可是在看到柯基的时候，就不认为它也是狗了。这是因为儿童对词语的理解依然是依托情境的，还没有抽象出"四条腿、摇尾巴、会汪汪叫的动物是狗"这样的概念。

对此，在学习词语时，家长需要有意识地为儿童提供多样

1　理解性词汇，又称接收性词汇（receptive vocabulary），是指个体能够听懂、理解的词汇。

的情境。例如，在学习"狗"时，提供不同品种、不同姿态的狗的图片，在生活中指认活动的狗，从而超越具体的实例，建立词语"狗"和概念"狗"之间的联系。与名词不同，我们日常使用动词时，往往同时提及动作的作用对象。因此，动词教学提供的情境也要注意变换作用对象。例如，学习"抱"这个词时，可以通过搭配不同的宾语，使儿童理解不论抱的是孩子、玩具，还是一摞书，抱只与手臂动作有关，而与抱的对象无关。

　　另一种做法是提供反例，即什么不是，从而帮助儿童更精确地掌握词语的使用边界。以上文的"残骸"为例，在学习时，可以提供多种剩余物的例子，如剩饭剩菜、打碎的花瓶、动物骨架、失事飞机图片等，请儿童分辨哪些可以称为"残骸"，哪些不可以，从而认识到这个词通常形容车辆、机械、建筑物等大型物品。

（三）区分

　　区分词义包含两个方面，一是能够理解多个词语之间的对立或差异关系，二是能够区分多义词的多个义项。一个词语含义的边界与其他词语重合的越多，含义越广，掌握起来难度就越大。这是因为新词汇的学习，必然改变儿童头脑中对已有词汇的组织。对于包含多个义项，或者含义与多个词有重合的词语，儿童只有明确了义项之间的区别，才能准确理解、使用词语。

区分词义能力的发展过程，与词汇习得过程遵循相同的顺序。首先能够区分的，是含义相对具体的动作或属性；对于表示心理状态或抽象观念的词语的分辨能力，要到小学后才能逐渐发展完善。

对此，在教学时应当有意识地将含义相关的词安排在同一主题下学习。在低龄阶段，可以将反义词放在一组，例如借助对比，理解巨大和微小的差别；或者将表示相近动作的词放在一组，例如请儿童根据"看、瞪、瞥、眺"做出相应的动作，从而体会这些表示看的词语在意思上有怎样细微的差异。随着年龄升高，还可以将含义相近但程度有差异的词放在一组，例如请儿童按照确定程度对"怀疑、知道、相信、确信"排序，从而明确这些心理状态的区别。

另一个有效的教学方式是借助词汇地图，在学习新词语时关联已经掌握的词汇。例如在学习新词语"坚信"时，请儿童回想还知道哪些相关词语，并阐明它们之间的异同。儿童可能举出信念、确信、相信等词语，这种有意识的回顾比较，一方面明晰了近义词的含义边界，同时也在词语间建立了更多联系，使词语运用时的记忆提取过程变得更容易。

（四）推断

推断词义，即利用线索得出关于词语含义的合理结论。研究表明，大部分词汇都是间接学会的，不需要专门教学[17]，这主要得益于儿童推断能力的发展，能够借助词语出现的语境，如听到的对话，或阅读的上下文，合理推测词语的含义。

在初始阶段，儿童主要借助构成词语的每个汉字（词素）的含义，来推断复合词的含义。例如知道了"红花"是红色的花，可以自然推断出"黄花"是指黄色的花。因此在教学时，可以先不直接讲解含义，而是有意识地请儿童根据构成它的词素推测词义。例如面对陌生的词语"洪亮"，可以通过引导儿童回想"洪水"指大水，"洪"有"大"的意思，来推测洪亮的意思可能是声音又大又亮。

随着儿童语言经验的丰富，能够借助的线索也越来越多，此时可以有目的地教给儿童一些技巧，来提升他们的推断能力。首先，可以借助词语在句子中扮演的成分来推断大意。例如，看到"鹭鸶吃鱼"这句话，即使不知道"鹭鸶"的意思，也能根据它在句子中的位置，推断出这应该是一种动物，以鱼为食物；再根据鹭鸶两个字都有鸟字底，推断出这大概率是一种鸟。其次，可以借助上下文中的近义词或反义词来推断陌生词语的含义。例如，"他已届耄耋之年，心态却仍如顽童"中，"耄耋"是个新词，但借助句子的转折关系可以判断，它的含义应该与顽童相反，很可能表示年老。

词义推断，使儿童可以通过大量阅读习得新词汇，不再依赖老师或其他人，因此它对于词汇学习的重要性，怎么强调也不为过。

三、阅读理解

理解是一切阅读行为的最终目的。如果儿童只是认得每个字，却不明白它们连在一起的含义，或是无法在所读文字与自身经验之间建立关联，就算不上真正的阅读。有经验的阅读者，能够熟练使用各种阅读技巧和策略，在阅读过程中带有目的地主动拆解、分析、吸收、整合文本，并与已有的知识和经验建立关联，将读到的内容纳入自身的知识体系。

3—8岁的儿童还是阅读的新手，需要老师或其他人的指导，并有意识地在阅读前、阅读中、阅读后练习使用多种阅读策略，才能从文本中提取并建构意义，进而完成一系列阅读任务。基于现有的实证研究，结合部编小学语文教材课后阅读理解题目对应的能力要求，本节将分别从阅读策略与阅读技能两方面阐述儿童早期阅读能力的发展。

（一）阅读策略

有效的阅读策略，能够帮助阅读者加深理解，解决与文本互动中偶尔遇到的问题，甚至弥补因背景知识不足造成的理解困难。大量阅读相关的实证研究发现，在教学或日常阅读练习中有意识地训练复述、问答、预测、想象、关联、监督这六种策略，有助于儿童阅读能力的提升，具体如表 1-3 所示。

表 1-3　阅读策略分级别描述

能力维度	说明	教学示例
复述	阅读中途，能够在提示下复述文本中刚刚发生了什么	故事中首先、其次、最后发生了什么？
	能够复述文本的主要信息	故事中的主要事件是什么？主要人物面临什么问题？是如何解决的？
	能够在理解基础上，按照自己的逻辑，完整复述文本内容	用自己的话讲述刚刚读过的故事
问答	在阅读之前、之中和之后，能够思考并回答老师提出的问题	（1）关于这个主题，你想要知道什么？（2）从文本中学到了什么？
	能够在阅读之前、之中和之后，针对困惑之处提出问题	（1）这是怎么回事？（2）接下来会发生什么？
	能够主动带着问题阅读	鼓励学生在阅读时按照 KWLS 原则做批注，记下自己的疑惑和想法
预测	能够在引导下猜测文本的发展，但不一定准确，主要依赖已有的先验知识	（1）根据文章的标题或图书封面，猜测主要内容会讲什么？（2）在阅读中途停下来，猜一猜接下来会发生什么？
	能够推断文本的发展，并在文中找到线索或证据，支持自己的推断	（1）接下来会发生什么？（2）文中有哪些线索让你这样认为？

表 1-3　阅读策略分级别描述　　　续表

能力维度	说明	教学示例
预测	能够根据已掌握的信息预测文本的发展，并在预测与文本不符时，及时修正自己的理解	(1)接下来会发生什么？有哪些证据让你这样认为？ (2)预测与文本发展相符吗？如果不符或部分相符，应该怎样调整之前的理解？
想象	能够在引导下，把读到的内容在心中想象出画面	读到这里，你在心中看到了什么？
	能够有意识地把所读内容在心中想象出画面，知道这是加深理解的一种方法	读到这里，你能想象出怎样的画面来帮助理解？
	能够知道语言和修辞对于想象画面的作用，体会重点词句的作用	这处修辞/感官细节/动作描写如何帮助你想象出画面？
关联	能够借助自身经验，理解文本	(1)关于这个主题，你已经知道什么？ (2)你同文本中的人物有哪些相同的经历？
	能够借助与其他文本的比较、对比，增进理解	(1)关于这个主题，你还读过哪些文章？ (2)它们同当下这篇文章有什么相同点或不同点？
	能够将文本内容与自身之外的背景知识建立关联	(1)你从文章中学到了什么？ (2)它还能应用于哪些场景？
监督	能够在引导下发现自己不理解的地方	(1)作者的这句话是什么意思？ (2)文中人物为什么要这样做？
	能够自觉意识到没有读懂的地方，并通过放慢速度、重读等策略调整	(1)哪些段落难以理解，需要反复阅读？ (2)知道在阅读难度高的文本时放慢速度，阅读较简单文本时可以速读
	能够通过自我提问，判断对文本的理解程度	引导学生在阅读每篇文章后，通过回答"这篇文章讲了什么""作者的观点是什么"等问题，判断是否理解了文意，并知道在无法回答问题时重读

1. 复述

复述是指在阅读过程中，不时停下来回顾文本中发生了什么。这能够帮助儿童确认他们是否跟上了作者的思路。在低龄阶段，复述的内容可以相对简单，如请儿童回想故事发生的顺序，讲讲先发生了什么，后发生了什么。随着年龄增长，可以要求儿童复述更多细节，例如故事发生在哪里，主要人物有哪些，他们遇到了什么问题，最终是如何解决的。

2. 问答

问答是指在阅读之前、之中、之后提出问题，并带着问题在文本中找寻答案，从而在阅读中保持专注，更好地理解文本。问题既可以来自老师或其他成人，也可以来自儿童自己。成人可以引导儿童向自己提问，由此监督自己的阅读过程，并通过发现新的问题、解决新的问题来不断加深理解。

在阅读前与阅读后，可以按照 KWLS 的框架设置问题，将文本与已有的知识脉络建立联系，即关于这个主题，你已经知道什么（Know）？想要通过阅读了解什么（Want to know）？读完文本，学到了什么（Learned）？未来关于这个主题，还想要了解什么（Still need to answer）？在阅读中，可以根据所读内容设置具体的问题，例如为什么会发生？接下来会发生什么？作者为什么安排这个情节？

3. 预测

预测是指对文本接下来将发生什么做出推断或合乎逻辑的猜测，然后在阅读过程中修正或确认自己的推断。预测能促使读者代入作者角度，更加投入文本，并在预测与文本发展不符时及时修正之前的理解。儿童早期阅读以绘本为主，可以引导儿童观察一本书的封面，根据画面或标题推测这本书要讲什么。在阅读过程中，还可以请儿童寻找支持他们做出推断的线索或证据，从而引导儿童关注文本的细节。

4. 想象

想象是指阅读时在头脑中创建画面。研究表明，阅读时能在头脑中形成想象画面的读者，比不这样做的读者更能牢固地记住所读内容[18-19]。在教学过程中，一方面，可以有意识地请儿童描述他们心中的画面；另一方面，也可以请儿童体会文本中修辞、感官描写、细节描写、动作描写等的部分，引导儿童领会它们在营造画面感时所起到的作用。

5. 关联

关联是指在已有知识和要读的新文本之间建立联系。一方面，关联可以激活学生的背景知识和其他线索，帮助他们理解新知识；另一方面，只有与先前的经验建立了关联，阅读的内容才能成为个人知识体系的一部分，构建起意义。建立关联可以包含三个层次，一是建立文本与自身的关联，将文本内容联系到自身经验；二是建立文本与文本的关联，将新文本联系到曾经读过的其他内容；三是建立文本与世界的关联，由阅读联想到自身之外的其他背景知识。

6. 监督

监督是指在阅读的同时关注自己的理解状态，有意识地联系经验知识、自主寻求解答、发现自己没能准确理解的地方，并在遇到困难时提问。儿童需要在阅读过程中不断审视"这合理吗？这符合逻辑吗？我的理解正确吗？"并在理解出现偏差时自主发现，通过重读、放慢速度、提问等方式确保理解的准确性。

（二）阅读技能

随着儿童熟练掌握多种阅读策略，他们的阅读技能也会得到提升，能够完成愈加复杂的阅读任务。阅读技能分为六种，分别是信息提取、逻辑梳理、对比比较、推断解释、总结概括和评价判断。具体如表 1-4 所示。

1. 信息提取

信息提取是指能够从文本中准确定位相关信息，从而准确回答问题。这一技能从易到难包含三个阶段：提取细节、提取

表 1-4　阅读技能分级别描述

能力维度	说明	教学示例
信息提取	在提示和引导下，能回答关于文本关键细节的问题	故事发生的时间、地点，主要人物都有谁？
	在提示和支持下，能够识别文本中多个明显关键信息并进行整合	（1）对于叙事性文本：故事发生的背景是什么？起因、经过、结果分别是怎样的？ （2）对于信息性文本：作者列举了哪些支持观点的理由？
	能够在文学文本中找出起特定作用的词句	在阅读过程中引导儿童体会作者如何通过遣词造句表达特定的含义，例如通过动作／神态描写反映人物心理／性格等
逻辑梳理	能够在路标词的帮助下，识别按序列或其他逻辑组织的文本	能够借助第一、第二、第三，首先、其次、最后，因为、所以，相似、相反等路标词，识别句子间的逻辑关系
	能够在无路标词的情况下，识别文本中的因果关系，理顺故事的发展顺序	阅读过程中引导儿童在文中寻找人物做某个行为／作者提出某个观点的原因
	能够识别多段文本的主旨，以及每一段的重点	引导儿童识别主旨句／主旨段，在阅读过程中留意主旨与细节的关系
	能够描述句与句之间、段与段之间的逻辑关系，并说明作者给出的理由如何支持了文中提出的观点	（1）介绍常见的文本结构 （2）先分别总结各句／段的大意／作用，搭建脚手架，再分析各句／段之间的关系
对比比较	在提示和支持下，能够对比比较熟悉的故事中人物的经历，描述文本中两个人物、事件、想法或信息之间的关联	（1）两个故事主人公的经历有什么相同点和不同点 （2）一个故事中的两件事有什么相同点和不同点
	能够认识到不同人物有不同的观点，并说出它们的异同	引导儿童通过圈画重点词句等方式找到不同人物的观点／看法，再比较它们的异同，并思考人物看法不同的原因

表 1-4 阅读技能分级别描述 续表

能力维度	说明	教学示例
对比比较	比较同一作者相似作品的主题、背景、情节，或同一主题下两篇文章的观点和细节	引导儿童思考同一主题可以从哪些不同的角度写作，各有什么优点
推断解释	能够借助图片或提示，弄清文本中生词或难句的含义	引导儿童根据插图和上下文猜一猜生词的含义
	能够利用多种策略，确定作者的言外之意	引导儿童根据上下文确定词句的引申义
总结概括	能够提炼简单文本的主题信息、想要传达的教训或道理	引导儿童通过回答谁、什么时候、在哪里、做了什么的问题来概括文本内容
	能够概括段落大意或作者的写作意图	引导儿童思考作者为什么写作这篇文章/这个段落，并利用作者的写作目的确定在阅读时应该寻找什么信息
评价判断	能够根据文本内容，说出自己的简单看法	在阅读过程中不时引导儿童谈一谈自己的看法

要素、提取关键词句。在初始阶段，儿童能够根据要求，在文本中快速定位关键细节信息，如事件发生的时间、地点。这类信息通常在文章中明确提及，不需要进行额外的推理整合。进一步，儿童能够按要求提取文章的关键要素，如事件的背景、起因，支持作者某个观点的论据等。与细节不同，关键要素可能有多个，也可能分布在文本的多个地方，需要儿童具备一定的信息整合能力。最后，儿童能够按要求提取文本中起到特定作用的关键词句，如找出表现主人公心理变化的描写。儿童需要理解作者的写作手法，才能顺利完成此类任务。

2. 逻辑梳理

逻辑梳理是指能够借助路标词或其他线索，描述句与句、段与段之间的逻辑关系，理清文本的组织结构。在低年龄段，儿童遇到的文本结构通常都比较简单，以顺序结构为主，例如按顺序记叙完成一件事所要经过的若干步骤，或是按时间顺序或起因—经过—结果的顺序记叙事件的发展。随着阅读水平提高，儿童逐渐能够识别出段落间的因果关系，找到多段文本的主旨和每一段的重点，进而明晰段落内部句与句之间的逻辑关系，理清作者的叙述方式，即作者给出的理由如何支持了文中提出的观点。逻辑梳理能够帮助儿童更好地把握文章结构，跟上作者的思路。

3. 对比比较

对比比较是指能够说出两处文本在某一维度上的相同点和不同点。由易到难，儿童最先掌握的是文本要素的比较，例如对比故事中不同人物的经历，或是比较两个事件的相似之处、分析两种想法之间的关联。进而能够对文本整体呈现的事实进行比较，例如两篇文章观点的异同。更进一步，儿童可以对比比较不同文本的写作方式，如比较同一作者系列作品的主题、背景、情节，或是同一主题下两篇文章的观点和论据组织方式等。

4. 推断解释

推断解释是指利用多种线索和策略，确定文本中缺失或未明确指出的信息。这项技能与词汇推断能力一脉相承，但在文本阅读中，能够借助的线索和策略更丰富，能够推断得出的信息也更多。在阅读早期，儿童主要借助插图或上下文推断陌生字词的含义。随着阅读经验的丰富，儿童可以超越字面含义，读出作者隐藏在字里行间的潜台词，或是文中没有指明但暗示可能已经发生的事件，从而更好地理解人物的行为逻辑、事件展开背后的推动因素。

5. 总结概括

总结概括是指用简短的语言复述文本的重要内容。这要求儿童具备两方面的能力，一是能够识别文本的主要观点与写作意图；二是能够分辨主旨与细节，并在总结时过滤掉不重要的细节信息。总结概括能力随阅读文本的复杂度而提升。使用总结概括这一技能时，可以借助文本的结构作为线索，如段落的主旨往往出现在第一句或最后一句，文章的主旨可能体现在标题、章节名、起始段或结尾段，依次按图索骥。在这一能力的培养初期，儿童要能够提炼简单故事或寓言所要表达的道理。而当文本变得更复杂后，儿童要能够总结概括一个或多个段落的大意，并在此基础上提炼作者的写作意图。

◆ 评价判断

评价判断是指能够对所读文本做出判断，并提出自己的观点。在此过程中，儿童能够以批判的眼光，对文本情节与人物活动的合理性、论据的可靠性、遣词用句的准确性、观点的新颖性等做出自己的判断，并说明理由。评价判断往往以前述多种能力为基础，例如通过逻辑梳理找出论证的缺漏，通过对比比较得出不同文本各自的优劣等。

第三节 写作

儿童的语言能力发展，大体可以分为理解性能力与表达性能力两个范畴。阅读能力决定了接收、理解信息的水平，而写作能力则影响着信息传递、表达的程度。2022 年颁布的义务教育语文课程标准要求学生形成个体语言经验，具备正确、规范地运用语言文字的意识和能力，能在具体语言情境中有效地交流沟通。

研究表明，高质量的写作由六个部分组成：想法、结构、用词、流畅、口吻、规范[20]，这种划分方式已被用于美国高中毕业生学术能力水平考试、美国大学入学考试等多项重要考试的写作评分，与我国高考作文的评分标准也逐一对应。因此，本章从这六个方面分别阐述 3—8 岁儿童写作能力的发展。

作为听说读写中最后发展的能力，写能力的发展建立在其他三种能力发展的基础之上。其中，口头表达是书面表达的基础。在儿童学会拼音和写字之前，他们主要是以说话的方式表达思想；在落笔成篇之前，通过看图说话、口述观点等方式理清思路，也是常用的写作练习手段。因此，本章在阐述写作能力各细分维度的发展时，并未严格限定以书面形式进行，早期口头表达的阶段也包含在内，具体如表 1-5 所示。

表 1-5　写作能力分级别描述

能力维度	说明	教学示例
想法	能根据主题 / 语境说一两句话	观察图片并回答问题
	能够根据主题 / 图片说一段话	看图说话
	能够围绕主题写一篇文章	按照"起因—经过—结果"的顺序，记叙一件印象深刻的事
结构	能够准确使用连词，表明句子间的逻辑关系	使用固定的句式，如用"因为……所以……"造句
	能够按照一定的逻辑结构组织段落	按顺序给句子排序
	能够按照逻辑顺序组织篇章	给多个段落排序
用词	能够用形容词和具体的名词、动词，把一句话写准确	在几个含义相近的动词中选择合适的一个描述动作
	能够用一段话准确描写事物特点	用一段话介绍自己的朋友，写出他 / 她的特点
流畅	能够用不同长度的句子表达相同的意思	扩句、缩句练习
	能够变换多种句式，流畅地写一段话	改写段落，使句式单调的段落更有节奏
口吻	能够根据语境，在句子中表达不同语气	根据场景，选择适合的写作语气
	能够在一段话中营造出与主题相符的情绪	变换不同的人物视角改写故事
规范	能够正确使用常见标点符号，写语法正确的句子	给句子断句、添加标点
	能够用修改符号修改习作	修改同龄人的习作

一、想法

"想法"即表达言之有物、主题明确、内容具体，包含两方面的内容——有话可说和言之有物。"有话可说"指的是可以从简短的表达开始，在给定的主题下，引导儿童从不同的角度观察、思考，从而充实内容。进一步，还可以引导儿童比较不同的描写，哪一种更有趣、更生动，从而理解什么是好的细节。"言之有物"指的是儿童要能够围绕一个主题，进行中心突出的表达。这需要区分主旨和细节，并根据自己要表达的观点，提供支持的理由和论据。可以通过逆向思维，给出一段话，引导儿童选出其中不相关的句子，从而引导其意识到怎样的论据是不可取的。

二、结构

"结构"即布局合理，结构清晰。这是评价一篇文章好坏的关键因素。清晰的结构有助于信息的传达。儿童应当意识到，写作和表达前需要花时间思考以哪种方式组织内容才最有效。为此，可以训练儿童有意识地使用连接词，从而明晰句与句之间的逻辑关系，如因果、并列、递进；进一步，还可以引导儿童按照一定的顺序表达，如时间顺序、事件发展顺序、方位顺序等，从而使文章整体结构清晰。

三、用词

　　用词即语言描述生动，用词准确。词语的选择在很大程度上影响了语义的传达。一开始，儿童词汇量有限，可能只会用一些宽泛的词来表达，传达的意思是模糊的。例如手持物品时，不论物品在什么位置，都称为"拿"。而随着儿童词汇量的扩大，他们了解了扛、抱、提、举的区别，从而能够更精准地表达。扩大的词汇量还给了儿童更多的选择，避免反复使用同一个词，使文章读起来更生动有趣。为此，可以在日常生活中引导儿童有意识地积累词汇，尝试用不同的方式描述同一事物，从而增加表达的准确性与多样性。

四、流畅

　　流畅是指句式灵活，语言流畅。好的文章通过变换句子的结构、长短，使语言流动起来，获得韵律感。在早期可以引导儿童有感情地朗读课文，体会句子的停顿、轻重，感受句式变换。还可以通过扩句、缩句的练习，让儿童学会使用不同长度的句子表达同样的意思，在写作时根据需要灵活变换。

五、口吻

口吻是指表达时感情真实、个性鲜明。写作是作者与读者之间的交流，妥帖、独特、富有情感的语言，既能让作者的个性在文章中得到充分展现，又能使读者感到亲切，获得"联结"感。可以引导儿童练习写出欢快、恐惧、严肃的语气；或是通过提供不同的场景，引导儿童体会针对不同的读者对象，例如对朋友、长辈、社会机构，写作口吻也有所区别。

六、规范

规范即指字体工整，符合惯例。规范包括语法、标点、分段、缩进等格式，遵循约定俗成的写作规范，有助于读者不受无关信息的干扰，更好地跟上作者的思路。随着儿童年龄的增长和年级的升高，对写作规范的掌握也日益全面与熟稔。

第四节 口语交际

学龄前是儿童口语发展的重要时期。儿童不仅会学习用语言表达自己的想法和感受，还会在与他人交流互动的过程中，发展其他重要的社会能力，例如与人交往的能力、理解他人和判断交往情境的能力、组织自己思想的能力等[21]。上小学后，口语交际能力也是语言能力发展的一个重要方面。语文课程标准对第一学段儿童的要求是：能认真听别人讲话、努力了解讲话的主要内容，能复述故事大意和自己感兴趣的情节，能简要讲述自己感兴趣的见闻。除此以外，在非语言方面，还需要态度自然大方、敢于发表自己的见解[22]。

20 世纪 80 年代，卡纳莱（Canale）和斯温（Swain）基于对外语交流能力的研究提出，有效的沟通不仅需要知道语法规则，参与者还需要了解社会文化规则，并在遇到障碍时使用策略延续交流，他们将其称为社会文化能力和策略能力[23]。语言能力与策略能力得到学界的一致认同，在社会文化能力的具体所指方面，后来的学者对其也进行了细化。卡纳莱[24]将其拆分为关注言语在不同社会背景下合宜性的社会语言能力与关注语言连贯性和表意一致性的话语能力。塞尔斯－穆尔西亚（Celce-Murcia）等人进一步发展了该模型，从社会文化能力中拆分出互动能力，关注沟通中的行为与非语言因素[25]。基于上述研究，并结合母语水平随年龄的发展，本节将从互动能力、策略能力、社会文化能力和话语能力四个维度分别阐述儿童口语交际能力的发展，具体如表 1-6 所示。

表 1-6　口语交际能力分级别描述

能力维度	说明	教学示例
互动能力	能够与他人进行简单互动	(1) 通过绘本或动画示范如何大方地与他人打招呼、表达自己的需求 (2) 知道简单的互动礼仪，如眼睛看着对方、声音清楚适中等
	能够对他人的情绪做出简单反应，知道如何用语言询问他人感受	在绘本阅读中引导儿童关注故事中人物如何对他人言语和情绪做出反应
	能够遵循谈话规则，礼貌获得发言机会，并在谈话中表达自己的意见，通过提问获得信息	(1) 介绍获得发言机会 / 保持发言位 / 放弃发言位 / 确立话题 / 改变话题等谈话行为的礼貌做法 (2) 通过绘本或动画示范如何通过提问获取额外信息
策略能力	能够在听众没有理解时主动修复对话	通过对话引导儿童补充细节，更准确地表达意思
	能够借助图画或其他可视手段表达自己的意思	引导儿童在介绍一件事物时，可以画出来，或者一边说一边画
	能够在谈话时主动检查自己和对方的理解是否准确	告诉儿童可通过重复、用自己的话复述等策略，检查谈话双方的理解。例如：你的意思是 × × 吗？我能这么理解吗？我说明白了吗？
社会文化能力	能够在提醒下使用恰当的礼貌用语	教给儿童常用礼貌用语，并提醒他们在正确的场合使用
	能够根据情境和对象调整说话的内容和语气	在绘本或动画中展现多种场景，示范面对不同情境和对象应如何表达
	能够使用委婉、商量的语气	告诉儿童商量的表达技巧，如何提出请求 / 说明理由 / 征求意见 / 被拒绝后的表态

表 1-6　口语交际能力分级别描述　　　　续表

能力维度	说明	教学示例
话语能力	能够围绕话题谈话，不跑题	通过绘本或动画示范如何围绕一个话题展开谈话，展示正确和不正确的做法
	能够事先就讨论话题做准备，并基于他人的发言做出评论	练习就给定话题进行讨论，并利用事先准备的信息发表看法或评论他人发言
	能够汇总他人的意见	介绍汇总发言的结构，通过小组讨论练习如何汇总他人意见

一、互动能力

互动能力是指通过语言和非语言行为完成对话或达成特定目的的能力。在儿童语言发展早期，他们可以进行偶发的、单独的交流，例如接受或拒绝成人发起的建议、向陌生人问好、表达感谢等。随着词汇量扩大、习得的表达方式更加丰富，儿童可以通过语言同时完成多种目的的交流，例如询问和提供信息、表达意见和态度、表达和识别感受、提出建议或要求、道歉并请求他人原谅等。在多样目的的交流中，每次互动所包含的话题也相应增多，儿童逐渐习得交流谈话的结构，例如如何开场、如何改变话题、如何打断插话、如何暗示对方自己想要结束对话等。在此过程中，儿童的非语言互动能力也得到相应的发展，例如了解怎样的说话姿态是恰当的，如何根据场合调节音量，如何通过音量、眼神传递信息等。

二、策略能力

策略能力包含了解交流策略以及运用交流策略的能力。在日常交流中，儿童会自然地习得一些常用策略，例如在没想好应该说什么，又不想结束发言时，儿童会使用"嗯……""啊……"等填充词进行拖延，以此表示还没说完，要维持发言位。或者在发现自己说错时，会自主纠正、重述，从而确保另一方接收到准确的信息。

另有一些策略是儿童可以有意识练习的。例如，受限于儿童的语言水平，他们往往难以准确表达自己的意思，此时可以引导儿童借助表演、手势、画图等多种非语言方式传达信息。如果意识到自己可能没表达清楚，儿童可以主动询问对方"我说明白了吗？"或者在自己没有理解对方意思的时候请求阐释和澄清"你说的是 ×× 意思吗？"从而在交流双方理解出现偏差时及时纠正。

三、社会文化能力

社会文化能力，指在给定社会文化背景下，使用语言得体地表达意思的能力。对于低龄儿童来说，这主要指掌握礼貌用语，并在正确的情境下使用。随着语言经验的丰富，儿童逐渐习得如何根据情境和对象调整说话的内容和语气，例如与长辈对话时会使用敬语，语气可能与和好朋友说话时不同。进入小学后，儿童面对更复杂的环境，会与更多不同身份的人产生互动，需要学习并掌握更多的表达技巧，例如使用委婉、商量的语气表达请求，从而使沟通保持愉快和顺畅。

四、话语能力

话语能力指为实现前后连贯统一的表达，所需要考虑的词句选择、顺序、排布、结构等。这需要儿童在表达时遵循一定的顺序，有主题、有逻辑。可以在日常教学中引导儿童使用清晰的表达结构，如按时间顺序、按方位顺序、按因果顺序等。使儿童学会清晰、聚焦、有逻辑地表达，同时还为日后结构清晰的写作奠定基础。

第二章

思维能力模型

第一节 引言

一、思维能力模型的定义

儿童的学习与能力的发展遵循自然的发展进程。他们首先学习爬行、走路，然后跑、跳，直到快速和灵活地跳跃，这就是儿童运动能力的发展进程之一。同样，儿童的思维学习也遵循着自然的发展进程。当我们了解思维学习中每个主要领域或主题的发展进程以及基于它们的序列活动时，基于此所创设的思维学习活动就会特别具有发展适宜性和有效性。基于此我们认为可以建构一个相对科学且具有参考性的能力发展模型来描绘儿童思维能力的发展进程。思维能力模型可以帮助我们回答这几个问题：我们应该建立什么样的教学目标？我们从哪里开始？我们沿着哪条道路走下去？我们怎么到达那里？

所以思维能力模型主要有两个重要作用：设定思维教学目标和儿童达到目标的发展路径。

能力模型的第一个作用就是设定教学目标。这些教学目标的作用是：定义思维教学内容的范围；通过指出思维能力的出现年龄及典型年龄，明确在特定年龄或级别所适宜的教学目标；为测评划定具有里程碑意义的能力水平。

而发展路径则表征了思维能力发展的各个不同水平阶段，

儿童通过学习，能力越来越高从而达到期望的教学目标。这些发展路径描述了儿童在发展对某个主题内容的理解时所经过的典型道路，也为教学设计安排知识点顺序、设定教学的脚手架提供了理论基础。

因此，思维能力模型是儿童思维能力发展的路径，指明了儿童在特定年龄的合理预期目标，为教学设计提供合理的理论基础。建构能力模型的最终目的就是促进儿童更好地学习。

二、思维能力模型的研究方法

为了科学合理地为教学设计提供建议，本能力模型同时关注理论和实践的双重定位。因此本能力模型在开发过程中系统地调研并收集了这两方面的背景理论和数据。首先，我们以《3—6岁儿童学习与发展指南》（以下简称《指南》）、《义务教育数学课程标准（2022年版）》作为初步的框架，通过文献调研法研究了大量的过往实证研究资料以补充和细化其中能力发展的具体路径。其次，我们辅以访谈调研法，收集了多位一线教学研发教师，结合斑马教研中心多年的思维教学经验、教学实践优化本模型。最后，依托斑马教研中心海量的学员实践数据，结合儿童在思维课程中的实际表现，对本模型做进一步的提炼和优化，使其更符合当下儿童的学习情况。

三、思维能力模型的内容框架

需要确定思维能力模型包含哪些需要发展的学习内容，也就是儿童会发展哪些相关能力。本能力模型中的内容框架来源于"数学中的大概念"，即由数学中最核心的、相互关联的知识联结组成的有机整体概念[26]。大概念与知识点之间的关系类似于树干与树叶的关系，树干将树叶联系在一起，例如，有的研究者就将"加减法"作为一个大概念，将加减运算的含义、对加减符号的认识、加减运算的计算过程等知识点都统摄在这个大概念下，将这些知识点组成一个互有关系的有机整体。

本能力模型参考以往研究者对数学大概念的划分方法以及儿童在3—8岁的学习内容，将思维能力模型的内容框架分为数概念与数感、十进制、运算、图形等部分，通过这些主题探讨儿童的能力发展。

四、思维能力模型的内容组织

为了能够一目了然地呈现这些内容之间的联系以及儿童能力在3—8岁的发展情况，本能力模型将各个部分的内容归纳如表2-1所示。通过表格，可快速感知儿童能力发展的情况。

表2-1 数概念与数感（部分内容）

能力类别	能力细分	具体发展水平	案例	难度参数	3	3.5	4	4.5	5	5.5	6	6.5	7	7.5	8	教学建议
唱数与数字	唱数—顺数	根据顺数的顺序，一个一个准确说出数数词的能力	从1开始顺数，最后一个正确的数字为顺数能力	1—10												S1（上）
				11—20												S1
				21—30												S2
				31—100												S3—S4
				100以上												S5
		能辨别顺数时的常见错误：缺漏数字、数字有误	播放顺数1—10的音频，音频包含错误，如1，2，3，5，6，7或1，2，5，4，3，6，7（数字错误或漏数），判断正误	1—5												S1
				11—20												S2
				21—100												S3
				100以上												S3—S4
	唱数—倒数	能准确倒数出给定数字后的所有数字	让儿童从10倒数	10—1												S2—S3
			让儿童从20倒数到11	20—11												S3
			从30倒数到21	30—21												S3
			从任意数倒数到31	31以上												S4

续表

表2-1 数概念与数感（部分内容）

能力类别	能力细分	具体发展水平	案例	难度参数	3	3.5	4	4.5	5	5.5	6	6.5	7	7.5	8	教学建议
唱数与数序	数序	能准确说出给出数字的后一个数字或前一个数字（前一个数字难度高于后一个数字）	给出一个数字，说出后一个数字	1—10												S2
				11—20												S3
				21—40												S3
	相邻数	儿童能准确说出给出数字的两个相邻数（正逆，同时说出前一个数字和后一个数字）	给出一个数字，同时说出前一个数字和后一个数字	1—10												S2—S3
				11—20												S3—S4
			给定两个数说出两数中间数	21以上												S4
一对一对应，在点数时通过一对一对应将数词和数量对应起来		将物体严格一一对应	一一对应配对，如一个画笔对应一个颜料盒													S1
		直线排列的物品，保持数词与数量之间的一一对应	点数时，每指一个物体（也可是眼睛动或点头、口头说一个数词（也可不出声，只是嘴唇蠕动）	1—5												S1
				6—10												S2
				11—20												S2
				21—30												S2

表 2-1 所示为"数概念与数感"主题下的部分内容。数概念与数感可以分为唱数与数序、一一对应、基数、序数、认识与书写数字符号等能力类别，本表截取其中的唱数与数序及一一对应两个能力类别。可以看到唱数与数序部分仍然可以进行能力的细分：唱数—顺数、唱数—倒数和数序。在具体发展水平一列则展示了儿童发展的每一条具体水平，并以案例的形式进行解释说明。同时一个特定能力水平还会有部分难度参数会影响儿童的具体水平，比如"唱数 1—5"和"唱数 1—10"对于儿童来说虽然都是同一种能力，但是由于数字容量变大，对于 3—4 岁的孩子难度会有所不同，因此将这些因素都以难度参数的形式一一展示。最后针对每种能力水平，本模型采用色块的形式展现了它在儿童 3—8 岁阶段的发展情况。如儿童在 4—5 岁可以唱数到 21—30 的数字容量，那么本模型便在 4、4.5 及 5 岁的区间进行颜色标注。而其中的深色标记则表示到该年龄，儿童的某项水平的发展基本成熟，不会遇到什么困难，因此在"唱数"这一能力下，5 岁这一区间被标注为深色。最后一列的教学建议中的级别则是在斑马思维课程中的建议的课程级别。

除此之外，部分能力水平的发展区间跨度较大，比如"唱数到 31—100"，这一方面是因为进一步研究的受限，另一方面是因为尽管部分儿童在 5 岁左右就可以掌握这一能力，但绝大部分儿童可能需要到 7 岁才能稳定地表现该水平，因此对该能力标注了较大的发展区间。下面我们就来仔细阐述各个能力发展的具体情况。

第二节　数概念与数感

儿童在 3—8 岁开始有了很多对于数和数字的想法，基于这些关于数相关概念经验的认识与积累，他们对于高阶数学的理解会进一步发展。《指南》中对儿童的数学认知的一个目标就是"感知和理解数、量和数量关系"。2022 年的义务教育数学新课标指出要发展学生的数感的核心素养，主要就是发展学生对数与数量、数量关系的直观感悟。

本节的数概念与数感就是强调了儿童数与数量相关经验与能力的发展，这些基础概念可以拓展到更高阶的数的发展，如测量、数据、运算等，以及一些直接受早期数概念发展所影响的内容，如基本的运算事实、位值等。数概念与数感的发展影响了儿童未来诸多高阶的数学能力的发展，因此需要对儿童的数概念与数感的发展给予高度重视。

本思维能力模型的第一部分数概念与数感模块详细阐述了儿童在 3—8 岁数概念与数感的发展情况。数概念与数感的发展分为唱数、一一对应、基数、序数和数字的认识与命名几个维度，从学前到小学阶段，通过对这些概念的发展，能帮助儿童建立对整数的认识，进而发展更高阶的数学认知，根据多年研究与实践，本模型认为具体的年龄发展轨迹如表 2-2 所示。

表2-2　数概念与数感

能力类别	能力细分	具体发展水平	案例	难度参数	3　3.5　4　4.5　5　5.5　6　6.5　7　7.5　8	教学建议
唱数与数字	顺数	根据顺数数的顺序一个一个准确说出数词的能力	从1开始顺数，最后一个正确的数字为顺数数能力	1—10		S1（上）
				11—20		S1
				21—30		S2
				31—100		S3—S4
				100以上		S5
		能辨别顺数时的常见错误：缺漏数字、数字错序有误	播放顺数1—10的音频，音频包含错误，如1,2,3,5,6,7或1,2,5,4,3,6,7（数序错误或漏数），判断正误	1—5		S1
				11—20		S2
				21—100		S3
				100以上		S3—S4
	倒数	能准确倒数出给定数字后的所有数字	让儿童从10倒数	10—1		S2—S3
			让儿童从20倒数到11	20—11		S3
			从30倒数到21	30—21		S3
			从任意数倒数到31	31以上		S4
	相邻数	能准确说出给定数字的后一个数字或前一个数字（前一个数字高于后一个数字）	给出一个数字，说出后一个数字	1—10		S2
				11—20		S3
		儿童能准确说出给定数字的两个相邻数（正逆，给定两个数字说出中间数）	给出一个数字，同时说出前一个数字和后一个数字	21—40		S3
			给出一个数字，同时说出前一个数字	1—10		S2—S3
				11—20		S3—S4
				21及以上		S4

续表

表 2-2　数概念与数感

能力类别	能力细分	具体发展水平	案例	难度参数/小数数量	3	3.5	4	4.5	5	5.5	6	6.5	7	7.5	8	教学建议
一一对应——在点数时通过一一对应将数词和数量对应起来	将物体严格一一对应	一一对应配对，如一个笔对应一个颜料盒														S1
		直线排列的物体与数词之间的一一对应	点数时，每指一个物体（也可是眼睛动或点头，口头说一个数词（也可不出声，只是嘴唇动）	1—5												S1
				6—10												S2
				11—20												S2
				21—30												S2
基数——理解数字代表集合的数量/总数和按数取物（点数和按数取物）	点数	能手口一致地点数，一一对应，并能说出总数	给 n 个物品，能正确一一对应	1—5												S1
				6—10												S2
				11—20												S3
				21—30												S3
	按数取物	能够根据给定的数字拿出相应数量的物品	给出数字，能拿出数字对应量的物品	1—5												S1 上
				6—10												S1
				11—20												S2 下
				21 及以上												S2—S3
	数量守恒	元素排列发生变化时，能认识到总数是不变的	两组量相等，上下各排成一排，之后，其中一排的间隔增大或变小，让儿童判断哪组物品数量是否变化	间隔增大、变小												S2
	按群数数	能 2 个 2 个的数，并正确说出总数	2, 4, 6, 8, 10 40, 42…100	1—20												S3
				21—100												S4
		能 3 个 3 个的数，并正确说出总数	3, 6, 9, 12, 15	0—15												S3 或 S4
		能 5 个 5 个的数，并正确说出总数	5, 10, 15, 20 5, 10, 15, 20…100	0—20												S3 或 S4
				21—100												S4
		10 个 10 个的数，并能正确说出总数	100, 105…	100 以上												S5
			10, 20, 30, 40…100	100												S3

续表

表2-2　数概念与数感

能力类别	能力细分	具体发展水平	案例	难度参数	3	3.5	4	4.5	5	5.5	6	6.5	7	7.5	8	教学建议
序数——理解数词代表对象在序列中的位置	会用数词描述事物的排列顺序，能够指出排列成一列的物体中某一物体的特定位置	能指出排成一列的物品中，第几是什么	1—10													S2
		能够把给定物品插在排成一条线的物体中的某一特定位置	10颗纽扣排成的线："这是一条纽扣排成的线，请你把这颗纽扣放到线中第x的位置" 任务为：第2颗位置；第5颗；第8颗	1—10												S3
书写数字符号——学会书写并命名数词的符号	能够辨认出给定数字	给出数字，能确认说出是几		0—9												S2
				10—20												S3
				21—100												S4
	理解数字所表示的数量	给出数字或物品，能选出对应量的物		0—9												S2
				10—20												S3
				21—100												S3
	能用数字表征物品的数量	能写（选）出对应量的数字		21—100												S3
	能书写数字	说出数字n，能写出对应的数字		0—20												S3
				21—100												S4
				101—10000												S5

一、唱数

唱数能力是儿童发展数概念与数感的基础。在早期的唱数活动中，儿童记住了数的顺序，但是还没有建立数与量之间的关系。随着年龄的增长，儿童会不断扩大自己对于数序量的记忆（从唱数到 5，到 10，到 100），同时倒数、跳着数（1、3、5、7……）、记忆相邻数等活动，能不断加强儿童对于数序的识记和理解[27–31]。

二、一一对应

一一对应能力是儿童建立数与量之间关系的经验基础，可以通过引导儿童进行物与物之间配对活动来帮助其理解一一对应的概念，儿童通过一个数与一个物之间的对应，能够发展出数与量之间联系的概念[32]。

三、基数

基数在数学上，是集合论中刻画任意集合大小的一个概念，通俗地说就是"有几"。理解基数对于 3—4 岁的儿童来说并不是一个简单的任务，儿童首先需要学会在点数时保证数与物的一一对应。有的儿童也许能数数，但是并不能完全理解点数时最后一个数表示这个集合的数量，也就是说"说出总数"，这也是点数时的一个重要步骤[33-34]。在学前阶段，儿童点数的总数随着年龄不断增加，而到了小学阶段就基本没有点数的困难了。

可以通过"按数取物"活动发展儿童一一对应点数的经验，更进一步的"按群点数"练习则可在发展儿童点数能力的同时帮助儿童发展对集合的初步认识。

四、序数

序数表示事物次第的顺序，也就是我们常说的"第几"，它也是数概念的重要部分，对儿童来说区别和理解"第几"和"有几"是一个重要的思维发展阶段。可以通过使用序数词来描述特定物品在序列中的位置，或通过将物品放置到特定的序列中的方式来不断加强儿童对序数的理解，儿童通常从4—5岁开始能够理解序数的概念[35-36]。

五、数字的认识与书写

"数字的认识"首先从指认阿拉伯数字开始，不过需要注意的是，有时儿童虽然能够指认出特定的数字，但这不意味着他们已经对数字概念有了清楚的认知。随后，从"指认"会逐渐过渡到理解数字所代表的数量，从而建立起"数字"与"量"之间的关系[37-38]。

6岁左右的儿童一般具备写出从0到20所有数字的能力，教授者可以通过引导儿童描画数字、用黏土制作数字、在计算器上按下数字等活动增加其对数字的经验，同时也让数字书写的活动变得有趣。而到了8岁，儿童基本就能书写万以内的所有数字了。

数概念与数感是儿童数学思维发展的基础，其核心是儿童发展对数、量及数量关系的感知。儿童在最初的阶段只是简单地记忆，并说出数的顺序，并不真正理解其含义，可以利用他们喜欢和熟悉的实物材料，通过——对应的活动，不断地帮助他们强化数与量之间的联系。当儿童开始理解数量关系之后，开始帮他们认识数字，从而进入更广阔的数学世界。

第三节　十进制

　　"十进制"数字系统是在数概念与数感的基础上对数量认知的进一步发展。从幼儿园到小学低年级，儿童对数字的认识从一位数扩展到四位数，他们开始接触到 10、100、1000 这样的数字模式，逐渐学会将 10 个物体作为一组或者一个单位来考虑，并对这种模式的理解不断的复制并扩大，随后逐渐联系到三位数、四位数，直至理解十进制的数字系统。

　　十进制的数字系统是学生思考大数量的一种方式，并且能够提升他们的计算策略。如果没有对十进制系统的坚实理解，学生的数学表现可能会受到长远的影响。

　　本思维能力模型的第二部分描述了儿童在 3—8 岁期间对十进制数字系统的认知发展。本节将从十进制的初步认识与位值原则两个维度阐述儿童的发展情况。具体的年龄发展轨迹如表 2-3 所示。

一、十进制的初步认识

　　儿童对十进制的最初理解从十个、十个地数数开始，而当数到"九十"之后，他们不会继续数"十十"，而是能正确

表2-3 十进制

能力类别	具体发展水平	案例	难度参数	3	3.5	4	4.5	5	5.5	6	6.5	7	7.5	8	教学建议
十进制的初步认识	理解相邻数位的关系,能用计数单位正确数数,理解满十进一	十个十个的数:十、二十、三十、四十、五十、六十、……、九十。在九十之后,个十是一百。能正确说出是一百而不继续数十个	0—100								■				S4
			100—1000										■	■	S5
			1000—10000											■	S5
	满十进一转换关系的理解,能写出非准结构呈现的数字	给孩子呈现8根小棒和7根小棒,让孩子整理后写出结果15;19根小棒增加一根后,整理说出20	无结构的分散排布										■	■	S5
	理解能写出非准结构数块所代表的数字	同时给孩子30个积木和12个积木,30个积木规则排列,每列10个,排3列,12个积木分散排布,让孩子写出正确的数字42	部分按十进制排布,部分分分散								■		■	■	S5
位值原则	知道从右往左的数位,并能说出正确顺序	从右往左数"个位、十位"	个位、十位									■			S4
			个位、十位、百位											■	S5
	能辨认多位数中指定数位上的数	呈现数字32,问儿童个位上的数字是几,十位上的数字是几	两位数							■					S4
			三位数											■	S5
			四位数											■	S5
	理解数位上数字的含义,能说出某个数位上数字表示的含义	26中,2表示多少,6表示多少	两位数							■					S4

表2-3　十进制

续表

能力类别	具体发展水平	案例	难度参数	3	3.5	4	4.5	5	5.5	6	6.5	7	7.5	8	数学建议
位值原则	能用十进制的积木（小棒）表示两位数数字代表的含义（建形）	给儿童呈现数字：54，让儿童用用积木块来摆出5和4代表的含义，如5代表50，摆出5列积木，每列积木10个，4代表4，摆出4个单独的积木	两位数												S4
	能用计数器表示数字代表的含义，能根据计数器上的珠子写出数字	给出数字45，儿童可以在计数器个位拨5，十位拨4	两位数												S4
			三位数												S5
			四位数												S5
	能根据结构性教具写出对应数字	2列十进制积木块，每列10个，还有2个散的积木块，儿童看着积木块写出数字23	两位数												S4
			三位数												S5
			四位数												S5
	根据位值制原则辨认数字	呈现数字2和8，问哪个是数字8	一位数												S1
		呈现数字15和5，问哪个是数字5	一位数和两位数												S2
		呈现数字12和22，问哪个是数字12	两位数												S2
		呈现数字36和306，问哪个是数字36	两位数和三位数												S2或S3
		呈现数字305和350，问哪个是305	三位数												S3
		呈现数字2843和2483，问哪个是2843	四位数												S3

续表

表 2-3　十进制

能力类别	具体发展水平	案例	难度参数	3	3.5	4	4.5	5	5.5	6	6.5	7	7.5	8	教学建议
	根据位值原则比较数字大小	6和8	一位数												S1下
		12和22	两位数												S3或S4
		36 306，201和21	两位数和三位数												S3或S4
		123和321	三位数												S4或S5
		5687和8657	四位数												S5
位值原则	用加法算式表示有结构的十进制数块	呈现23个有结构的数块，1列10个，有2列，有3个单独的数块，要求儿童用算式表示：23=20+3	两位数												S4
			三位数												S4
			四位数												S5

地说出是"一百"，从而逐渐扩展到对三位数、四位数的认识。对于"满十进一"的实际理解则体现在认知非结构化数量的数字上，比如能够将两个十进制排列的数量"30"和"12"合并并书写正确的数字"42"[39]。

二、位值原则

位值原则能体现出儿童对十进制系统中数字的认知。儿童在幼儿园阶段已经能够根据模糊的位值原则意识辨认和比较数字大小，比如三位数比两位数大等[40-42]。而正式的位值原则理解需要在教学之后，首先学会从右往左读数位，然后正确地理解数位所代表的数量意义，如百位上的数字代表几个一百，之后就能用准确的数量表示数位上的数字，或者用正确的数字表达对应数位的数量[43-45]。

对十进制系统的理解是儿童迈向"大数量"数学世界的必由之路。当他们能够将数量"十个、十个""一百个、一百个"地看作一个单位之后，就可以逐渐做到将数量结构化。同时，在加减运算的过程中也就能更好地发展出并灵活地使用"凑十"等运算策略。

第四节　运算

　　本节中的"运算"指的是加法、减法、乘法和除法四种运算，即常说的"四则运算"。许多人认为计算技能是小学阶段数学知识的标志，虽然事实上小学数学的内容远不止计算，但实际上这也反映了学习整数的计算技能确实是该年龄段思维学习内容的一个重要组成部分。

　　儿童发展运算能力的目标不仅仅是运算求解，更重要的是他们在各种真实的问题情境下能准确流畅地运用这些运算。3—8岁的儿童应该能够思考加减法的运用，并且使用越来越复杂的策略计算。通过解决生活情境问题的过程，体会数和运算的意义，形成初步的符号意识、运算能力和推理意识。

　　2022年的义务教育数学课标中第一学段（一到二年级）中数与代数部分要求学生"能描述四则运算的含义，知道减法是加法的逆运算、乘法是加法的简便运算、除法是乘法的逆运算；能熟练口算20以内的加减法和表内乘除法，能口算简单的百以内的加减法；能计算两位数和三位数的加减法。形成初步的运算能力"。以新课标的掌握要求为框架，本模型对儿童在3—8岁运算能力发展变化进行了更为细致地描述。

　　本模型将儿童运算能力的发展轨迹分成了两个部分，第一部分是儿童对运算含义的理解，即他们理解加减乘除法运算概念的过程，这是他们发展计算能力的基础。第二部分是儿童在计算过程中发展出各种技能和策略，这也是我们的目标——帮助儿童灵活地运用各种方法解决四则运算问题，其本质是儿童已理解运算的概念。儿童对运算含义理解的具体发展轨迹如表 2-4 所示。

一、理解加减法的含义

儿童在幼儿园阶段就开始接触到加减法问题，但是最初他们只能通过"拿走、合在一起"等实物演示和操作的方法来理解加减法，随后逐渐发展到能够理解口头提问的加减法，再然后他们开始能理解数字的加减算式[46]。

还有其他因素也影响着儿童对于运算问题的理解——加减法的问题类型。加减法的问题类型可以分为"结果未知""中间数未知""开始数未知"等。对儿童来说，"结果未知"的问题难度要低于"中间数未知""开始数未知"及其他的问题类型，因为这是他们最先开始理解的问题类型，这也符合加法最简单的逻辑——"合在一起"。

表2-4　运算的含义

能力类别	能力细分	具体发展水平	案例	难度参数	3	3.5	4	4.5	5	5.5	6	6.5	7	7.5	8	教学建议
理解加减法的含义*　注：减法略难于加法，但是不做年龄区分	加减法的问题水平	解决动作水平的加法问题——通过玩具演示、实物、图片材料等直观材料演示变化	通过玩具演示，森林里有2只小鹿在玩耍，然后又来了3只，现在一共有几只？													S1—S2
		解决表象水平的加法问题——通过口头提问的方式，儿童在头脑中进行形象化	小明有5个球，他又有了6个球，总共有多少个球？													S2—S3
		解决抽象水平的加法问题——口述或出现数字式题（认识加减算式）	3+2=？													S3—S4
	加减法的问题类型与结构	解决"结果未知"的加减法问题	小明有6个球，他又有了5个球，总共有多少个球？	加法："加入"的总数												S2
			小明有7个球，他给了小李3个，还剩下几个？	减法："分开"的结果												
		解决"中间数未知"的减法问题	小明有4个球，他买了几个之后，一共有7个球，那么他买了几个球？	加法、减法："加入"或"分开"的中间数												S2—S3

表 2-4　运算的含义

能力类别	能力细分	具体发展水平	案例	难度参数	3	3.5	4	4.5	5	5.5	6	6.5	7	7.5	8	教学建议
理解加减法的含义* 注：加减法略难于加法，但是不做年龄区分	加减法的问题类型与结构	解决"比较"的加减法问题	小明有4个球，小李比他多2个，小李有几个球？	加法：较大数未知												S3
			小明有6个球，他比小李多3个，小李有几个球？	减法：较小数或差未知												
		解决"部分—部分—整体"的加减法问题	有3辆轿车，4辆公共汽车，一共有多少辆车？	加法：整体未知												S2—S3
			小明一共有7个球，2个是红色，剩下的是蓝色的，蓝色的有几个？	减法：部分未知												
		解决"开始数未知"的加减法问题	小明有几个球，给了小红4个，还剩3个，那么他一开始有几个球？	加法："分开"的总数未知												S3—S4
			小明有几个球，他又得到5个球之后，总共有8个，那么他原来有几个球？	减法："加入"的开始数未知												

续表

表2-4 运算的含义

能力类别	能力细分	具体发展水平	案例	难度参数											教学建议
				3	3.5	4	4.5	5	5.5	6	6.5	7	7.5	8	
理解乘除法的含义	理解乘法的含义	理解乘法是等量相加的简便表达													S5
	理解乘法各部分名称	能辨认乘法算式中的乘数和积													
	认知平均分的概念	知道平均分的实质是每份分得同样多													S3—S4
		能够通过操作、表述对物品进行平均分													
	理解除法的含义	理解除法的含义													S5
	理解除法各部分名称	认识除法算式中的除数、被除数、商和余数、横式、竖式													
	有余数的除法	理解有余数的除法的含义													
		理解除数和余数的关系													
理解运算间的关系	加减法的关系	理解减法是加法的逆运算	5-3=2是2+3=5的逆运算												S4
	加法和乘法的关系	理解乘法是重复加的过程	3*2是2+2+2												S4
	除法和乘法的关系	理解除法是乘法的逆运算	6÷3=2是2*3=6的逆运算												S5

二、理解乘除法的含义

理解乘除法的含义分为两层含义：首先是理解乘除法的本质含义即乘法等量相加的简便表达以及除法平均分的过程[47]；其次是认识乘除法运算表达式中的各部分意义，比如被除数。儿童在 7—8 岁正式接触乘除法，在最初学习这些运算时，都应该通过实物操作演示来让学生直观地感知和理解这种等量相加和平均分的变化。

三、理解运算间的关系

6—8 岁的儿童可以理解加法、减法、乘法和除法之间的简单关系。儿童可以通过互为逆运算的等式理解加减法、乘除法之间的关系。而理解"乘法是重复加的过程"这样的运算关系能够让学生面对问题情境选择更恰当简便的计算方式。

儿童的运算能力和相关策略的具体发展轨迹如表 2-5 所示。它被细分为了运算策略、运算能力、运算的基本事实、运算的顺序及运算的定律和性质。

四、运算策略

"运算策略"是在运算过程中的运算技巧与逻辑思维的有

表 2-5 运算的策略与能力

能力类别	能力细分	具体内容	案例	难度参数											教学建议
				3	3.5	4	4.5	5	5.5	6	6.5	7	7.5	8	
运算策略	采用数数的策略解决加法问题	具体计数以计算加法	用手指（或其他对象）一个一个地计数；对另一个加数重复该过程												S2
		计算实体以计算加法	对第一个加数形成抽象的心理印象，第二个加数通过数实物的方式进行累加												S3
		从头计数以计算加法	从1开始计数，先数到第一个加数，再累加数第二个加数，最终求得总和												S2—S3
		从大计数以计算加法	从最大的加数开始计数												S3
	采用记忆提取的策略解决加法问题	摆手指策略	指用手指代表两个或某个加数，不经点数立即得出答案												S2—S3
		分解策略/凑整策略	把某个加数拆解成更小的两个数字，与另一加数相加得出熟悉的答案，然后再加上剩余的分解的数字												S3—S4
		提取策略/记忆策略	指从记忆中直接搜索出已记住的答案												S3—S4

续表

表2-5　运算的策略与能力

能力类别	能力细分	具体内容	案例	难度参数	3	3.5	4	4.5	5	5.5	6	6.5	7	7.5	8	教学建议
运算能力	加减法的计算能力 *注：减法能力在同年龄稍弱于加法，但不做具体区分	通过应用题或加减法算式进行计算，解决问题	可以解决5以内的加减法应用题	[0,5]												S2
				[0,10]												S2—S3
				[0,20]												S3—S4
				[0,100]												S4—S5
	乘法的计算能力	通过应用题或乘法算式进行计算，解决问题	可以解决表内乘法的应用问题	9*9												S5
	除法的计算能力	通过应用题或除法算式进行计算，解决问题		9*9												S5
运算的基本事实	加减法的基本事实（自动化水平）	流畅地计算两个加数都小于10的数字组合（3秒内）	流畅地计算和不大于10的加法运算	[0,10]												S4
			流畅地计算加数不大于9的加法运算	[0,18]												S5
	乘法的基本事实	流畅地计算两个因数都小于10的数字组合		熟记乘法口诀												S5
				0和1的乘法事实												S5
				2、5、10的乘法事实												S5
	除法的基本事实	流畅地计算两个因数都小于10的数字组合		1的除法事实												S5
				2、5、10的除法事实												S5

续表

表2-5 运算的策略与能力

能力类别	能力细分	具体内容	案例	难度参数	3	3.5	4	4.5	5	5.5	6	6.5	7	7.5	8	教学建议
运算的顺序	连续单一运算顺序		知道5+6+3的运算顺序													S5
	含小括号的运算顺序		知道7+(2+4)的运算顺序													S5
	混合运算顺序		知道4+2×3的运算顺序													S5
运算定律和性质	加法交换律	两个加数相加,交换加数的位置,和不变	5个苹果+3个苹果=3个苹果+5个苹果	实物数量												S2—S3
			4+2=2+4	代数												S4—S5
	加法结合律	三个数相加,先把前两个数相加,或者先把后两个数相加,和不变	1个糖和3个橘子+4个苹果=1个糖+3个橘子和4个苹果													S4—S5
	加法的传递性质	两个数同等于另一个数,则这两个数相等	a=c, b=c, 则 a=b													S4—S5
	加法的等式性质	两个相等的数,加上同一个数,等式两边依旧相等	a=b, 则 a+c=c+c													S4—S5

机结合，通过优化自己的计算方法和过程，更简便、高效地
获得计算结果。只有掌握运算策略，儿童才能拥有流畅的运算
能力。

儿童在最初进行加减法的计算时都是通过"掰手指"来进
行的，只能通过从1开始不断的"+1"来获取加法计算的结果；
然后他们会逐渐发展心算的技能，在第一个加数的基础上进行
合起来的操作，直至运用更优的策略，如运用"先凑成十"的
方法；最后他们会对小数量的加减相当熟悉，可以直接从记忆
中提取这些计算的结果 [48-50]。

五、运算能力

运算能力体现在儿童解决加减法的实际应用问题上，这要
求他们能够使用正确的计算方法，并得出正确的结果。从4—
5岁开始儿童就能解决简单的5以内的加减法应用题，到了6—
7岁就可以计算100以内的加减法，而到了7—8岁他们就可
以解决表内的乘除法问题了。

六、运算的基本事实

"运算的基本事实"是指学生能够流畅地进行计算、达到

自动化的水平。以加法为例，所有的整数加法计算结果都是基于两个小于 9 的加数的相加结果，所以当儿童能够流畅地计算 9+9 以内的加法运算时，他就能相对顺利地发展更大数量的加法运算。基本上 7—8 岁儿童可以掌握加法运算，也能够掌握"2、5、10"这些特殊数值的乘除法运算。

七、运算的顺序

当儿童开始接触三个数以上的加减法时，就要面临计算顺序的问题，随着括号和混合运算的引入，学生需要改变"从左往右"的单一运算顺序了。通常在 7—8 岁，他们能够掌握这些运算的基本顺序规律。

八、运算的定律和性质

在小学阶段，学生开始接触到加法运算的一些定律和性质。实际上，从 4—5 岁开始儿童就有了初步的交换律意识，通过实物演示操作，他们能感知到交换加数结果不变的过程。而从代数表达式的角度掌握交换律、结合律等定律和性质则发生在 6—8 岁。

计算能力和策略无疑是小学数学最重要的内容之一，它是学生发展更高级数学的基础技能。但是对于儿童来说，运算能力发展的目标远不止是"知道一个三位数减去两位数的结果"，而是要着重发展各种灵活的运算技能和策略，并与运算的概念理解有意义地联系起来，通过运算解决生活中的实际问题。

第五节 图形

几何是研究"形"的科学，以视觉思维为主导，培养观察能力、空间想象能力和洞察力。几何学是早期数学的核心内容之一，与数与数量并列。3—8岁儿童学习的几何学主要分为图形和空间两大部分，本节将描述儿童在图形方面的发展情况。《指南》对此提出的目标为"能注意物体比较明显的形状特征，并用自己的语言描述。能感知和发现常见几何图形的基本特征，并进行分类。能用常见几何形体有创意地拼搭或画出物体的造型"等。3—8岁的儿童对图形的认识处于视觉化阶段，对图形的分析也处于初级阶段，他们通常以视觉上感知到的图形特征来认识和命名自己看到的形状，通过探索形状的相同和不同来认知图形并初步思考图形的属性、了解同一类图形所具有的共性。具体的发展轨迹如表2-6所示。

一、图形的识别与分类

儿童在日常生活中能接触到大量的平面图形形状并能感知和描述其典型特征，因此儿童最开始对平面图形进行识别根据的是典型形状的形状特征。儿童识别典型平面图形的难易取决

表2-6 图形的几何性质与关系

能力类别	能力细分	具体发展水平	难度参数	案例	教学建议
根据图形特征识别图形并对图形进行分类	根据图形状特征辨认图形	根据形状特征辨认常见平面图形的典型形态	圆形	正确指认圆形（干扰项为非圆形的图形）	S1
			正方形	正确指认正方形（干扰项为其他类别的图形）	S1
			三角形	正确指认等腰或等边三角形	S1—S2
			长方形		S1—S2
			椭圆形		S1—S2
			半圆形		S1—S2
	根据图形状特征辨认平面图形	根据形状特征辨认平面图形：多数常见图形	梯形		S2—S3
			平行四边形		S4—S5
			特殊含义图形	爱心、五角星	S1
				如六边形、菱形	S4—S5
	根据图形状特征辨认	根据形状特征辨认常见平面图形的非典型形态	正方形	正确指认不同方向的正方形	S1—S2
			三角形	将非典型形态正确辨认为三角形（如三条边长度比例差别较大的三角形）	S1—S2
			长方形	正确指认不同方向或宽大比例差别较大的长方形	S1—S2
		区分开放图形与封闭图形			S2
		认识平面图形的组成部分（边、角）			S2—S3
		运用图形的组成部分来构造图形			S2—S3

难度参数刻度：3　3.5　4　4.5　5　5.5　6　6.5　7　7.5　8

表2-6 图形的几何性质与关系

能力类别	能力细分	具体发展水平	难度参数	案例	3	3.5	4	4.5	5	5.5	6	6.5	7	7.5	8	教学建议
根据图形特征识别图形，并对图形进行分类	根据形状特征辨认平面图形	图形守恒：基于属性识别平面图形		当图形的方位、形状改变但仍保持原有属性时，能看出其中的不变（同一个图形）。												
		排除"种类内非定义性特征"的干扰，根据定义性特征识别图形		能排除大小、方向、角度等干扰，识别出都是正方形（正常摆放的小正方形和菱形摆放的大正方形）												S3—S5
	根据属性识别平面图形	排除"种类外平性"干扰，根据定义性特征识别图形		通过边的数量不同，识别出五边形和六边形的区别												S4—S5
		识别图形的基本属性（当图形的方位、形状改变但仍保持原有属性时，能看出其中的不变）		能明确运用图形属性：把对边平行的图形放在一起，把有四条边但不是两组对边都平行的放那那边												
		根据属性对平面图形进行分类		把等边三角形放一堆，不等边三角形放一堆……												S5
	根据整体形状特征辨认立体图形	根据形状特征辨认立体图形	球体													S2—S3
			正方体													S2—S3
			圆柱体													S3
			长方体													S2—S3
			圆锥体													S5

续表

表2-6 图形的几何性质与关系

能力类别	能力组分	具体发展水平	难度参数（案例）	3	3.5	4	4.5	5	5.5	6	6.5	7	7.5	8	教学建议
运用图形特征分析图形关系，以及图形的组合与分解	运用图形特征分析图形关系	对应实物与空间图形	将水杯与圆柱体对应	■	■	■									S2—S3
		对应平面图形与立体图形	将四棱锥与三角形/正方形对应							■	■				S3—S4
	描述和分析平面图形的关系	平行												■	S4—S5
		理解垂直关系：垂直于斜线/面	画的烟囱垂直于屋顶斜面				■	■							S2
		理解垂直关系：过渡阶段	画的烟囱既不垂直于斜面也不垂直于水平面									■	■	■	S4—S5
		理解垂直关系：垂直于水平线/面	画的烟囱垂直于水平面							■	■				S4—S5
		相交													S5
	平面图形的组合	部件装配（零散组合）	组合图形时，图形之间只有一个接触点（通过顶点组合在一起）			■	■								S1
		构造图画（图形阶段）	一些图形可以组合在一起作为部分，但整体图形仍有内部线条不吻合						■						S1—S2
		组合图形（形状组合阶段）	根据角和边长来组合图形，有意识地运用旋转和翻转来选择和摆放图形。组合的图形无内部线条关系								■	■			S3—S4
		替代组合	可以通过梯形组合，三角形组合或三角形与平行四边形的组合等不同方式构造同一种六边形										■	■	S3—S4

续表

表 2-6　图形的几何性质与关系

能力类别	能力细分	具体发展水平	难度参数（案例）	3	3.5	4	4.5	5	5.5	6	6.5	7	7.5	8	教学建议
运用图形特征分析图形关系，以及图形组合与分解	平面图形的组合	图形组合复制	使用小图形构造一个大图形，然后把大图形当做单位，重复构造这个大图形					█	█	█	█	█	█	█	S3—S5
		组合图形：单位	组合图形的单位	用四个方块构造成一个"T"，用四个"T"构造正方形，再用正方形铺成长方形				█	█	█	█				S3—S4
		简单分解	六芒星有6个三角形，因此把正六边形分解成6个三角形拼组合				█	█	█						S2—S3
	平面图形的分解	分解图形	根据提示所需，有目的地分解图形						█	█					S3
		运用表象进行图形分解	根据组合图形的需要，有意识的、有计划地分解图形（需要一个三角形当屋顶，因此对正方形进行相应的分解）								█	█			S4
		用单位的单位分解图形	对分解出来的图形进行再一次有目的的分解											█	S5
	嵌套图形的分拆	简单分拆	能识别复杂图形的结构。能在图形中找到一些图形，但不能发现嵌套在其他图形中的图形		█	█	█								S1—S2
		分拆图形中的图形	能识别嵌套在其他图形中的图形，如：同心圆/正方形中的圆。能识别复杂图形的基本结构				█	█	█						S3

续表

表2-6 图形的几何性质与关系

能力类别	能力细分	具体发展水平	难度参数	案例	3	3.5	4	4.5	5	5.5	6	6.5	7	7.5	8	教学建议
运用图形特征分析图形，以及图形的组合与分解	嵌套图形的分拆	分拆高级结构		能识别嵌套图形，即使它们和复杂图形的任一基本结构都不一致												S4—S5
		完全分拆		成功识别复杂组合的所有变式												S5
	立体图形的组合与分解	构建单一维度的结构		运用"在……旁边"的空间关系搭积木排成一排，运用"在……上"的空间关系搭积木垒高												S1
		构建两个维度的结构		在有限的范围内搭建竖直或水平的部分，如地板和墙												S1
		构造图画		运用多种空间关系，向多个方向扩展，搭部分之间存在多个接触点。能够搭建拱门、围墙、搭建井、拐角、十字路口，但可能只是随意的错误尝试和简单堆叠												S1
		组合图形		有预期地组合图形，如知道两个或多个二维图形能组合成什么图形；能够系统地搭建拱门、围墙、拐角、十字路口												S2
		图形的替代组合和重复组合		能够用图形的组合来替代和它全等的完整图形，能够搭建三维的、有顶棚和多处内部空间的复杂结构												S3
		图形的组合		能够搭建包含多个子结构的复杂建筑												S4—S5

于图形内在的图形特征，比如儿童会更早地认识圆和正方形是因为它们的典型特征比较单一，而类似长方形由于其长宽的变化性，会增加儿童识别的难度。同时一些图形的非典型形态也会造成儿童图形识别困难，比如将正方形变换方向摆成菱形的形状、将三角形的三条边的长度比变大等[51]。

之后，儿童会慢慢地接触到平面图形的属性定义，从而开始根据属性来识别平面图形，比如通过边和角的数量、长宽比等来识别。在此过程中，儿童能够逐渐排除一些方向、大小、角度等干扰因素识别出图形的基本属性[52-53]。

由于立体图形需要更复杂的视觉投影和空间分析能力，儿童对立体图形的认识和辨认能力的发展一般稍晚于平面图形。

二、图形的组合与分解

可以通过七巧板组合等活动培养儿童对平面图形组合的认知。在能力发展的初期，他们可能无意识地通过随意组合来认知图形，随后慢慢能够有意识地用相配对的边或角来组合，通过复制相同的单位来完成更大、更复杂的组合图形[54]。

儿童分解与拆分图形最初是通过识别边或角等明显特征来进行，之后他们逐渐能根据特定目的或自己的需求有意识地在复杂图形中拆分出自己需要的图形。

　　儿童最常见的立体图形组合与分解活动就是积木的搭建活动。儿童最初的搭建可能只是单向的垒高或排成一排，随后逐渐开始关注多种空间关系、向多个方向扩展，之后他们开始有预期地搭建一些部件，比如拱门、围墙等，然后他们学会组合这些部件，将其组合成完整的复杂结构。

　　3—8岁儿童的几何图形能力发展处于图形的知觉辨认、特征辨认与概念形成的阶段。这个阶段应掌握的能力包括能够识别、命名、描述和比较常用图形及其简单属性，探索并预测组合和分解图形的结果，建构图形，图形的守恒等。几何图形是事物外部抽象概括的表达，儿童对几何图形的掌握直接影响着儿童对外部世界的认识。儿童概括和用言语图画表述事物的能力的发展，间接影响着儿童思维的形象性、系统性和概括性的发展。

第六节　空间

　　空间能力是智力的重要组成部分，也是数学能力的一个重要构成要素，它是推动主体顺利完成几何任务、应用题及其他复杂数学问题的重要能力之一。儿童空间概念的形成与儿童在行动中对空间的观察、接触和探索密切相关。通常，儿童在5—6岁就能够掌握基本的空间方位概念，并初步形成空间可视化能力。3—8岁儿童的空间能力主要分为空间定向和空间视觉化两类，具体的发展轨迹如表2-7所示。

一、空间定向

　　空间定向能力指的是正确辨识方向的知觉反应能力，是一种通过个人的身体方向感来获得周围事物空间关系的能力。想要发展这一项能力，儿童需要理解基本的空间关系与方位概念，并利用空间表征来判断空间关系与方位。以客体为中心的空间方位判断属于在一般固定参照系里判断里外、上下、前后、左右等方向概念，这一能力发展较早；而在绝对参照系里判断东南西北等方向概念的能力，则发展稍晚[55-56]。

　　儿童可以通过言语指令来描述物体的运动方向或放置物品的位置。通常，儿童在4—6岁的时候就已经可以利用符号化

表2-7 空间

能力类别	能力细分	具体发展水平	难度参数	案例	3	3.5	4	4.5	5	5.5	6	6.5	7	7.5	8	教学建议
空间定向	理解基本的空间关系与方位概念	自我中心—相对参照系	左右	判断自己的左右							■					S2—S3
		客体中心—固定参照系	里外			■										S1
			上下	以客体为参照判断方位，如呈现两个人物（A和B），判断出A在B的左边			■									S1（上）
			旁边/中间					■								S1（下）
			前后			■										S1
			左右								■					S3（下）
		客体中心—绝对参照系	东南西北	给出某一方位，能够判断出其他地方位；判断学校在医院的东南方向									■	■		S3—S4
			东南西北组合方位											■		S3—S4
			垂直概念	在倾斜的场景中，判断竖直方向，如：指出悬挂重物垂向的方向											■	S5
			水平概念	在倾斜的场景中，判断水平方向，如：在倾斜的瓶子上画出水位线						■						S5
	利用空间表征描述空间关系与方位	描述物体的运动方向/路径		提问儿童某物体是怎样移动的，儿童能够描述出它向前移动/它从A和B中间穿过				■	■							S1—S2
		根据空间指示语言准确定位体位置		根据语言指令放置物品，如将小熊放到椅子的下面					■	■						S1—S3
		运用坐标确定位体位置	直观判断	未引入抽象坐标，要求儿童根据图像直观判断，定位一维坐标系中两条直线的交点位置，或根据交点位置判断定两条直线穿过坐标轴的位置						■						S2

续表

表2-7　空间

能力类别	能力细分	具体发展水平	难度参数	案例	3	3.5	4	4.5	5	5.5	6	6.5	7	7.5	8	教学建议
空间定向	利用空间表征判断空间关系与方位	运用坐标确定物体位置	抽象坐标标签	将抽象符号或数字作为坐标，运用坐标确定行列位置（例如横向两列对应黄色圆圈、红色圆圈，纵向两列对应黄色三角、红色三角，能够根据黄色圆圈＋红色三角确定目标位置）												S3及以上
			量化坐标标签	运用数量化的坐标，开始理解坐标能够体现距离												S5
空间视觉化	表象操作物体运动、心理想象对表象进行旋转、翻转、平移、切割、叠置等操作，并预测其变换后的形态	识别平移后的图形		向儿童呈现一个目标图形，由该图形运动变换成多个图像，要求儿童从中选出由目标图形平移而成的图像												S3—S5
		运用平移、对材料进行平移操作		呈现图形的两个部件，通过平移的操作，将它们组合成一个完整的图形												S3—S5
		运用翻转、对材料进行翻转操作		呈现图形的两个部件，儿童需要翻转其中一个部件，从而将它们组合成一个完整的图形												S3—S5
		识别翻转后的图形		向儿童呈现一个目标图形，由该图形运动变换成多个图像，要求儿童从中选出由目标图形翻转而成的图像												S5
		运用旋转、对材料进行旋转操作		呈现图形的两个部分，儿童需要旋转其中一个部分，从而将它们组合成一个完整的图形												S2+
		识别旋转后的图形	具体图像	向儿童呈现一个目标图形，由该图形旋转不同角度成的多个图像，要求儿童从中选出与目标图形一致的选项												S2+
			抽象符号													S3+
			平面图形													S3+
			立体图形													S4+
		创造对称形状		主动画出具有对称特点的形状（图画）												S1

续表

表 2-7　空间

能力类别	能力细分	具体发展水平	难度参数	案例	3	3.5	4	4.5	5	5.5	6	6.5	7	7.5	8	教学建议
空间视觉化	表象操作物体运动、对心理表象进行旋转、翻转、平移、重叠、切割、等操纵，并预测其变换后的形态	识别轴对称图形的另一半（完形）		呈现对称图形的一半，选出与它相同的另一半												S1
		识别轴对称图形的对称轴	竖直方向	判断呈现的图形是否为轴对称图形（对称轴可能为竖直、水平或倾斜方向）												S2
			水平方向													S3
			倾斜方向													S4
		判断轴对称图形的对称轴		指出对称图形的一条/全部对称轴												S5
		识别平面图形的折叠图像	简单折叠	识别一张矩形纸折叠之后的形态												S3—S5
			折叠穿孔/剪切	将一张矩形纸折叠并穿孔/剪切，识别其展开后的形态（确定缺口的形态/数量/位置）												S5
	视角采样观察者围绕观察对象移动、预测和判断不同视角所观察到的对象形态	运用重叠进行图形比较或匹配		将两个三角形重叠在一起，来判断它们是否一样												S1
		识别平面图形的重叠图像		从多个选项中，选出两个平面图形重叠在一起后的形态												S3—S4
		识别立体图形切割后的截面形态		将立体图形按照一定的方式进行切割，要求儿童判断切割后截面的形态												S4—S5

续表

表2-7 空间

能力类别	能力细分	具体发展水平	难度参数	案例	3	3.5	4	4.5	5	5.5	6	6.5	7	7.5	8	教学建议
空间视觉化	视角采择：想象观察者围绕着观察对象移动，预测和判断不同视角所观察到的对象形态	理解从不同方向观察，可能看到不同的事物（可见性）		在两个玩偶之间用积木垒一堵墙，询问儿童玩偶A是否能看到玩偶B												S1—S2
		理解从不同方向观察，可能看到不同的具体视图（外观）														S2—S5
		识别物体的主视图（0°）		向儿童呈现一个或一组物体，要求儿童从多个不同的视图中，选择从某个特定角度观察的视图												S2
		识别物体的左右视图（90°，120°）	单个物体													S5
			组合物体													S5
		识别物体的俯视图（不一定是正面俯视）	单个物体													S3—S4
			组合物体													S3—S4
		识别物体的反向视图（180°）	单个物体													S4—S5
			组合物体													S5
		根据视图想象物体形态		向儿童呈现目标物体的单个或多个视图，要求儿童判断目标物体是什么，或是如何摆放的												S5

的坐标系来定位物体位置了，到了 8 岁则能够认识简单的量化坐标系[57-58]。

二、空间视觉化

空间视觉化能力实际上就是一种空间认知能力，即将视觉形象中的物体进行提取转化的能力。空间视觉化的表现之一是不通过实际观测到而是通过想象物体进行旋转、翻转、平移等操作，预测其变换后的形态，即表象操作。比如识别哪一个是原图像的轴对称图形。同时这种想象能力会受到其他一些难度因素的影响，在教学过程中要将其纳入考量，比如，旋转后的立体图形比平面图形更难预测、倾斜的轴对称图形会比竖直的更难辨识等。儿童从 5 岁左右就开始具备这样的能力，但是不同的实证研究表明，这项能力在 5—8 岁年龄段会一直持续缓慢发展[59-60]。

视角采择是空间视觉化的另一种主要表现能力。它指的是能够观察并预测不同角度的对象形态的能力，常见的三视图判断就需要依靠这一能力。儿童的视角采择一般从判断常见物品的视图开始，同时会因为物体的数量及观察角度的变化影响想象还原物体形态的难度[61]。

儿童的空间概念及能力的发展主要发源于其在玩玩具等实

物情境中的探索，同家长、教师和同伴的交流，以及与周围环境的主动相互建构。但是空间能力不完全是自动获得的，部分空间能力需要有针对性地学习之后才能掌握，而学前时期正是空间能力培养的重要时期。帮助儿童完善他们对方向、距离和位置的思考和推理方式，可以提高他们的空间理解能力。空间能力的发展也会帮助儿童未来更好地学习坐标轴系统。

第七节　关系

　　关系是指根据对象的特征或某些属性来描述、概括和分析对象之间的关系。本节的内容主要分为比较、排序、分类和匹配四个维度。对对象进行比较、排序、分类等活动是儿童发展抽象逻辑思维能力的基础。比较是解决问题和建构抽象思维的基础，它是学会分类和概括的前提。分类是指把具有相同特征的物体归类在一起的能力，它是逻辑思维能力发展的一个重要标志。排序可以为建构"序"的心理运算结构奠定基础，让儿童学会按物体的量的差异排序对数学思维的发展有很大的帮助。3—8 岁儿童关于关系的具体发展轨迹如表 2–8 所示。

一、比较

　　比较分为非正式测量的比较和数量比较两部分。非正式测量的比较是测量的基础，通过两两比较，儿童获得高矮、粗细、厚薄等属性概念。在此基础上，他们开始理解更多关于量的属性，如位置和外形不会影响量，由此了解量具有不变性，或者在多个对象间比较量，以此了解量的相对性。数量比较的发展主要体现在比较方法的变化上，儿童早期主要通过"一一

表2-8 关系

能力类别	能力细分	具体发展水平	难度参数	案例	3	3.5	4	4.5	5	5.5	6	6.5	7	7.5	8	教学建议
比较观察，两组物体，比较其在属性上的关系	非正式测量比较	初步理解量的概念，在两两比较的情况下，用相关术语描述物体量的不同	大小	在两个物体相比较的情况下，能说出物体B小于物体A												S1
			多少													S1
			高矮													S1
			粗细													S2
			长短													S2
			厚薄													S2
			轻重													S2
		判断"最"		呈现6个边长相差各为1cm的正方形，指出其中最大的/最小的												S1
		判断"一样"		从5、6个大小/长短/高矮/粗细/厚薄/轻重不同的物体中找出两个等量的物体												S1—S2
		理解量的相对性，在多个物体相比较的情况下，用相关术语描述物体量的关系	大小	在三个物体相比较的情况下，能说出物体B小于物体A，但大于物体C												S3
			长短													S3
			高矮													S3
			宽窄													S3
		守恒	数量	当物体在外形、位置等发生变化时，仍能够正确判断量的不变性												S2—S3
			长度													S2—S3
			面积													S3
			容积													S3

表 2-8　关系

续表

能力类别	能力细分	具体发展水平	难度参数	案例	3	3.5	4	4.5	5	5.5	6	6.5	7	7.5	8	教学建议
比较观察两组物体，比较其在属性上的关系	数量比较	感知比较	[1,5]	比较5个以内物品数量的多少												S1
		能够通过一一对应的方法，比较两集合的数量关系	[6,10]	通过一一对应，比较10个以内物品数量的多少												S1
		计数比较（相同物品）		计数比较（相同物品）												S1
		计数比较（不同物品）	[1,5]	能通过计数比较5个以内的不同物品												S2
			[1,10]													S2
		心理数线	[1,5]	在一端为0，一端为5的线段上，能将3放在中间												S2
			[1,10]	在一端为1，一端为10的线段上，能将8放在合适位置												S2
		位值比较	[1,100]	哪个数字离45更近，30还是50？												S4
				63比59大，是因为十位上的6比5大，即使个位上的9比3大												S4
	比较符号	比较符号		了解符号">，<，="的含义												S4

表 2-8　关系

能力类别	能力细分	具体发展水平	难度参数	案例	3	3.5	4	4.5	5	5.5	6	6.5	7	7.5	8	教学建议
排序（量的排序）比较两组以上的事物，将其按某种意义的顺序排列，并体现有序物体量的差异	量的排序（单一）	正排序（递增）	3个物体	由少到多，由短到长排序												S1
			4个物体													S1—S2
			5个物体													S2
			6—10个物体													S2—S3
		逆排序（递减）	3个物体	由多到少，由长到短排序												S1—S2
			5个物体													S2
		传递性推理	正确判断	A、B、C三根展示，不同时呈现：（1）先后展示 B>A、C>B，判断出 C>A（2）先后展示 B=A、C=B，判断出 C=A												S2—S3
			说明理由													S3—S4
		双重推理（序列插入）		10根由短到长的小棒，抽出其中的第8根，要求儿童重新将其排进去												S2—S3
		排除无关变量干扰进行排序		根据宽窄排序，但材料长度不一												S3—S4
	量的排序（多重/复合）	按照量的两个维度进行排序		同时进行大小和颜色的符合排序（如3×3的复合排序）												S4
	事件排序	根据事件发生的先后顺序进行排列（事件数量）	3	对3个事件的先后顺序进行排列												S1—S2
			4													S2—S3
			5													S3
		根据事件发生的先后顺序进行排列（事件熟悉程度）	熟悉													S1—S2
			不熟悉													S2—S3

续表

表2-8　关系

能力类别	能力细分	具体发展水平	难度参数	案例	3	3.5	4	4.5	5	5.5	6	6.5	7	7.5	8	教学建议
匹配/发现相关联的事物的相同/关联性，并根据特征进行匹配		匹配相同物品														S1
		根据抽象特征/概念匹配物品（按目标图分类实验范式）	基本类概念	将椅子与凳子匹配												S1
			上级类概念	将椅子与衣柜匹配（家具）												S1—S2
		根据两集合的一一对应关系，通过已知集合的大小推断另一个集合的大小	1—6	知道笔帽有6个，推断笔有几支												S2

续表

表2-8　关系

能力类别	能力细分	具体发展水平	难度参数	案例	3	3.5	4	4.5	5	5.5	6	6.5	7	7.5	8	教学建议
分类寻找事物间的相同之处，并将事物分到不同的组别中	简单分类	通过口头规则进行分类根据简单属性形成集合	具象属性知觉特征	从大小、形状相同，但颜色不同的花朵卡片中，选出所有的红色花朵卡片，将它们放在一起												S1
		通过给定的属性进行分类	具象属性知觉特征	外部特征/量大小/颜色/形状/长短												S1
			抽象属性	用途/功能/数量												S2
			概念特征（类概念）	家具、服装、文具												S3
	多重标准分类	自主确定分类标准自由分类														S3—S4
		使用不同的属性，以多种方式对物品进行分类														S3—S4
	层级分类	形成类包含概念理解集合概念，对集和子集进行比较	直观水平	呈现三只小猪的图片，三只都套着游泳圈，其中两只穿着红裤子，要求儿童判断是套着游泳圈的小猪多，还是穿着红裤子的小猪多												S2—S3
		理解集与子集的包含关系	抽象水平	呈现三朵花的图片，其中两朵红花，一朵白花，要求儿童判断是"白花多还是红花多"												S3—S4

对应"的方式来比较，等到他们具有较好的点数能力之后，就能通过"分别计数"来比较两个集合的数量了。

二、排序

儿童的排序活动一般都是基于物品的某单一属性进行比较。此外，对儿童来说，从少到多、由短到长的正向排序会比逆向排序稍微简单一点，参与排序的物品数量也是影响排序难度的重要因素[62–63]。排序的活动还会涉及一些推理知识，比如排序的传递性。根据事件熟悉程度，儿童还能对生活事件的先后进行排序[64–65]。

三、分类

分类活动是儿童发展抽象概念的基础之一。最初儿童能够根据某个给定的具象属性进行分类，之后他们逐渐能根据抽象属性和概念特征进行分类[66]。随着对抽象属性熟悉度的提升，他们还可以自行确定分类标准，自由地进行分类。在此过程中，他们还能够初步理解集合和子集的类包含关系[67]。

四、匹配

匹配指的是将相同的物品或者相同类别的物品进行配对。对于儿童来说，类的匹配主要运用在理解生活中常见物品所属的抽象类别上，比如椅子属于家具等 [68]。

3—8 岁的儿童能够通过比较、排序、分类及匹配来分析对象之间的关系，在此过程中他们会逐渐理解对象的属性概念，发展抽象的概念和类的概念。在比较和排序等活动中儿童还需要根据特征和规律进行简单的推理，能够发展儿童的逻辑思维能力。同时，这些能力还是更高阶数学的基础，未来儿童还可以通过图像或等式等来表征和分析对象之间的关系，比如函数。

第八节　测量

测量是指用一个数值描述一个连续量的过程。从技术上讲，测量是一个判定被测量的物体、情况或事件的属性与给定测量单位的相同属性之间比较数值的过程。例如，在测量长度时，可以通过将长度单位直接与被测量的长度排成一列的方式来进行比较。新课标中提出的数学核心素养之一"量感"就是对学生的测量概念发展提出要求。新课标表示，具有"量感"指的是知道度量的意义、能够理解统一度量单位的必要性、会针对真实情境选择合适的度量单位进行度量等。3—8岁的儿童对测量的整体发展会从非标准测量逐渐过渡到标准测量，本节将从长度、面积和体积以及时间四个维度描述儿童该能力的发展轨迹。具体的发展轨迹如表2-9所示。3—8岁的儿童主要会发展长度测量的概念并初步接触到面积和体积的测量。

一、长度测量

长度测量的发展开始于认识到长度是一种属性，能够通过直接或间接的方法来比较不同物体之间的长度。儿童对长度测量的发展主要分为非标准测量和标准测量两个阶段。非标准测

表 2-9　测量

能力类别	能力细分	具体发展水平	案例	3	3.5	4	4.5	5	5.5	6	6.5	7	7.5	8	教学建议
长度测量（一维）	长度守恒与传递性	认识到长度是一种属性		●	●										S1
		直接的长度比较	两个物体紧挨在一起直接比较			●	●								S1
		间接的长度比较（传递性）	通过第三个物体进行比较（A>B,B>C,则A>C）				●	●	●						S2
	非标准测量	用首尾相接的方式测量长度（包含长度传递）	使用"一拃"作为单位，用首尾相接的方式进行测量							●	●	●			S3—S4
		长度单位的相关和重复	重复使用一个单位；在测量单位大小和数量之间建立明确的关系							●	●	●			S3—S4
		长度测量：理解测量的使用等长单位、单位划分及距离的累加	理解一条弯曲路的长度是它各部分的长度之和						●	●	●	●	●	●	S4—S5
		内化测量工具	使用策略进行测量，能在心理层面沿着物体移动测量工具进行测量，并进行分割								●	●	●	●	S5
	标准测量	长度测量：理解测量的使用等长单位、单位划分及0在尺子上的意义及距离的累加	使用尺子进行正确测量						●	●	●	●	●	●	S4—S5
		单位转化	知道 1m=100cm								●	●	●	●	S5

表2-9　测量

续表

能力类别	能力细分	具体发展水平	案例	3	3.5	4	4.5	5	5.5	6	6.5	7	7.5	8	教学建议
面积测量（二维）	理解面积属性	识别面积属量（通过边）	知道两张纸哪张可以画出更大的图画			■	■								S2
	平等分割与计数	物体覆盖和计数	画方格来计数测量长方形面积，画的对不齐			■									S2
		完全覆盖和计数	画方格来计数测量长方形面积，画的基本对齐				■	■							S2—S3
	单位和单位重复	建立大小和单位数量之间的关系	在比较面积大小的时候，关注到大小和单位数量的关系，通过点数来比较面积大小					■							S3
	构建空间	构建面积的组合结构	认识到长方形是由很多正方形组成的								■	■	■	■	S4—S5
		构建面积的行列结构	对长方形能画出一行一行地画出一些平行的线条						■	■					S5
体积测量（三维）	体积填充	通过体积填充直接比较体积大小	将一个容器里的水或沙子倒入另一个容器，比较容器大小				■								S2
		通过填充物的多少进行比较	将两个容器里的水或沙子分别倒入另一种容器中，比较容器大小							■	■				S4
	体积计量	通过填充空间来计数体积	通过计数填充盒子的立方体积量来测量盒子体积									■	■		S4
	体积单位的关系和单位重复	建立大小和单位数量之间的关系	认识到填充一个容器需要的大单位数量少于小单位数量									■	■	■	S4—S5
	构建（三维）空间	通过行×列×高来理解体积	通过计算一层中立方体数量×层数来计数体积											■	S5

续表

表 2-9 测量

能力类别	能力细分	具体发展水平	案例	3	3.5	4	4.5	5	5.5	6	6.5	7	7.5	8	教学建议
时间	初步的时间概念	理解早晨、中午、晚上													S1—S2
		理解今天、昨天、明天													S1—S2
		理解星期的概念	知道一个星期有七天，以及每天的名称												S3
	表示时间的阶段性单位	知道时、分、秒的长短次序	天>时>分>秒												S2—S3
		将生活活动匹配正确的时间长短	看电影是2小时，而不是2分钟												S3—S4
	认读日历	认读日历，知道一个星期的日子	知道今天是星期几，昨天是星期几												S3
	钟表时间	认读整点（认识时针）与半点													S4—S4
		认读5分钟（认识分针）													S5
		认读1分钟													S5
	数字时间	认读数字时间													S3—S4

量指的是使用自己的拇指和中指距离即"一拃"等非标准工具进行测量，标准测量则是使用直尺等标准测量工具进行测量。

儿童需要掌握一些关键概念才能开始逐渐内化非标准的测量方法，比如首尾相接法和长度单位的相关和重复。首尾相接方法指儿童用自己的画笔或"一拃"作为单位，通过首尾不断相接、没有间隙的方式来粗略测量；"长度单位的重复"是指测量的过程中知道需要使用同一个单位不断重复进行测量，"长度单位之间的关系"则是指感知到不同单位测量出的结果是不同的——如爸爸的"一拃"和自己的"一拃"测出来的结果是不同的；儿童会内化测量工具，能够在心理上对一些测量目标进行切割后再测量 [69]。

到了小学阶段，儿童开始学习标准测量，在此期间他们需要理解在测量的过程中使用等长单位、单位划分的意义、"0"在尺子上的意义及距离的累加，并学习长度单位之间的相互转化 [70]。

二、面积测量

面积测量的发展也是从理解面积的属性开始，比如理解两张纸中哪一张可以画更大的画。3—8 岁的儿童还不能使用"长度 × 宽度"的公式来理解和比较面积大小，他们可以通过将面积分割成相同大小的正方形，通过比较正方形数量的方式来比较面积大小。

三、体积测量

体积测量的发展类似于面积，儿童可以通过直接比较两者哪个能装更多的水或沙的方式来进行比较，有时候还需要借助第三者容器来进行间接比较。而如果是立方体容器，则可以通过建构小正方体的数量来进行比较。

四、时间

因为在日常生活中时时刻刻都能接触到"时间"，所以从3—4岁开始，儿童就能逐渐理解早晨、白天等初步的时间概念。到了4—5岁，他们逐步接触时间的单位——时、分、秒，并且认读日历。需要注意的是认读时间分为钟表时间和数字时间两种，由于儿童对数字的熟悉度较高，认读数字时间相较钟表时间更容易[71-72]。

测量是最有用的思维内容之一，因为它是我们生活技能和职业素养的重要组成部分。从衡量每天到学校或到某地的距离长短，到衡量电视荧幕的尺寸大小，再到衡量信息量的千兆字

节或计算机中的字体大小，我们的生活被很多真实的测量概念
所包围。本节描述了儿童从非标准测量走向标准测量的发展过
程，在此能力的发展过程中需要给予儿童足够多的实践机会，
在实际使用中加深理解测量中的关键概念。研究表明，标准化
测量的发展也并非一定晚于非标准化测量，关键在于帮助儿童
感知和内化单位及单位重复在测量中的意义。

第九节　模式

模式是指客观事物或现象之间本质的、稳定的、反复出现的关系，具有可预测性。洞察模式是儿童思维学习的重要组成部分，《指南》指出："幼儿在对自然事物的研究和运用数学解决实际生活问题的过程中，不仅获得丰富的感性经验，充分发展形象思维，而且初步尝试归类、排序、判断、推理，逐步发展逻辑思维能力，为其他领域的深入学习奠定基础。"其中涉及排序、判断、推理的主要活动都与模式相关。模式是从客观的具体事物中抽象出来的关系，涉及观察和思考推理能力。它包括诸多的形式，可以是视觉形式的符号规律或颜色规律，如"红—黄—蓝，红—黄—蓝，红—黄—蓝……"；也可以是听觉形式的规律，如"鼓声—铃声，鼓声—铃声，鼓声—铃声……"尽管我们通过实体的材料来考察儿童，但是模式本质上是儿童认识顺序及周围世界的一种方式。本节将模式分为三种类型来阐述儿童的发展情况：一般模式、几何数量模式和序列模式，具体的年龄发展轨迹如表 2-10 所示。

表 2-10 模式

能力类别	能力细分	具体发展水平	案例	难度参数	3	3.5	4	4.5	5	5.5	6	6.5	7	7.5	8	教学建议
简单/一般模式（广泛模式）	重复模式由重复单元构成，如 ABABAB	识别简单的、粗略的重复模式	能指出衣服上的黑白条纹变化是有规律的	AB												S1
		复制完全相同规律的重复模式（复制模式）	能复制如以"红黄红黄"模式排列的积木序列，"请摆出和这个上面一样的积木"	AB												S1
				ABB												S1
				AABB												S2
				ABC												S2
				ABCC												S2—S3
		在范例之后继续补充完整规律的重复单元（扩展模式）	能在"圆三角圆三角圆三角"排列的积木序列后面继续摆相同规律（圆三角）的积木形块，"请按照这些积木的规律继续摆下去"	AB												S2
				ABCD												S2
				ABB												S2
				ABC												S2—S3
				AABB												S2—S3
				ABCC												S3
		在现有重复模式规律中填补缺失的单位（填补模式）	能在"小中大小中大"模式规律排列的积木序列中填补缺失的单位，"请按照积木排列的规律，补充上漏掉的积木块"	ABBC												S3
				AB												S2
				ABB												S2
		发现重复模式规律，使用新的材料制作相同规律重复模式（抽象模式）	参考已有的"红黄蓝红黄蓝"模式，制作出"方圆方圆"的模式，"你能用不同的积木形状摆出像上面的（颜色）规律吗？"	ABC												S2—S3
				AB												S2—S3
				AABB												S2—S3
				ABB												S2—S3
				AAB												S2—S3
		说出重复模式规律中最小的重复单元（识别单元）	能说出"红黄蓝红黄蓝"模式中最小的重复单元是"红黄蓝"；"请找出这个不断重复的是哪一组"	ABC												S3
				AB												S3
				ABB												S3
				AAB												S3—S4
				ABC												S3—S4

表 2-10 模式

能力类别	能力细分	具体发展水平	案例	难度参数	3	3.5	4	4.5	5	5.5	6	6.5	7	7.5	8	教学建议
简单/一般模式（广泛的模式）	滋长模式 递增 递减 的数量模式，如BABCABCD	在范例之后继续补充相同规律的单元，滋长模式（扩展模式）	能在"蓝白蓝白蓝白蓝白"排列的模式后面"蓝白白白白"的积木序列"请按照这些积木的排列规律继续接下去"	AB AB ABB ABBB												S3—S4
	变异模式 BCA BDABE	在范例之后继续补充相同规律单元变异模式（扩展模式）	能在"红黄蓝蓝绿红黄"排列的模式后面"红黄 × "的积木排列序列"请按照这些积木的规律继续接下去"	A AB ABA												S4—S5
				ABACAD												S4
				ABCCBA												S4
几何数量模式	线性增长模式 对象按线性增长，本质是 y=ax+b	在范例之后继续按线性增长的规律补充新的规律单元（扩展模式）	能在"3个一组、5个一组、7个一组"按线性增长排列的积木块后面放上9个一组、11个一组的积木块（单组积木的排列往往也有空间规律）；"请找出积木排列的规律，并按规律继续摆下去"	y=2x+1, y=3x+1												S5
	非线性增长模式 按非线性增长，一般为二次方程增长式	在范例之后继续按特定的数量增长规律补充新增长模式（扩展模式）	能在"1个、3个一组、6个一组"增长排列成三角形排列后面，按规律放上10个一组的积木块；"请找出积木排列的规律，并按规律继续摆下去"	1个、3个、6个的三角形组合												S3—S4
			能在"1个一组、3个一组"增长排列成三角形排列后面，按规律增长的积木的律放上10个一组的积木块；"请找出积木排列的规律，并按规律继续摆下去"	1×1, 2×2, 3×3												S3—S4

续表

表2-10 模式

能力类别	能力细分	具体发展水平	案例	难度参数	3	3.5	4	4.5	5	5.5	6	6.5	7	7.5	8	教学建议
序列模式	数字模式 数字序列是一个数字序列，其中有一个明确定义的规则，用于根据前面的数字或其在序列中的位置计算每个数字	能在递增或递减的数字序列中选择正确的数字	能在"1, 4, 7, ___, 13"的数字序列中选择正确的数字；"请按照规律补充完整序列中缺失数字"	跳过1个或2个数字（30以内；4选1）									█	█	█	S5
	时间	能在顺时针转动的钟表序列中选择正确的缺失时间	能在"12点, 2点, 4点, ___, 8点"的钟表序列中选择正确的缺失时间；"请按照规律补充完整序列中缺失的时间"	每次转动1小时或2小时									█	█	█	S5
	旋转	能在顺时针或逆时针旋转的图像序列中选择正确的缺失图像	能在图形按"0°, 90°, 270°, 360°, ___"旋转的图像序列中选择正确的缺失图像	45°或90°旋转										█	█	S5

一、一般模式

一般模式是儿童接触最多的模型形式，其中又以重复模式为主。儿童最开始识别到模式可能就是意识到衣服上重复条纹是有规律的。针对重复模式，儿童的能力发展大致分为几种水平：复制模式、扩展模式、填补模式、抽象模式和识别模式的单元[73-74]。其中每一种水平都被模式本身的难度所影响，比如一般而言"AABB"模式难于"ABB"模式，但易于"ABBC"模式[75-76]。一般模式中除了重复模式还有两种特殊的形式：滋长模式和变异模式。针对这两种模式，儿童的推理行为表现为继续扩展其序列，但由于其变化的特性，对儿童而言难度明显高于重复模式[77]。

二、几何数量模式

一般模式的特点在于识别模式中材料或顺序特征的变化规律，而几何数量模式则要求儿童关注其数量变化，因此使用的往往是不同数量的同一种材料。其规律特性可分为线性增长和非线性增长两种模式，这两种模式都要求儿童对数量关系有一定的理解，因此发展通常开始于5—6岁时期[78]。

三、序列模式

序列模式是指使用材料的数字或字母本身存在序列关系，如字母是按 A 到 Z 排序的。一般使用数字、时间和旋转角度作为推理材料，同时由于儿童对材料的熟悉程度会影响到该模式的理解，所以儿童通常要到 7—8 岁才会发展这种模式的推理能力[79-80]。

随着儿童熟悉的材料越来越多以及思维能力的发展，儿童可以推理的模式也越来越复杂，同时其逻辑推理能力也得到了有效的锻炼。模式作为一种可以有效培养儿童辨析事物特征与差异、促进逻辑思维能力发展的活动，对发展儿童的逻辑推理能力具有重要的现实意义。关注儿童的模式能力发展过程中的认知加工及心理表征的特点也有助我们进一步认识儿童数学思维、概括理解抽象代数概念能力的发展。

第十节 数据统计

数据统计包括从收集数据开始到整理数据、表征数据和解释分析数据的全部过程。数据统计的知识对我们理解周围的世界至关重要，它可以帮助我们了解并甄别真实的结果——因为日常中的一些报道会出现数据夸大其词的现象。3—8 岁的儿童对数据统计的过程应该有初步的实践体验并开始形成初步的统计学素养。《指南》中指出：5—6 岁的大班儿童应该能用简单的记录表、统计图等方式表示简单的数量关系。实际上从幼儿园开始，教师就应有意识地通过投票、统计班内人数、物品等各类活动来培养儿童的数据统计意识和能力。本节关于儿童数据统计能力的具体发展轨迹阐释如表 2–11 所示，分为收集数据、表征数据、解释和分析数据三个维度。

一、收集数据

收集数据的过程就是通过统计将分类数据记录在案的过程。5—6 岁的儿童开始学习将分类数据用特定的符号或图像表示，然后使用正字法等方法来帮助自己记录数据[81]。在收集数据的过程中，可以通过口头点数或统计举手人数等方式帮助儿童感受收集过程。

表 2-11 数据统计

能力类别	具体发展水平	案例	3	3.5	4	4.5	5	5.5	6	6.5	7	7.5	8	教学建议
收集数据——通过统计来记录数据	利用一定的方法，收集数据并统计到位记录数据	利用正字法记录数据												S3—S5
表征数据——通过图表等形式展示数据（自己创造一个数据集合的视觉陈列）	根据统计结果，将数据填充到相应的统计图中	填补二维表空缺的数据												S3—S5
	根据数据统计的结果，制作呈现数据的图表，如表格、柱状图等，从而呈现不同的类别	绘制柱状图来表示不同的类别数据												S5
解释和分析数据——比较数据之间的差异，从而理解数据之间的关系	能初步解读数据图，如其中的最大值、最小值，有多少类等	指出数据图表中的最大值，最小值等												S4—S5

二、表征数据

表征数据就是通过图表或其他形式将收集到的数据以一种易读的方式呈现给读者。在5—8岁，儿童应该开始尝试使用柱形图、饼状图等各种类型的图表来呈现和分类数据，并感受它们之间的效果差别[82]。

三、解释和分析数据

解释和分析数据就是解读数据统计的图表从而比较和理解分类数据之间的关系。在这个阶段，儿童应该能解读最大值、最小值等特征突出的数据，比如能在一张柱形统计图中看出班级中同学最喜欢的水果是哪种[83]。

每个人都需要统计知识来帮助理解和解释这个世界。本节介绍了儿童应掌握的关于统计的基本知识，并解释了做统计的一般过程。学生从5岁左右就开始探索统计学的概念，并持续整个数学学习阶段。在3—8岁阶段，儿童初步通过实践数据收集的过程来认识柱形、饼状图等基本统计图表，到初高中阶段他们会学习到更多的图表类型以及组织和解释数据的方法。

第十一节   概率

概率是日常生活中广泛使用的一个概念，如天气预报预测明天下雨的概率、投资者预测金融市场的涨幅等等。生活中复杂情况的模拟经常以概率为基础，比如不同天气下飞机的起落安全问题等。义务教育数学新课标中将概率的教学安排在第二学段，但是概率这部分的学习内容是与数量关系高度结合的，需要学生将概率与分数和百分数相结合，量化地分析事件的概率大小。实际上，在学前阶段，儿童就已经开始接触并理解概率的概念以及依次了解事件发生的可能性，只是他们还没有足够的知识将其量化。本节关于儿童的概率知识具体发展轨迹如表 2–12 所示，分为随机性、随机分布和概率比较三个维度。

一、随机性

所谓的"随机性"就是事件发生的不确定性，随机事件的发生概率即其发生的可能性。3—8 岁的儿童还不能从数量关系上来分析可能性的大小，他们只能从"一定、可能、不可能"的角度来了解随机性的差别。从 5—6 岁开始，儿童开始接触并学会这些词汇，在具体的情境中，他们能够分辨并用词

表 2-12　概率

能力类别	能力细分	具体发展水平	案例	3.5	4	4.5	5	5.5	6	6.5	7	7.5	8	教学建议
随机性		理解一定/可能/不可能等概率词汇					■	■	■					S3
		在具体情境中，区分随机事件和必然事件（一定、可能、不可能）	袋子里有红球、黄球，能说出可能拿出红球，不可能拿出绿球			■	■	■	■	■	■	■	■	S3—S4
随机分布（样本空间）		能列举简单随机现象所有可能发生的结果	袋子里有红球、蓝球、黄球，能说出以摸出的球有红球、黄球、蓝球		■	■	■	■	■					S3—S4
概率比较（可能性大小）	定性认知（模糊认知）	理解随机现象结果发生的可能性有大小，粗略比较事件可能性的相对大小	袋子里有1个红球，3个黄球，知道摸出黄球的概率更大一些		■	■	■	■	■	■	■	■	■	S4—S5
	定量认知（数量化表征）	整数表征：用数数表示可能性/估计某种结果可能发生的次数	盒子里有5个白球，1个黑球，摸5次，能估计某种结果可能发生的次数							■	■	■	■	S5

汇准备地表达哪些事件是一定不可能发生的，比如"在一个装满红色球的袋子里是不可能拿出黄色的球的"等[84–85]。这是他们最早接触到的关于概率的概念。

二、随机分布结果

随机分布结果是指各个事件在取样过程中出现的概率大小，比如在装有 5 个不同颜色的球的袋子中取得特定颜色球的概率。与随机性相同，在这个阶段儿童还不能从数量关系的角度去分析，但是他们能分析可能发生的结果。实验研究表明，儿童在 4—5 岁开始就能理解最简单的随机现象中所有可能发生的结果，比如一个装有红、黄、蓝三种颜色的袋子中，他们能说出可以取出的所有三种颜色，而不是其他颜色[86]。

三、概率比较

尽管这个阶段的儿童还不能用量化的知识去解决概率比较的问题，但是他们已经有模糊的定性和定量的概率认知了。他们能够粗略比较事件可能性的大小，比如装有 3 个黄球和 1 个红球的袋子中，他们能判断拿出黄球的可能性比较大。

学习概率的知识有助于提高儿童对涉及机会的情况的推理能力。3—8 岁的儿童开始逐渐接触概率的基础概念，但要注意的是，这个阶段的重点应放在探索事件的结果上，而不是学会规则和正式定义。这些经验将为以后的正式发展打下基础。

▎结语

　　思维教学是否有效，其核心判断标准之一就是能否理解儿童是如何学习的。基于此，我们才能创设更加科学和适宜的教学内容，从而更好地促进思维学习，并由此评估儿童的发展是否走在适宜的进程上。为此，我们构建了这一儿童思维能力模型，通过本模型，我们详述了儿童在 3—8 岁思维能力发展的道路和细节。思维能力模型的有效性来源于大量的实证研究和海量的斑马儿童学习实践数据。能力模型将思维学习内容分为"数概念与数感"等 10 个模块，以 6 个月为年龄单位，描述了儿童在相应维度上的能力变化。教学者和研究者可以参考本书，针对相应年龄的儿童设计更加适宜的教学活动或研究。

　　当然该能力模型仍然有不足和需要改进之处。首先，部分能力的发展年龄跨度较大。其根本原因是样本的差异性，参考国内外相关研究发现，这一年龄跨度区间的问题普遍存在，国内外儿童差异、城乡儿童差异等都会影响发展年龄跨度。因此，为了不引起争议，我们保留了较宽的年龄跨度区间，以增加结论的有效性。其次，由于目前国内与国外儿童学习内容和研究的重点稍有不同，部分章节的内容少有国内的可参考研究和结论，因此主要参考了国外儿童的样本结论以及斑马的实践数据，如概率、数据统计等的部分内容。对此，我们在后续的研究中将补充更广泛和普适的国内儿童教学实践与研究，探讨和细化各项能力的发展细节和可能性。3—8岁儿童思维能力的发展仍然有许多细节值得我们研究和探讨，能力模型值得进一步的丰富和完善，这些研究也将会为我们创造更科学的教学条件。

参考文献

[1] GOUGH P B，TUNMER W E. Decoding, Reading, and Reading Disability [J]. Remedial and Special Education，1986，7(1): 6-10. https://doi.org/10.1177/074193258600700104

[2] CHEN Q，RMAN D. Competition and Cooperation Among Similar Representations: Toward a Unified Account of Facilitative and Inhibitory Effects of Lexical Neighbors [J]. Psychological review，2012，119(2): 417-430.

[3] PENG P，LEE K，LUO J，et al. Simple View of Reading in Chinese: A One-Stage Meta-Analytic Structural Equation Modeling [J]. Review of Educational Research，2021，91(1): 3-33. https://doi.org/10.3102/0034654320964198

[4] CHEN T. Exploring depth of vocabulary knowledge among CFL learners of higher proficiency levels [M]. Iowa: University of Iowa，2016.

[5] LI H，SHU H，MCBRIDE - CHANG C，et al. Chinese children's character recognition: Visuo-orthographic, phonological processing and morphological skills [J]. Journal of Research in Reading，2012，35(3): 287-307. https://doi.org/10.1111/j.1467-9817.2010.01460.x

[6] 赵静，李甦. 3—6岁儿童汉字字形认知的发展 [J]. 心理科学，2014，37(02): 357-362.

[7] LI S，YIN L. Sensitivity to Stroke Emerges in Kindergartners Reading Chinese Script [J]. Frontiers in Psychology，2017，8(6): 889. https://doi.org/10.3389/fpsyg.2017.00889

[8] SHU H，CHEN X，ANDERSON R，et al. Properties of school Chinese: Implications for learning to read [J]. Child development，2003，74（1）: 27-47.

[9] HE A W, XIAO Y. Chinese as a Heritage Language: Fostering Rooted World Citizenry [M]. Honolulu, HI: National Foreign Language Resource Center, 2008.

[10] CHAN L I L Y. Preschool children's understanding of Chinese writing [D]. Unpublished master's thesis. London: University of London, 1990.

[11] ZHANG W, NI A, LI S. Development of orientation sensitivity to Chinese compound characters in 4-to 6-year-old children [J]. PsyCh Journal, 2020, 10(1): 33-46.

[12] KIEFFER M J, LESAUX N K. Knowledge of words, knowledge about words: Dimensions of vocabulary in first and second language learners in sixth grade [J]. Reading and Writing, 2012, 25(2): 347-373. https://doi.org/10.1007/s11145-010-9272-9

[13] KOH P W, KU Y-M, CHEN X. Examining Chinese vocabulary knowledge in Taiwanese first- and second graders using confirmatory factor analysis [J]. Reading and Writing, 2020, 33(2): 293-312. https://doi.org/10.1007/s11145-019-09960-9

[14] OWENS R E JR. Language Development: An Introduction (10th edition) [M]. NewYork: Pearson, 2019.

[15] DALE E. Vocabulary Measurement: Techniques and Major Findings [J]. Elementary English, 1965, 42(8): 895-948.

[16] SAJI N, IMAI M, SAALBACH H, et al. Word learning does not end at fast-mapping: Evolution of verb meanings through reorganization of an entire semantic domain [J]. Cognition, 2011, 118(1): 45-61. https://doi.org/10.1016/j.cognition.2010.09.007

[17] National Institute for Literacy, LEHR F, OSBORN J. Put Reading First: The Research Building Blocks for Teaching Children to Read: Kindergarten Through Grade 3. [R/OL].(2006-6-30)[2010-09-30] / paper/Put-Reading-First%3A-The-Research-Building-Blocks-for-Armbruster-Lehr/3f4064135a89653f673f1c9416262adcb494dcac

[18] DOLE J A, DUFFY G G, ROEHLER L R, et al. Moving From the Old to the New: Research on Reading Comprehension Instruction [J].

Review of Educational Research，1991，61(2):239‑264. https://doi.org/10.3102/00346543061002239

[19] DE KONING B B，VAN DER SCHOOT M. Becoming part of the story! Refueling the interest in visualization strategies for reading comprehension [J]. Educational Psychology Review，2013，25(2)：261-287.

[20] CULHAM R，CHIN B A. 6+1 Traits of Writing: The Complete Guide [M]. New York, NY: Scholastic Professional Book，2013.

[21] 中华人民共和国教育部. 3—6 岁儿童学习与发展指南 [M]. 北京：首都师范大学出版社，2012.

[22] 中华人民共和国教育部. 义务教育语文课程标准（2022 年版）[M]. 北京：北京师范大学出版社，2022.

[23] CANALE M, SWAIN M. Theoretical bases of communicative approaches to second language teaching and testing [J]. Applied Linguistics，1980，1(1): 1-47.

[24] CANALE,M. From communicative competence to communicative language pedagogy in Language and Communication[M].London: Routledge，1983.

[25] CELCE-MURCIA M. Rethinking the Role of Communicative Competence in Language Teaching in E. A. Soler & M. P. S. Jordà (ed.), Intercultural Language Use and Language Learning[M]. Spain: Springer Netherlands，2007.

[26] VAN DE WALLE J A, KARP K S, BAY-WILLIAMS J M. Elementary and middle school mathematics [M]. London: Pearson Education UK，2016.

[27] 赵振国 .3—6 岁儿童估算和数感的发展研究 [D]. 上海：华东师范大学，2006.

[28] 王秉铎 . 幼儿认知数概念的调查研究 [J]. 福建师范大学学报（哲学社会科学版），1986（02）122-129.

[29] 道格拉斯·H. 克莱门茨，朱莉·萨拉马 . 儿童早期的数学学习与教育——基于学习路径的研究 [M]. 北京：教育科学出版社，2020.

[30] 侯芳会. 幼儿唱数与近似数量表征能力的关系研究 [D]. 郑州: 河南大学, 2018.

[31] National Research Council. Mathematics learning in early childhood: Paths toward excellence and equity [M]. Washington D.C.: The National Academies Press, 2009.

[32] OHNSON N C, TURROU A C, MCMILLAN B G, et al. "Can you help me count these pennies?": Surfacing preschoolers' understandings of counting [J]. Mathematical Thinking and Learning, 2019, 21（4）: 237-264.

[33] 李季湄, 冯晓霞.《3—6 岁儿童学习与发展指南》解读 .[M] 北京: 人民教育出版社, 2009.

[34] 黄瑾, 田方. 学前儿童数学学习与发展核心经验 [M]. 南京: 南京师范大学出版社, 2015.

[35] 赵振国 . 3—6 岁儿童数感发展的研究 [J]. 心理发展与教育 2008（04）8-12.

[36] CHEUNG C N, LOURENCO S F. Does 1+1=2nd? The relations between children's understanding of ordinal position and their arithmetic performance [J]. Journal of Experimental Child Psychology, 2019, 187 (11):104651.

[37] 方格, 田学红, 毕鸿燕. 幼儿对数的认知及其策略 [J]. 心理学报, 2001（01）30-36.

[38] GEORGES C, CORNU V, SCHILTZ C. The importance of visuospatial abilities for verbal number skills in preschool: Adding spatial language to the equation [J]. Journal of Experimental Child Psychology, 2021, 201 (1):104971.

[39] 安义伟. 基于位值概念的进位加、退位减运算引入方法的实证研究 [D]. 上海: 上海师范大学, 2018.

[40] HO C S H, CHENG F S F. Training in place-value concepts improves children's addition skills [J]. Contemporary educational psychology, 1997, 22（4）: 495-506.

[41] MIX K S, PRATHER R W, SMITH L B, et al. Young children's interpretation of multidigit number names: From emerging competence to

mastery [J]. Child Development，2014，85（3）：1306-1319.

[42] YUAN L，PRATHER R W，MIX K S，et al. Preschoolers and multi-digit numbers: A path to mathematics through the symbols themselves [J]. Cognition，2019，189: 89-104.

[43] 刘易. 4—6岁儿童数表征和位值概念的发展研究 [D]. 上海：华东师范大学，2009.

[44] BIRGIN O，GÜRBÜZ R，MEMIŞ K Z. Performance of second-grade elementary school students on counting，place value understanding，and addition operation in natural numbers [J]. International Journal of Mathematical Education in Science and Technology，2021，53（12）：3377-3392.

[45] KAMII C. Place value: An explanation of its difficulty and educational implications for the primary grades [J]. Journal of Research in Childhood Education，1986，1（2）：75-86.

[46] 林嘉绥，李丹玲. 学前儿童数学教育 [M]. 北京：北京师范大学出版社，2014.

[47] 张丽萍. 4—6岁儿童解决平分问题的能力及其策略 [D]. 上海：上海师范大学，2019.

[48] 刘颂，庞丽娟，任智茹，等.5—6岁幼儿加法策略选择及执行特点 [J]. 心理与行为研究，2009，7（01）：39-43.

[49] SIEGLER R S. Strategic development [J]. Trends in Cognitive Sciences，1999，3（11）：430-435.

[50] CAMPBELL J I.（Ed.）. Handbook of mathematical cognition [M]. East Sussex：Psychology Press，2005.

[51] SARAMA J，CLEMENTS D H. Mathematics knowledge of low-income entering preschoolers [J]. Far East Journal of Mathematical Education，2011，6（1）：41-63.

[52] CLEMENTS D H，SWAMINATHAN S，HANNIBAL M A Z，et al. Young children's concepts of shape [J]. Journal for research in Mathematics Education，1999，30（2）：192-212.

[53] 李文馥，王贞琳，梁萍. 儿童认知几何图形干扰因素的研究 [J]. 心理学报，1997（04）1-9.

[54] 常宏.3-6 岁儿童平面几何图形组合能力的发展研究 [D]. 上海：华东师范大学，2009.

[55] 田学红,方格,方富熹. 4—6 岁幼对有关方位介词的认知发展研究[J]. 心理科学，2001（01）114-115.

[56] 刘晓玫. 小学生空间观念的发展规律及特点研究 [D]. 长春：东北师范大学，2007.

[57] 庞丽娟，魏勇刚，林莉，等. 3—5 岁儿童理解和使用空间表征的特点 [J]. 心理发展与教育，2008（04）1-7.

[58] WORSFOLD N，DAVIS A，DE BRUYN B. The effect of horizontal versus vertical task presentation on children's performance in coordinate tasks [J]. Perception，2008，37（11）：1667-1676.

[59] 张奇，滕国鹏，李庆安，等. 儿童的几何图形预期表象 [J]. 心理学报，2006（02）223-231.

[60] 刘秀环. 学前儿童心理旋转能力发展特征的研究 [D]. 上海：华东师范大学，2007.

[61] FRICK A，MÖHRING W，NEWCOMBE N S. Picturing perspectives: development of perspective-taking abilities in 4-to 8-year-olds [J]. Frontiers in psychology，2014，5: 386.

[62] 戴佳毅，王滨. 4—6 岁幼儿排序能力发展特点的初步研究 [J]. 幼儿教育（教育科学版），2007（10）37-40.

[63] O'CONNOR P A，MORSANYI K，MCCORMACK T. Young children's non - numerical ordering ability at the start of formal education longitudinally predicts their symbolic number skills and academic achievement in maths [J]. Developmental Science，2018，21（5）.

[64] 杨志艳. 3—6 岁儿童量的排序与事件排序的发展研究 [D]. 上海：华东师范大学，2009.

[65] FIVUSH R，MANDLER J M. Developmental changes in the

understanding of temporal sequence [J]. Child development，1985，56（6）:1437-1446.

[66] 曹瑞，阴国恩. 3—7岁儿童分类方式对分类结果影响的研究 [J]. 心理发展与教育，2001，17（02）: 7-12.

[67] ENGLISH L D. Young children's early modelling with data [J]. Mathematics Education Research Journal，2010，22（2）: 24-47.

[68] 王文忠，方富熹. 幼儿分类能力发展研究综述 [J]. 心理学动态，2001（03）: 210-214.

[69] 张华，庞丽娟，韩小雨，等. 儿童早期测量能力的发展 [J]. 心理发展与教育，2006（04）: 8-11.

[70] 史亚娟，韩小雨，张华，等. 4—6岁儿童对空间测量中逻辑关系的理解研究 [J]. 教育理论与实践，2007（02）: 28-30.

[71] 刘鹏飞，崔佳歆，任维聪，等. 4—7岁儿童时间概念的获得方式 [J]. 心理与行为研究，2021，19（04）: 454-459.

[72] FRIEDMAN W J，LAYCOCK F. Children's analog and digital clock knowledge [J]. Child Development，1989，60（2）: 357-371.

[73] 史亚娟，庞丽娟，陶沙，等. 3—5岁儿童模式认知能力发展的研究 [J]. 心理发展与教育，2003（04）: 46-52.

[74] LÜKEN M M，SAUZET O. Patterning strategies in early childhood: a mixed methods study examining 3-to 5-year-old children's patterning competencies [J]. Mathematical Thinking and Learning，2021，23（1）: 28-48.

[75] 杨峥峥. 4—5岁儿童模式与排序能力发展的研究—城市与农村儿童的比较 [D]. 上海: 华东师范大学，2007.

[76] RITTLE-JOHNSON B，FYFE E R，LOEHR A M，et al. Beyond numeracy in preschool: Adding patterns to the equation [J]. Early Childhood Research Quarterly，2015，31: 101-112.

[77] GADZICHOWSKI K M. Patterning abilities of first grade children: Effects of dimension and type [J]. Creative Education，2012，3（5）: 632-635.

[78] PAPIC M, MULLIGAN J. Pre-schoolers' mathematical patterning [M]. Melbourne: Mathematics Education Research Group of Australasia, 2005: 609-616.

[79] MACKAY K J, DE SMEDT B. Patterning counts: Individual differences in children's calculation are uniquely predicted by sequence patterning [J]. Journal of Experimental Child Psychology, 2019, 177（1）: 52-165.

[80] KIDD J K, PASNAK R, GADZICHOWSKI K M, et al. Instructing first-grade children on patterning improves reading and mathematics [J]. Early Education & Development, 2014, 25（1）: 134-151.

[81] LEAVY A M, HOURIGAN M. Inscriptional capacities and representations of young children engaged in data collection during a statistical investigation In Statistics in early childhood and primary education[M]. Singapore: Springer, 2018.

[82] NISBET S, JONES G, THORNTON C, et al. Children's representation and organisation of data [J]. Mathematics Education Research Journal, 2003, 15（1）: 42-58.

[83] BATANERO C, ARTEAGA P, GEA M M. Statistical graphs in Spanish textbooks and diagnostic tests for 6－8-year-old children [C]// In Statistics in Early Childhood and Primary Education. Singapore: Springer, 2018.

[84] 何声清，巩子坤. 6—14岁儿童概率概念学习进阶 [J]. 课程. 教材. 教法，2017, 37（11）: 61-67.

[85] PANGE J. Teaching probabilities and statistics to preschool children. [J] Information technology in childhood education annual, 2003, 1:163-172.

[86] MOUSOULIDES N, ENGLISH L. Kindergarten students' understanding of probability concepts [C]// In Proceedings of the 33rd Conference of the International Group for the Psychology of Mathematics Education. Greece: International Group for the Psychology of Mathematics Education, 2019.

▶ 索引　语言和思维能力培养模型表格

儿童核心素养
能力发展分龄研究

英语能力发展模型

斑马教研中心　著

清华大学出版社

北京

图书在版编目（CIP）数据

儿童核心素养能力发展分龄研究 / 斑马教研中心著. —北京：清华大学出版社，2024.1

ISBN 978-7-302-64963-2

Ⅰ.①儿… Ⅱ.①斑… Ⅲ.①儿童教育－教育研究 Ⅳ.①G61

中国国家版本馆CIP数据核字（2023）第242154号

责任编辑：李益倩
封面设计：卜　凡
责任校对：赵琳爽
责任印制：杨　艳

出版发行：清华大学出版社
　　　　网　　　址：https://www.tup.com.cn, https://www.wqxuetang.com
　　　　地　　　址：北京清华大学学研大厦A座　　邮　　编：100084
　　　　社 总 机：010-83470000　　邮　　购：010-62786544
　　　　投稿与读者服务：010-62776969, c-service@tup.tsinghua.edu.cn
　　　　质量反馈：010-62772015, zhiliang@tup.tsinghua.edu.cn
印 装 者：北京联兴盛业印刷股份有限公司
经　　销：全国新华书店
开　　本：140mm×210mm　　印　张：13.75　　字　　数：234千字
版　　次：2024年3月第1版　　印　　次：2024年3月第1次印刷
定　　价：78.00元（全三册）

产品编号：103736-01

目　录

第一章

简介

语言教学领域已存在许多各式不同的语言能力参考标准，在各国均有较受公认的能力框架，比如由欧洲委员会与欧洲多所顶级高校学府共同制定的欧洲共同语言参考标准（Common European Framework of Reference for Languages，CEFR）详细描述了不同程度语言水平应有的语言运用能力；另有美国外语教学委员会（American Council on the Teaching of Foreign Languages，ACTFL）推出能力标准指南和量表，旨在评估全球学术和工作场所语言的使用；教育部和国家语言文字工作委员会颁布《中国英语能力等级量表》，设定语言能力的九个等级，分别对应小学至高端外语人才的语言水平要求。这些语言能力参考标准精确刻画了不同语言学习者的能力进阶路径，而在如今的现实教学场景中，学习者的年龄跨度越来越大，学习者本身的语言背景和语言输入条件也各不相同，教学者在更基础的能力培养规划、教授知识选取和多场景教学实践上仍需要更加具体的指导和建议。

基于此，本书研究者开发了本英语能力模型，它作为整合英语语言能力、知识内容、实践建议的框架，旨在梳理英语能力发展的路径及学习内容，明确学习者在不同关键阶段的学习目标与教学目标，进一步指导教学设计及教学结果的评价等多个教学场景。

英语能力模型在开发过程中从两方面收集数据：一是通过文献调研法收集了国内外关于母语儿童、第二语言学习者的英语语言发展研究成果，并结合现存的语言能力框架，形成儿童英语能力发展的基本路径；二是以访谈调研法采访了多位教学研发和产品研发老师，结合斑马多年一线英语教学经验、教师实践需求及学习者学习特点，整合优化并形成了本能力模型。

在详细呈现英语能力模型全表内容之前，本章将简要阐述英语能力模型的开发理念，包括能力模型的基本假设、模型中语言能力的划分、语言能力的进阶逻辑、英语能力模型的边界等，介绍能力模型的整体框架，包括能力模型的结构、主要的表格类型及功能，帮助读者初步了解英语能力模型的背后逻辑和全景结构，以更好地理解并应用能力模型的具体内容。

第一节　开发理念

一、基本假设

作为描绘语言进阶路径的框架，能力模型可以被搭建的基本假设，是儿童语言能力发展遵循一条有序的进阶路径，且路径中关键的能力发展节点能被观察、检测。基于这些因素，我们认为可以搭建一个相对科学客观且具有参考性的能力模型，作为描绘语言进阶路径的框架。因而，本能力模型的基本任务即是基于研究与实践证据，科学地梳理出儿童语言发展的路径，并定位关键节点、明确描述其观察和检测方式。

需注意的是，本模型的假设是从理论出发的理想化设想，在现实教学场景中，有非常多的因素会影响学习者的学习进程和学习效果。例如，学习者所接触到的外语输入量会极大地影响语言能力进阶和语言熟练程度[1]，而不同的教学方式，不同的新授、复习、检验安排，甚至安排这些教学活动的不同频率，对最终的学习效果都会有影响[2-3]。这些因素的影响对于外语学习至关重要，且其涉及面十分庞杂多样，因此本能力模型中涉及实际教学的内容仅作为方向建议，不作具体实践规定或限制。

二、英语语言能力划分

在区分不同英语语言能力前，需先明确语言知识与语言能力间的区别与联系。**语言能力**是指语言使用者运用自己的语言知识、非语言知识及各种策略，参与特定情境下某一话题的语言活动时所表现的语言理解能力和语言表达能力，这一能力随使用者对语言感知和理解的精确化、熟练化而不断进阶。**语言知识**是语言能力发展的基础，发展和运用语言能力需要掌握语言知识，而更高阶的语言能力也能支持更复杂语言知识的学习[4]。对英语语言来说，语言知识积累依赖于语言能力的不断发展，而语言能力发展也无法脱离于语言知识积累，语言能力随语言使用者对不同语言层级的不同认知和运用能力而进阶。

现行接受范围较广的语言标准对语言能力有不同的划分方式。欧洲共同语言参考标准将语言能力分为四类：沟通语言活动和策略（communicative language activities and strategies）、沟通语言技能（communicative language competences）、多语多元文化技能（plurilingual and pluricultural competence）、示意语言技能（signing competences）。其中沟通语言活动和策略又分为接受（reception）、产出（production）、互动（interaction）、调节（mediation）四种。划分类别可以看出这一框架更侧重沟通语言能力的培养，对能力的呈现设计有非常详细的语言任务，其能力进阶逻辑值得借鉴，但框架较难直接应用于教学测练的设计和实践。

中国英语能力等级量表将语言能力划分为语言理解能力（听力与阅读）、语言表达能力（口头与书面）、语用能力、翻译能力和语言使用策略。美国各州共同核心标准（Common Core State Standards，CCSS）中语言标准部分将语言能力分为阅读标准、写作标准、听说标准，并特别定义了阅读语料的多样性和复杂度。美国各州共同核心标准主要在美国中小学的学校教学场景中使用，相较于欧洲共同语言参考标准侧重语言沟通与交流，美国各州共同核心标准则更强调在学术场景中如何运用语言，因此其标准制定更侧重学术语言能力（academic language）的培养；而听说标准的制定旨在服务不同学科的教学交流，侧重沟通能力的培养，此类能力划分方式适合教学场景借鉴使用。全球英语水平测试标准（Global Scale of English，GSE）侧重英语水平测评，其划分方式与中国英语能力等级量表、美国各州共同核心标准有共通之处，将英语能力划分为听、说、读、写四个部分。

本书所设计的能力模型综合考量了以上不同语言标准的划分方式，并考虑早期外语学习者的需求特点，纳入了听力、口语、沟通、阅读四类语言能力，创新地提出有自己特色并适合当下学习场景的英语能力模型。

在听力、口语能力之外另设沟通能力，主要有两点原因：其一，听力、口语能力作为单项能力，有其单独的能力培养侧重，即"听"侧重听音和听力理解，"说"侧重发音和口头表达，两项能力有单独的能力进阶路径，而沟通能力将两项能力结合、侧重考查语用能力，从理论路径梳理和实践角度设想，可以将其作为单独能力划分；其二，考虑早期学习者的发展特点，沟通能力与儿童的认知和社会发展高度相关，不同于成人学习者，儿童虽然在母语环境中已经习得部分基础的沟通能力，但在第二语言环境中如何使用这些能力、如何将学会的语言恰当运用于相应场景等，仍然需要着重培养。出于对早期学习者的偏重和对实际教学应用的侧重，本能力模型特别纳入了沟通这项能力。

写作的能力相对高阶，对本能力模型所面向的学习者有一定难度，在初期考虑写作能力的培养可能会增大教学压力，在有限的学习时间中容易顾此失彼；写作能力需培养的语篇分析、组织和综合应用能力在听力、口语及阅读中均会涉及，可在培养这些能力时打好基础，迁移至写作能力的后序发展培养中。因而写作能力暂未列在本阶段能力模型开发的计划中，我们将会在持续追踪分析有效数据后搭建推出。

三、语言能力进阶逻辑

（一）语言能力进阶与语言知识进阶

语言能力进阶和语言知识进阶之间的区别，简单来说，语言能力为阶梯式进阶，而语言知识为线性积累，尽管进阶方式不同，但两者互相支撑，共同累进。语言能力中每个能力层级之间存在先后关系，后一能力层级需基于前一能力层级发展，如果前一能力发展不充分，后一能力可能无法发展或难以持续精进。语言知识的进阶则涉及知识点广度和深度两个维度的积累，以词汇为例，词汇学习的广度可简单理解为词汇量的增加，而学习深度则指的是认知的进阶，比如要能做到一个单词从最开始的认识到最终的运用。

语言能力和语言知识在进阶逻辑上的差别，天然地将能力模型分为语言能力和语言知识两大板块。因此本书的能力模型，分为包含听、说、沟通、读四种能力的语言能力模型和包含单词、自然拼读两大类的语言知识模型两部分。

（二）生理发展与能力进阶

当前多数外语语言标准和评价体系的搭建，主要面向对象为成人或中小学生，例如美国各州共同核心标准中的语言标准适用于美国本土中小学生，其中最基础的能力标准也需要学习者有基础的交流能力和日常词汇储备，而欧洲共同语言参考标准的最基础阶段也默认学习者具备语言学习的生理视听基础和认知基础，而越来越多尚处于生理发展阶段的早期学习者开始接触外语学习，这些标准对他们来说较难达到，也不符合初期的能力发展规律。

本能力模型会融合语言生理发展阶段和语言能力进阶规律，以儿童初始的语言生理发展作为能力进阶的基础。以听力为例，儿童需先能熟悉英语语言的节奏韵律，从输入的语料中拆出单词，才能进一步在自然语境中习得单词、运用单词。同样的，儿童需先熟悉英语音素，听出不同音素间发音有所不同，才能习得某些特定音素组成的单词音，并将含义与单词音匹配。生理发展是语言学习的必要基础，在早期阶段极大影响了语言能力的发展阶段。

（三）认知层级与语言层级的螺旋式进阶

一项语言能力的进阶阶段划分，可由认知层和语言层两个维度切入，两个维度**螺旋式进阶**，共同划定了语言发展的能力层级。以听力为例，能力模型中有"提取"和"归类"两项认知层级，"归类"比"提取"进阶一层，要求在提取信息的基础上对相关信息进行分组；同时，这两项认知层级都对应"句子"和"段落"两项语言层级。螺旋进阶即为，针对一项认知层级，如"提取"，能力从"句子"到"段落"逐级进阶，而针对一项语言层级，如"句子"，能力也从"提取"到"归类"逐级进阶。

在本能力模型中，语言能力模型的能力层级均以这种"认知 + 语言"的形式进行划分。对认知层级的梳理，主要参考修订版的布鲁姆认知模型 [5] 及来自各语言标准的能力分类；语言层级的梳理主要借鉴语言学理论对语言单位的划分，并针对不同的能力发展所需进行调整。

（四）能力的跨阶段递进

语言能力的进阶有一较突出的特征，即**半平行进阶**（quasi-parallel progression）特点——一个能力阶段的进步会促进下一阶段的进步，但阶段间不是一个接一个、像点一样排列，即所谓的序列进阶（sequential progression），而是**重叠累进的关系**。

以听力为例，学习者需要先听懂句子，并有一定积累后再听懂较短的段落，但这一步并不需要学习者精通"听懂句子"这一能力，即理解所有类型和长度的句子，但只做到"听懂"并不意味着完全掌握，因为在开始听懂短段落后，听懂句子的能力仍然需要持续锻炼进步，这更符合现实中的语言能力发展的特点。为尽可能真实地体现语言能力发展的现实规律，本能力模型以半平行进阶的模式搭建各项能力的进阶顺序。

（五）能力在阶段内递进

　　基于半平行进阶的能力发展规律，每一个能力阶段内其实都在不断累进，可理解为这一能力阶段的**精通程度**（proficiency）的提高。参照各能力标准对"精通程度"的定义，比如欧洲共同语言标准中认为"精通程度"的获得实际上是一个循环过程，学习者通过参与各类语言活动，不断地发展能力和策略，由此可见，能力精通程度主要通过语料复杂度和语境主题的多元化逐步累进。

　　本能力模型为了区分同一能力阶段在不同学习阶段的侧重，在各个能力的应用部分都会提供语料特征和语境主题的建议，以作为实际测练的参考。

四、英语能力模型边界

　　不同的语言标准与模型各有侧重，例如上文提到，欧洲共同语言标准偏重语言的实用功能和交际能力的培养，美国各州共同标准中的语言标准则供美国中小学的课堂教学使用，各类标准无法做到面面俱到，均有其契合的人群、场景和无法涵盖的内容。本节将阐明此能力模型的边界，帮助使用者更确切地定位能力模型适用及不适用的场景，在实际使用时能够高效选择和取舍。

其一，本能力模型侧重语言发展路径中的阶段性学习结果而不是具体的学习过程，为具体的教学设计留出空间，使用者可结合专业的实践经验及学习者实际学习情况，为学习者设计最有助于实现能力目标的知识内容、学习工具及学习节奏。

其二，能力模型着重于发展路径中最重要的能力节点，但并未将所有可以或应被教学的内容囊括在内。能力模型的核心目的是阐明语言发展的基本原理，而非列出详尽的语言任务清单或教学内容规定，这些内容更适宜在实践中基于能力模型框架讨论、细化。尤其需注意的是，本能力模型虽关注了具体能力与语言任务的匹配，但无法也不能穷尽或限定语言任务的设计，针对一个能力阶段，语言任务可通过不同感官提示、交互形式有多种变化，本能力模型只是提供一个可供参考的范例，以期抛砖引玉，不希望限制这些内容的具体呈现方式。

其三，本能力模型关注普适性的能力进阶顺序，但不排除有个体学习者的发展水平低于或高于能力模型所锚定的学习阶段的情况。但本能力模型目前没有涉及针对这些个体的干预方法或内容，具体实践可以参考本能力模型的路径和节点并基于实际情况来展开设计。

　　其四，本能力模型以早期语言发展为起点，至语言能力达到欧洲共同语言参考标准 A2 水平。本模型低阶能力的铺垫结合了早期语言生理发展及认知发展的特性，如想要将其适用于更广泛年龄群体则应注意根据不同年龄段的生理及学习特征进行调整；另一方面，本能力模型因对早期学习阶段的侧重而没有包括更高阶的语言能力，如阅读理解长篇章、听力理解较长的学术讲座等，未来会根据语言发展特征的改变不断优化本模型，因此在实践过程中需注意观察学习者实际能够达到的语言能力，以评估能力模型是否可以满足学习者的能力发展需求。

第二节　整体框架

一、能力模型结构

如前文所述，英语语言能力模型的整体框架将分为语言能力模型和语言知识模型两大部分。语言能力模型由听力、口语、沟通、阅读四大能力组成，每一项能力的叙述都会分为三个模块展开：能力层级定义、语言能力进阶、能力描述及应用。能力层级定义划定了各能力层级的具体含义，语言能力进阶呈现了各能力层级发展的进阶顺序和能力起点，能力描述及应用则结合语料、语境、考查方式等描述了不同学习阶段的实际应用建议。语言知识模型包括单词、自然拼读两类知识类型，从知识点的角度定义了相关能力层级及这些能力的进阶顺序。

二、主要模块类型及功能

（一）能力层级定义

"能力层级定义"简要阐释了能力模型所涉及的各级能力层级概念。如上文提到，能力模型中的能力层级均由认知层级和语言层级两个维度构成，两个维度螺旋进阶，因此能力层级定义包含认知层级定义和语言层级定义。能力层级定义是界定语言发展路径中关键节点的工具，是理解能力模型的第一步，如对能力模型中的概念有疑惑，都可回溯能力的具体定义核对定义解释；在后续实践中遇到能力定义不明、能力断层的问题，可由此出发梳理教学问题背后的原因。

（二）语言能力进阶

"语言能力进阶"体现不同能力阶段的前后时序关系及不同时期的能力发展侧重。如开发概念所述，能力阶段以半平行进阶呈现，各能力层级的起始点参照文献研究及各国语言标准确定，需重点关注各级能力的输入和教学考查起始点，如出现具体能力起始点与实践结论不相符的问题，可回溯语言能力进阶的内容进行调整。

（三）能力描述及应用

"能力描述及应用"以斑马的实践为例，区分了同一能力阶段在不同学习阶段的侧重，为教学测练实践提供建议，各能力层级均有详细描述、使用语料特征和教学侧重建议。

第二章

语言能力模型

第一节　听力

　　听力能力属于英语语言发展中的语言理解能力，2022 年版义务教育英语课程标准将发展语言能力定义为能够在感知、体验、积累和运用等语言实践活动中，认识英语与汉语的异同，逐步形成语言意识，积累语言经验，进行有意义的沟通与交流。其中，语言技能分为理解性技能和表达性技能，听、读、看为理解性技能，说、写为表达性技能。这两大类相辅相成的语言技能在欧洲共同语言参考标准、全球英语水平测试标准以及教育部考试中心和国家语委于 2018 年发布的中国英语能力等级量表中都有类似的划分和定义。

　　对于较早接触英语的儿童来说，听力能力会与听觉及产生语音的生理基础共同发展，两者会双向促进，生理基础也会不断地受语言经验塑造。[6] 婴儿生来就能够听到语音之间的许多区别，但直到 10—12 个月，他们的听觉感知才会渐渐趋向成人对语言音素差异的敏感性，逐渐习得对语言中各种声音模式的区分。[7] 在语音初步发展过程中，儿童是在大量语言输入和摸索中习得听力能力的，他们需要感知语言中的语音单位，辨析音素间的相同或不同，熟悉一门语言中较常出现的音素组合，并尝试模仿和自主使用。[8] 从这一角度来说，早期的语音发展更像是对语言中常见模式的摸索和愈趋精确的模仿；也因此，这一阶段的语言能力发展很大程度上取决于儿童所接受的语言输入内容和频率。如义务教育英语课程标准所建议，初期接触英语需提供自然、地道的视听语言输入，引导学生注意倾听、乐于模仿、大胆表达。

在语音发展的同时，儿童会逐步积累听说词汇，并在语义理解逐渐扩充的过程中，发展听力理解能力作为综合认知能力，在每次交流中调动与听力活动相关的识别、提取、概括等认知能力，构建形成更全面的理解话语意义的能力。

基于以上所述的发展路径，本节将厘清并定义听力能力发展的各层级。听力能力主要分为语音发展（见表 2-1）和听力理解（见表 2-2）两类能力，前者不涉及对输入语料的语义理解。在两个分类下，各层级能力均搭建在前一层能力基础上，依次递进。

一、能力层级定义：语音发展

表 2-1　听力能力层级定义：语音发展

能力类别		适用语言层级						语言任务举例
语音发展	感知	音素	头尾韵	音节	单词	短语	句子	段落	听出音素单位—— What's the beginning sound of the word *apple*?

表 2-1　听力能力层级定义：语音发展　　　续表

能力类别		适用语言层级							语言任务举例
语音发展	辨析	音素	头尾韵	音节	单词	短语	句子	段落	头尾韵辨析——Which word does not rhyme: fish, dish, hook?
	合并	音素	头尾韵	音节	单词	短语	句子	段落	音节合并 ——I will read parts of a word, tell me how the word is pronounced, pa-per.
	拆分	音素	头尾韵	音节	单词	短语	句子	段落	音节拆分 —— Tell me the parts/syllables in the word: football.
	删减	音素	头尾韵	音节	单词	短语	句子	段落	音素删减——Read me the word spark without the beginning sound s.
语音发展	增加	音素	头尾韵	音节	单词	短语	句子	段落	音素增加 —— Read me the word bond and how to read blond.
	替换	音素	头尾韵	音节	单词	短语	句子	段落	音素替换 —— Read me the word clay and play.
	类比	音素	头尾韵	音节	单词	短语	句子	段落	头尾韵类比 —— Give me a word that rhyme with pen.

（一）感知

感知指感知到英语中不同的语言单位，比如在一句英文句

子中能够听出并意识到单词的边界，在一个单词中能够听出并
意识到音节单位。这是最基础的听力能力，适用于音素、头尾
韵、音节、单词等语言层级。

（二）辨析

在感知到语言单位边界的基础上，儿童进一步熟悉英语中
不同的发音模式，并能够**辨析**出相同或不同的音。比如，儿童
能在 fish, dish, hook 这三个单词中听出哪一个单词的尾韵发
音与其他单词不同。在这一层能力中，儿童初步熟悉英语语
言的发音模式和规律，该能力适用于音素、头尾韵等语言单位。

（三）合并

合并能力要求学习者能够将听到的音素或自拼单位合并成
单词，比如将"pa—per"合并为"paper"的发音。

从这一层能力开始，实践中有两点需注意，其一，此能力
开始的语音训练与"说"的能力紧密结合，往往需要学习者自
主输出才能检验相对应的听力能力是否发展到位；其二，音素
单位与自拼单位对单词的划分方式不完全相同，该能力训练不
必要也不建议使用两套单词划分方式，如果学习者很快会接触
到自拼的系统学习，此处建议基于自拼单位展开能力训练。

（四）拆分

拆分能力指的是合并能力的逆向语音操纵，要求学习者能够在一个单词中拆分出其中的音节或音素，比如将"football"拆分为"foot—ball"。拆分能力比合并能力的发展难度更高，但两个能力通常同步发展和训练。

（五）删减

删减能力更考验学习者对语音单位的灵活操纵，要求学习者能够根据要求，在一个单词中删去一个音素或自拼单位，比如学习者能够回答"'spark'删去开头的's'后应该发什么音？"由于英语中存在许多音变现象，从删减能力开始的语音能力会遇到更高一层的难度跨越。以"spark"这一单词为例，学习者需掌握"p"作为爆破音，在"spark"中因跟在"s"后面，所以发对应的浊辅音，而删去"s"后，则还原其原本的发音。

（六）增加

增加能力是删减能力的逆向语音操纵，要求学习者能够根据要求，在一个单词中增加一个音素或自拼单位，比如给出"bond"的发音，要求学习者自主发出"blond"的读音。在实际教学中，增加能力和删减能力也可以同步发展训练。

（七）替换

替换能力建立在删减能力和增加能力的综合运用基础之上，学习者能够在一个单词中替换一个音素或自拼单位，比如自主发出"clay"和"play"这一对单词。达到这一层能力时，学习者已经能非常灵活精确地操纵语音单位。

（八）类比

类比能力的培养是指在替换能力的基础上，同步发展学习者的单词语音储备，要求学习者能够自主举例一组相同头尾韵或具有相同音素的单词，比如列举出与"pen"押韵的其他单词。类比能力是本能力模型中听力语音发展的最高阶能力。

二、能力层级定义：听力理解

表 2-2 听力能力层级定义：听力理解

能力类别		适用语言层级						语言任务举例
听力理解	认识	音素	头尾韵	音节	单词	短语	句子	段落	听到单词后能指出相对应的单词图片
	识别	音素	头尾韵	音节	单词	短语	句子	段落	听到句子后能指出句中认识单词的图片
	听懂	音素	头尾韵	音节	单词	短语	句子	段落	听到句子后能选出对应句子完整意思的图片；能听懂一段描述并指出被描述的物体

表2-2 听力能力层级定义：听力理解 续表

能力类别		适用语言层级							语言任务举例
听力理解	提取	音素	头尾韵	音节	单词	短语	句子	段落	能从一段事件描述中提取时间、地点等细节信息
	归类	音素	头尾韵	音节	单词	短语	句子	段落	能按照指令找出段落中的一类信息
	概括	音素	头尾韵	音节	单词	短语	句子	段落	能概括所听段落的主要内容
	推断	音素	头尾韵	音节	单词	短语	句子	段落	听完对话后能推断出说话者的情绪或意图

（一）认识

在结合语义理解的听力能力发展中，最基础的能力是"**认识**"，即能够将听到的音与其对应的意思相匹配，其最常见的考查方式是听单词音选择对应的单词图片。这一能力适用单词和短语两层语言单位，因为部分固定短语也会作为语义单位出现在学习者较常接触的语料中。

（二）识别

建立在"认识"的基础上，**识别**能力要求学习者能够在句子中识别出特定单词或短语。需注意的是，这一层能力仍然侧重于单词和短语的语义考查，而不要求学习者完整理解句子意思。在学习者听力能力的自然发展过程中，会有较长的阶段需运用识别能力来尝试理解听到的语料。

（三）听懂

从"**听懂**"这一层能力开始，听力理解关注于学习者对句子一层或更高语义单位的综合认知能力。"听懂"仅要求学习者理解所考查语料的字面含义，比如听到句子后能选出对应句子完整意思的图片，或听懂一段描述并指出被描述的物体。

（四）提取

提取能力要求学习者在理解句子或段落字面含义的基础上，有意识地提取一个或几个细节信息，比如在一段对话或事件描述中提取出时间、地点等关键信息。在达到提取能力时，学习者的听力能力不再限于被动的接收理解，而能主动地将所听到的信息为我所用，服务于实际的交流或行为目的。

（五）归类

归类能力则要求学习者能够提取有关联的细节信息并根据要求进行分组，该能力是在提取能力的基础上，能够更进一步理解文本中部分语义之间的关联。

（六）概括

概括能力指学习者能够理解语料的字面含义，理解各部分语义的关联和作用并总结语料主旨，该能力需要搭建在前序较为初阶的听力理解能力之上。在实际教学中需注意的是，简单的句子或段落可能不涉及概括能力的考查，因为这些语料的理解只需"听懂"这层能力即可满足，概括能力的训练通常针对于有一定结构的段落语料。

（七）推断

推断能力指的是在理解语料字面含义之上，判断出特定的引申含义，比如听完对话后推断出说话者的情绪或说话者所在的地点场景等。根据具体考查任务的不同，推断能力所对应的难度可能比以上部分能力的考查难度更简单，但由于推断能力更多地综合了学习者的个体经验和主观判断，所以在此将其作为听力理解能力的最后一层。

三、语言层级定义

如前所述，听力语言能力的进阶阶段由认知层级和语言层级两个维度共同组成，和前文定义了听力能力在语音发展和听力理解两个方面的认知层级，下面将会由低到高定义与听力能力相关的语言层级（见表 2–3）。

表 2-3　听力能力层级定义：语言层级

语言层级	定义	举例
音素	最小语音单位，一个发音动作即形成一个音素	/b/ /a:/ /s/ /k/ /ɪ/ /t/
头尾韵	头韵：一个单词或一个音节的第一个音素 韵脚：一个单词或一个音节的音节核（通常是元音）与音节尾	O-N-C　O-N-C
音节	读音的基本单位，任何单词的读音都可分解为音节朗读 音节由一个元音音素、一个元音音素及一个或几个辅音音素结合构成	bas-ket
单词	能独立运用的最小音义结合体 单词由一个或多个音节构成	basket
短语	具有中心词的语法性质，内部成分在语义和句法上都能搭配，但未形成完整命题的语法单位 短语由单词聚合组成	my basket / look at
句子	构成一个完整命题的最小语法单位，按照语法规则组织，具有完整的意义 句子由单词、短语组成 * 语法中"子句"的概念，在此能力模型中也归于"句子"	Look at my basket.
段落	由多个关于特定主题的句子所组成的语法单元 段落由句子组成 * 语法中"句群"的概念，在此能力模型中也归于"段落"	/

（一）音素

音素是最小的语音单位，一个发音动作即形成一个音素，比如在"basket"这一单词中，有 /b/、/a:/、/s/、/k/、/ɪ/、/t/ 六个音素。音素可分为辅音、元音、双辅音、双元音及元辅音组合，从学习者语音发展的角度出发，不同类型的音素对于学习者的习得难度各有不同，因此在具体教学过程中要考虑所教音素的类型是否适合相应阶段。许多国内第二语言习得的课程中不会具体地按音素分类教学，但会指导儿童使用自然拼读的方式，即"按照字母或字母组合所对应的发音"来学习，在这些课程中，可以用自然拼读单位代替音素单位以应用此能力模型。

（二）头尾韵

头尾韵包括头韵和韵脚，"头韵"指一个单词或一个音节的第一个音素，"韵脚"指一个单词或一个音节的音节核（通常是元音）与音节尾。仍以"basket"为例，这一单词的头韵是 /b/，韵脚是 /ɪt/；对于其中的一个音节"bas"来说，它的头韵仍然是 /b/，而韵脚是 /a:s/。

由于头尾韵在每个单词的开头和结尾，这两个位置是学习者在听音时较为敏感、更加留意的部分，因此妥善运用头尾韵练习可以很好地帮助学习者增强听音的感知和准确性。

（三）音节

音节是读音的基本单位，任何单词的读音都可被分解为音节来朗读。音节通常由一个元音音素或者一个元音音素及一个或几个辅音音素的结构组成。仍以单词"basket"举例，这一单词中有"bas"和"ket"两个音节。

对母语是汉语的英语学习者而言，音节感知有其实际意义。音节会影响语言的节奏、韵律、轻重音模式等，汉语和英语在音节上有很大不同，比如汉语字均为单音节，而英语有多音节词，这些单词的节奏和轻重音对国内学习者是全新的概念；而排在英语单词中音节尾的韵脚，比如"basket"中的 /s/，也是国内初学者在发音学习时较容易遗漏的部分，因此良好的感知音节能力有利于学习者习得更准确的发音。

（四）单词

单词是能够独立运用的最小音义结合体，单词由一个或多个音节构成。从语法角度来说，单词比语素大，单词中可能包含一个语素，比如 sock、mad、work 等，但也可能包含多个语素，比如 socks、madness、worked 等，其中 –s、–ness、–ed 等语素都无法单独使用，而单词则是能够区分意义的最小单位。单词是听力理解能力类型中存在的最小语言单位，如果不理解大多数单词的含义，学习者就无法理解自己所听到的语料内容。

（五）短语

短语具有中心词的语法性质，其内部成分在语义和句法上都能搭配，但它仍是一个未形成完整命题的语法单位，即说话者无法仅依赖短语表达包含事件人物、行为或状态的完整意思。通常，短语由单词聚合而成。以"my basket"为例，这两个单词在语义和句法上都能够搭配在一起，但两个词还没有构成一个完整的命题。

短语可以分为固定短语和自由短语，固定短语有通用的用法或含义，拆分后，单词的含义或在句子中的用法有可能改变；而自由短语则可以由单词随机组成，只要其组合方式符合语义和句法规则。上述的"my basket"就是一个自由短语的例子，"my"和"basket"拆分后，每个单词自身的含义与其在短语中的含义相同，未发生改变。而"look at"则是一个固定短语，这两个单词组合在一起有固定的含义，拆分后无法表达组合在一起的含义，因此通常以组合形式在句子中出现。

早期学习者听力能力的培养与提高需特别注意区分固定短语和自由短语之间的差别。由于固定短语常以组合形式出现，且部分固定短语在实际语用中会出现连读现象，许多初学者可能会把固定短语听作一个单词或者只听清其中一个单词，这将影响对句子含义的理解。在单词量和读写基础较薄弱的阶段，这种误认可能较难纠正，需要通过反复练习来掌握，但随着语言能力的逐步提升，学习者便能准确认知和识别句子中的固定短语。

（六）句子

句子是构成一个完整命题的最小语法单位，句子按照语法规则组成，具有完整的意义。句子通常由单词、短语组成。

在本听力能力模型中，句子主要按照结构难易程度分为简单句、并列句、复合句三种，在实际教学场景中会有所区别，比如简单句在结构上最基础，只有单一主谓结构，可以作为学习者最早接触的句子语料类型；并列句有多个主谓结构，由并列连词连接；而复合句同样有多个主谓结构，以从句作为句子的成分，学习难度最大，具体教学的注意点将在第五点中详细呈现。

（七）段落

段落由句子组成，段落是由多个关于特定主题的句子所组成的语法单元。由于早期学习者的整体语言能力和短时记忆能力都相对有限，所以在本阶段针对听力能力教学和训练的段落暂时限于 5 个句子以内。

段落中多个句子表达同一个主题，学习者需要理解每个句子的含义，并且关注上下句之间的结构和逻辑关系，从而理解段落的整体含义，对段落的听力理解也会涉及更高阶的理解策略，比如提取和归类信息、概括语料内容、推断说话者意图等，学习者在段落一级的语言层级会有较长的发展路径。

在第一章的开发理念中提到，本能力模型融合了语言生理发展阶段和语言能力进阶，将初始的语言生理发展作为能力进阶的前序。在能力进阶过程中，学龄前或系统学习英语之前（个体开始学习英语的时间可能早于或晚于学龄）的语言生理发展阶段将以年龄作为参考刻度，系统学习英语之后的语言能力进阶则以针对青少年和儿童的全球英语水平测试标准的阶段作为参考刻度（见表2-4）。

这一参考刻度的选取有以下几点考量：首先，学习者到达学龄后，初始的语言生理基础已基本发展完备，此后能力的进阶将不再以生理发展为主导，而更多受语言输入、教学和练习所影响，所以客观的时间刻度难以适用于个体，而选择一个公认的语言标准作为参考尺度，个体可依据主流的语言进阶规律定位自己所处的位置，理解成本相对较小、以此定位也相对客观与科学；其次，全球英语水平测试标准是基于欧洲共同语言参考标准调整开发的英语语言标准，适用于全球青少年学习者，因此这一刻度既融合了全球权威公认标准，也符合本能力模型的开发环境，即针对母语非英语的青少年和儿童。

（一）语音发展能力进阶

语音发展能力的进阶顺序为：感知头尾韵、感知音节、感知单词、辨析头尾韵、感知音素、辨析音素、合并拆分音素、替换音素、类比头尾韵。其中包含自然拼读教学的课程体系在使用本模型时，可以将"音素"部分替换为"自然拼读单位"。

感知头尾韵是儿童最早发展出的语言能力，幼儿在2—4个月时就能听出部分辅音和元音的区别，且对处于开头和结尾的音更为敏感，此后这一能力持续发展。在培养这一能力的初始阶段只需不断提供输入材料，让儿童逐渐熟悉英语中多种不同的头尾音；在实际教学音素或自然拼读知识后，可以针对这一能力开始教学和考查，比如引导儿童感知出一个单词第一个音节的音节头、一首儿歌所押的韵脚等。该能力的完全掌握标志是学习者能够完全感知所有常见的头尾韵，此能力模型将此划定为 GSE A1 阶段的结尾。

感知音节能力即幼儿开始感受到一个音节的边界的能力。这一能力的发展稍晚于感知头尾韵。由于英语中有单音节、双音节和多音节词，能够准确感知音节需要经过一段时间持续发展。通常，在儿童开始具备这一能力后，至系统学习英语的第二年初才能完全掌握这一能力，具体情况会随具体教学情况而变。音节与头尾韵、音素等语言层级不同，感知音节能力仅需感知到音节的数量，不需认识特定的音，因此该能力的发展较少作为教学重点，教学者可结合一些游戏和日常训练帮助幼儿准确感知音节。

四、听力能力进阶

表 2-4 听力能力进阶表

能力类别		0岁												1岁	2岁	3岁-系统学习*	Pre A1				
		1	2	3	4	5	6	7	8	9	10	11	12				10	11	12	13	14
语音发展	感知头尾韵		■	■	■	■	■	■	■	■	■	■	■	■	■	■	■	■	■		
	感知音节		■	■	■	■	■	■	■	■	■	■	■	■	■	■	■	■			
	感知单词			■	■	■	■	■	■	■	■	■	■	■	■	■	■	■			
	辨析头尾韵																■	■	■	■	■	■
	感知音素																■	■	■	■	■	■
	辨析音素																■	■	■	■	■	■
	合并拆分音素																					
	替换音素																					
	类比头尾韵																					
听力理解	认识单词										■	■	■	■	■	■	■	■			
	识别单词												■	■	■	■	■	■	■		
	认识短语														■	■	■	■	■		
	识别短语															■	■	■	■	■	
	听懂句子																■	■	■		
	听懂段落																				
	提取句子信息																				
	提取段落信息																				
	归类段落信息																				
	推断单词含义																				
	推断句子含义																				
	概括段落含义																				
	推断段落含义																				

感知单词的能力约在幼儿 6—8 个月时出现，此时幼儿能够从语句中分辨出部分完整单词，这一能力无需教学，有足够的英语输入后就能具备。母语为英语的幼儿在约 9 个月时便具备拆分单词的能力，相较而言，非母语学习者由于英语输入量相对较少，形成完整能力所需的时间会更长一些，此能力模型将能力发展的结束点划定为学习英语的第一年底，或从有英文输入起、至系统学习之前。

辨析头尾韵的能力应在有一定英语发音积累后开始培养和发展，学习者需分辨出一组单词中相同或不同的头韵和韵脚，本能力模型将该能力的起点划定为 GSE Pre A1 阶段的开始，在开始阶段侧重输入，让学习者感知不同头尾韵的对比但不进行考查；在输入达到一定量后，可以针对这一能力进行考查，能力结束点划定为全球英语水平测评标准 A1 阶段结尾。

感知音素能力的起点稍晚于辨析头尾韵的起点。音素是最小的发音单位，感知到一个音素便是能准确辨析出这一个音，对英语发音的积累量和感知准确度都有一定要求。由于英语中音素很多，仅依赖发音学习会比较抽象、不利于记忆，且在这个阶段学习者通常已经具备了字母知识，所以很多课程中音素相关的学习会融入自然拼读学习中，能力的起始点则可与自然拼读的学习进度对齐。本能力模型将其起止点对标全球英语水平测评标准的 Pre A1 阶段至 A1 阶段结尾。

　　辨析音素能力基本与感知音素能力并行。拥有这一能力，学习者便能够听出一组单词中相同或不同的音素，这是对感知音素能力更进一步、更准确的能力要求。

　　合并拆分音素和**替换音素**能力在前两项音素能力发展约一年后开始培养，如果学习频率较高，可以更早开始培养，结束点与自然拼读的学习安排对齐。这两项能力在实际教学和训练中可以并行，但替换音素的能力要求比合并拆分音素的能力要求稍高一些，在教学中可以将后者作为前者的铺垫，以"clay"和"play"为例，如果学习者无法直接将"clay"的读音替换成"play"，则可拆分成两步来引导：第一步拆分音素，从"clay"中将 /k/ 与 /leɪ/ 拆分开；第二步合并音素，将 /p/ 与 /leɪ/ 合并在一起。当学习者能够熟练掌握替换音素能力时，自然也掌握其前序能力，即合并拆分音素的能力。

　　类比头尾韵是语音发展能力中最高阶的可考查能力，它建立在前述能力的基础上，并要求学习者有一定的单词储备量，考查任务诸如"列举与'bond'押韵的其他单词"、"列举出与'spark'开头读音相同的单词"等。这项能力在合并拆分和替换音素能力发展约半年后的时间开始培养，结束点同样随自然拼读的学习进度调整，本能力模型起止点对标 GSE 的 Pre-A1 末尾至 A1 阶段结尾。

（二）听力理解能力进阶

听力理解能力的进阶顺序为：认识单词、识别单词、认识短语、识别短语、听懂句子、听懂段落、提取句子信息、提取段落信息、归类段落信息、推断单词含义、推断句子含义、概括段落含义、推断段落含义。随着语料日趋复杂，听力理解能力需不断精进，所以本能力模型仅划定能力发展的起始点而不规定结束点；但在不同的学习阶段，不同能力的掌握侧重会有所不同，这一点会在下一节中详细阐述。

认识单词的能力在幼儿约 11 个月时出现，母语为英语的幼儿在这一阶段约能辨认出五十多个单词的发音，而母语非英语的儿童由于输入环境不同，在掌握单词量方面无法比较，但辨认单词音这一能力的生理基础已经形成。

识别单词能力指学习者能够从语料中听出认识的单词，并将单词的音和义匹配对应，在这一过程中，不要求学习者完全理解整句或整段语料。这一能力的起点对标 GSE Pre A1 的起点，即从系统学习英语之初可开始培养。

认识短语与**识别短语**两项能力的关系类同认识单词与识别单词两个能力的关系，但语言层级从单词升至短语，两项能力的起点对标 GSE Pre A1 的前段，认识短语能力的产生稍晚于识别单词，识别短语的能力则稍晚于认识短语。

听懂句子的能力要求学习者能认识并识别句子中大部分的

单词短语，进而能理解句子的大致含义，因此这一能力需建立在前序几个能力之上，并与前序能力平行同步发展，该能力的起始点对标 GSE Pre A1 的前中段。需注意的是，从单词、短语到句子，这一跨度看似不大，在 GSE 的标准刻度上也相差不远，但听懂句子这一能力需要较多的单词短语储备和积累，无法一蹴而就。

听懂段落的能力相比前一项能力，在语言层级上更进一步，要求学习者能理解所听段落的大致含义，起始点对标 GSE Pre A1 的后段。听懂段落这一能力的发展建立在听懂句子的基础上，需要在听懂句子的能力有一定的积累并逐渐精通后才可发展。

提取句子信息的能力要求学习者能够理解句子语料的含义，有意识地从中提取一个或几个细节信息。这一能力不仅搭建在前序能力基础上，还需一定的沟通能力，即能够理解指令目的或有信息提取需求，这一能力的起始点对标 GSE A1 的后段。

提取段落信息和**归类段落信息**两项能力在 GSE 标准中并行出现，虽然提取和归类所对应的考查任务有所不同，但在语言能力上的难点都表现为理解段落内容和段落结构。通常，在听力语言任务中段落长度不会太长，这两项任务的难度差异不会过大，因此能力起点都对标 GSE A1 的后段。

推断单词含义这一能力要求学习者能够根据所听语料中可理解的信息推断出未学单词的意思，需要学习者有一定的单词积累和联系上下文的能力，可能运用到前序能力中的多项能力，比如识别已学单词、听懂语料整体含义、理解语料结构的能力等。该能力的起始点对标 GSE A2 阶段起点。

推断句子含义的能力要求学习者能够理解所听句子的字面含义，并能够根据已知信息主观判断出引申含义，例如说话者的情绪、对话场合、说话者的言外之意等。该能力需学习者能迅速理解字面含义，并结合现实经验作出判断，能力的起始点也对标 GSE A2 阶段的前段。

概括段落含义和推断段落含义两项能力是最高阶的听力理解能力，都需学习者能迅速理解段落字面含义、判断段落的结构和各部分的作用。这两项能力的起始点对标 GSE A2+ 阶段。

五、听力能力模型的应用

在实践应用中，本节以斑马英语为例，简述该听力能力模型的应用建议，并在不同的学习阶段给出不同语料和语境的选取建议。

斑马英语有五个学习阶段，每个阶段持续一年，整体侧重以动画、绘本、儿歌、趣味互动等多模态形式进行语言输入，促进学习者的语言习得和能力的培养，而非依托硬性教学和记忆。

第一阶段的学习会培养儿童感知头尾韵、感知音节、感知单词、认识单词四项能力。感知头尾韵这一项能力所使用的单词主要为此阶段重点输入的单词，不需扩充到未学的单词；输入形式可以依托于儿歌，在播放儿歌的同时显示歌词，并高亮每句押韵的单词，作为语音输入的辅助，从视觉角度提示学习者感知发音的相似处，但不要求学习者掌握。感知音节的能力可以从简单的单音节和双音节词对比开始输入，让学习者观察发音口型或以动画形式帮助区分单音节与双音节。培养感知单词的能力可以侧重选择含有双音节或三音节词的简单句作为语料，方便学习者感知其与中文的区别——中文单字均为单音节，以引导学习者熟悉英文的节奏韵律和句子中单词的边界。认识单词这一能力可以侧重依托于输入单音节或双音节词，音节结构以 CV（辅音 + 元音）、CVC（辅音 + 元音 + 辅音）为主，这些结构的单词更易习得。在语境主题的选择上，建议尽量避免涉及抽象概念的主题，而是选取最贴近日常的生活主题，如果学习者年龄较小，还需考虑学习者是否能理解情绪指代、关系指代、时间概念及物体相对概念等。

在第二阶段，感知头尾韵、感知音节和认识单词的能力持续发展，涉及单词的音节数可以扩展至双音节或三音节词。这一阶段新增的能力包含辨析头尾韵、识别单词、认识和识别短语的能力。辨析头尾韵能力的培养仍然可以依托于儿歌形式，并配合加入一些趣味互动，比如引导学习者将相同尾韵的词归类或找出尾韵发音不同的词。对识别单词这一能力的考查可以在形式上进行轻微调整。例如，想要考查学习者是否认识一个单词，可以让学习者听单词音选出对应的单词图，而考查其是否能识别出一个单词，则可以让学习者听包含这一单词的句子，选出对应的单词图。认识和识别短语的能力培养在这一阶段侧重依托于固定短语。相比自由短语，固定短语的含义通常更加具体，学习者也更易掌握，教学和考查方式也可类比单词教学。此阶段的语境选择仍建议以日常场景为主，对年龄较小的学习者，还需考虑其对具体时间表述的理解程度，如必须涉及时间，则尽量基于具体的事件或场景。

　　第三阶段中，感知头尾韵、辨析头尾韵、认识与识别单词、认识与识别短语的能力持续发展，涉及单词的音节数可以扩充至多音节词，短语建议仍以固定短语为主，可以增加培养头尾韵能力的相关练习，比如在熟悉的儿歌中让学习者自主唱出押韵的部分。这一级别新增的能力为听懂句子和听懂段落，在这一发展阶段，教学过程中句子尽量选择简单句，每句长度保持在 5—6 个词或更少，在常见的陈述句外也需包含部分常用的提问句；段落主要采用对话的形式，长度保持在 1—2 个话轮，学习者最初接触到这种形式时可能会觉得有些困难，可以将此考查练习作为二次输入，不强求学习者必须掌握。

第四阶段仍以延续发展能力为重点，此阶段内感知和辨析头尾韵、认识和识别单词、认识和识别短语、听懂句子和段落的能力持续发展。对于单词的选择限制较少，在培养识别短语这一能力时也可使用自由短语。此阶段期望掌握的句子可包括并列句和少数的复合句，但句子的长度应保持在13个词以内；段落则建议尽量选择多样化语料，如对话、解释性话语、指示性话语、叙事性话语等，长度应尽量限制在2—4个简单句内。此阶段新增的一项能力是提取句子信息的能力，可以结合动画或绘本，引导学习者用一句话回顾某一段情节，并请学习者从句中提取细节信息。学习者在观看动画或阅读绘本时已对情节有所印象，这种形式能够帮助他们较好地适应并完成新的语言任务。新增能力的培养可以尽量基于学习者已经熟悉的语境主题，并尽量限制在描述当时当下场景的语境中。

在第五阶段，认识和识别单词、认识和识别短语、提取句子信息的能力持续发展，其中培养提取句子信息这一能力时使用的句型可以包含并列句和复合句，在这一阶段对单词和短语的选择不做限制。此阶段新增能力包括提取段落信息、归类段落信息、推断句子含义以及推断句子含义的能力。提取和归类段落信息的能力培养建议尽量基于多样化语料类型，比如对话、解释性话语以及指示性话语。叙事性话语在培养这两类能力中的实用性相对较低，可以降低使用的比例。推断单词和句子含义这两项能力对于学习者可能有一定难度，提高推断单词含义的能力可以通过熟悉同义词、熟悉单词网络的形式进行培养；推断句子含义能力的培养则建议尽量基于学习者已熟悉的场景和语境，不硬性要求掌握这两项能力。

　　五个阶段尚未涉及听力能力中最高阶的两项能力，即概括段落含义和推断段落含义的能力，这两项能力不仅要求学习者熟练掌握前序能力，对其短时记忆能力的挑战也较大，在未来教学中，可以先在阅读中培养相关的认知能力，而后迁移至听力能力的培养中。

　　整体而言，五个阶段均有各自侧重培养的能力，每个阶段新增的能力重在输入与教学，而延续发展的能力则重在提升学习者的熟练度和精通程度。在斑马英语的教学体系中，能力培养进程对教学质量与输入量有较高的要求，不同课程可根据个体课时安排、学习者语言能力情况作调整，不需追求过多或过快的能力培养。听力能力提升重在输入积累，当每一能力阶段都能为学习者提供充足的语料输入和教学支持时，才能更好地帮助学习者稳步进阶。

第二节 口语

口语能力与听力能力相对应，属于英语语言发展中的语言表达能力，听力是口语能力发展的前提，口语能力与听力能力同步发展。通常情况下，婴幼儿基本都会在一岁内经历从无意识发声、模仿到有意识地咿呀学语的转化。在二岁初，多数幼儿能够发出完整单词的读音，而后会经历较长时间的音素习得过程。在此阶段中，幼儿的早期语言表达通常只包含一个单词，发音简单且含义具体，会出现高频重复的发音或音素序列，这属于正常现象。部分较难的辅音或音素组合可能需要较长时间才能习得，比如幼儿通常会将词首的塞音浊化、用齿龈位置发软腭音等，这些需要较长时间的习得才能发音准确。母语为英语的儿童基本在三岁时便具备准确发出所有音素的生理基础，但发音并不稳定，对不同音素的准确习得会一直延续到小学阶段，而对于英语输入量较少的英语非母语学习者来说，这个进程可能会更长。

在语言能力中，口语与听力的能力发展紧密结合，许多实证研究均证明，口语能力的培养需基于大量的语言输入。在同一阶段，学习者能够达到的语言输出量受限于且远小于其能够理解的语言输入量。达到一定的语言输入积累后，学习者的口语能力发展会经历模仿调整、准确习得、被动应用、自主组织运用的阶段性变化，发音与语句使用逐渐符合英语语言规范，并能熟练运用语言知识满足对话需求或表达自己的想法。

本节将定义口语能力发展的各层级，并提供相应的语言任务例子及解释。口语能力主要分为语音输出（见表 2-5）和口语表达（见表 2-6）两类能力，前者侧重口语输出的准确性和积累量，后者侧重口语运用和语篇组织。在这两个分类下，各层级能力均搭建在前一层能力基础上，依次递进。

一、能力层级定义：语音输出

表 2-5　口语能力层级定义：语音输出

能力类别		适用语言层级							语言任务举例
		字母	音节	单词	短语	简单句	并列句（群）	递进句（群）	语篇	
语音输出	发音 Pronounce	字母	音节	单词	短语	简单句	并列句（群）	递进句（群）	语篇	发出 26 个字母音
	跟读 Repeat	字母	音节	单词	短语	简单句	并列句（群）	递进句（群）	语篇	听到单词，能跟读出来
	识读 Name	字母	音节	单词	短语	简单句	并列句（群）	递进句（群）	语篇	看到图片能说出对应的单词

（一）发音

最初始的口语输出能力为**"发音"**，指能够发出特定的语音，比如元音、字母音或模仿发出音节和单词的音，这一层能力不涉及语义，仅限于学习者对语音的模仿学习。这一能力的学习难点在于发音的准确性，对于早期学习者而言，该能力的发展表现为随生理发展而逐渐完备。这一能力适用于字母、音节、单词三个语言层级。

（二）跟读

跟读指能完整重复所听到的语音输入内容，但对于内容的理解没有硬性要求。比如学习者听到"crocodile"这一词时，能够跟读出来，即便不理解"crocodile"的意思是"鳄鱼"，也客观地达到了"跟读"这一能力的基本要求；反观之，当学习者理解"crocodile"的意思时，跟读这个单词也有可能会遇到困难。从这个例子中可以看出，"跟读"考查的是学习者熟练输出不同语音组合的能力。这一能力培养的过程也是口语表达熟练度和精准性的基础训练过程。此能力适用于单词、短语、简单句三个语言层级，而在跟读更长的语料时，学习者更大的挑战可能来自记忆难度，因此考查会有所偏差，不宜照搬。

（三）识读

识读能力要求学习者能完整说出图片或实物对应的单词，比如看到一个苹果，可以说"apple"，或看到一张女孩的图片可以说出"girl"。前序的口语能力不要求学习者完全理解所说的语料含义，更侧重学习者在学习发音时的完整性和准确性，而从这一层能力开始，学习者不仅需达到发音准确的要求，还需要结合词义，通过语言表达出相对应的内容。

二、能力层级定义：口语表达

（一）应答

应答能力指学习者能够正确使用语言回应针对某一特定信息的提问，比如能正确用日期短语说出年、月、日；能正确使用数字回答物体的数量；能正确使用情绪词回答他人的询问等。应答能力是口语表达能力中最初阶的能力，学习者要将所学的单词、短语、简单句等放置在语境中使用，但此时仅是回应提问，属于被动使用，还未达到主动运用语言知识进行口语表述的程度。

表2-6 口语能力层级定义：口语表达

能力类别		适用语言层级							语言任务举例
口语表达	应答 Respond	字母	音节	单词	短语	简单句	并列句（群）	递进句（群）	语篇	能正确使用表示年、月、日的短语 能正确使用 1—20 的数字单词 能正确表述时间（精确到小时数）短语 / 简单句
	描述 Describe	字母	音节	单词	短语	简单句	并列句（群）	递进句（群）	语篇	能用简单句 / 并列句群描述事件的时间、地点等 能用短语 / 简单句描述这个玩具
	问询 Inquire	字母	音节	单词	短语	简单句	并列句（群）	递进句（群）	语篇	能用短语问询物体的颜色 / 位置 能用一句简单句问询商品的价格
	说明 Explain	字母	音节	单词	短语	简单句	并列句（群）	递进句（群）	语篇	能用一句简单句阐明自己的需求 能教给同学完成某事的简单指令
	概述 Rephrase	字母	音节	单词	短语	简单句	并列句（群）	递进句（群）	语篇	能给同学转述他人说话内容的大意
	叙述 Narrate	字母	音节	单词	短语	简单句	并列句（群）	递进句（群）	语篇	能简单叙述自己过去一天的行程 能叙述一下自己参加某活动的过程
	论述 Discuss	字母	音节	单词	短语	简单句	并列句（群）	递进句（群）	语篇	能用简单转折对话题进行对比 能对故事中的角色给出自己的评价并说出原因

（二）描述

描述能力要求学习者能够围绕一个话题,正确地使用短语、简单句或并列句陈述关于一起事件或一项物品的信息。比如,能用简单句子描述一堂课的时间、聚会的地点或用一些并列单词描述一个玩具等。描述能力体现出学习者主动运用语言知识组织口语内容的能力,但涉及的内容结构相对简单、不常出现时态变化,且目的性较弱。

（三）问询

问询能力则要求学习者能围绕一个话题,正确地使用短语或简单句进行提问,以获得自己需要的信息。例如,主动询问一个物体所在的位置、询问商品的价格等。但由于在使用这一能力时,语言的使用需具有较强的沟通性和目的性,对于话语的可理解性要求也更高,加之问询所涉及的语句结构比较特殊,与英文陈述语句和汉语惯用的语句顺序都不同,学习者使用起来可能有一定难度。

（四）说明

说明能力指的是围绕某一话题,能够正确地向他人输出一条或一组信息,内容可能指导或影响对话者的行为或回应。常见的语言任务包括使用一句话阐明自己当下的需求、教同伴分步完成某项课堂任务等。这一项能力相较于前序的口语表达能力，在话语的可理解性上要求更高，即说出的内容是他人可以参照、可以执行的，并且在语句长度上也会相对更长。

（五）概述

概述能力指的是要求学习者能够正确地概括输入语料的大致含义，并以此实现信息的转达。例如，给同学转述老师布置的课堂任务、向家人转述刚听到的童话故事等。概述能力更进一步地要求学习者在口语表述时运用自己对内容的理解和分析能力，适用的语言层级也更高，包括并列句、递进句及语篇等。

（六）叙述

叙述能力指的是学习者能围绕某一话题,正确陈述有过程、有先后顺序等内在关联的一组信息，内容可能涉及时态变化。常见的叙述能力语言任务包括简单叙述自己过去一天的行程、叙述自己参加一场比赛的经历等。叙述能力可能会与描述能力相混淆，描述能力对话语结构的要求更低，基本不出现时序、时态变化等复杂语用情况，而叙述能力则需要学习者能较有条理地组织话语，且更频繁地使用复杂语言。

（七）论述

论述是最高阶的口语表达能力，指围绕某一话题，能正确地阐明说话意图、观点并解释原因。比如，能够有逻辑地说明两个事件的因果关系，能对故事中的角色给出自己的评价并说出原因，能向他人解释环境保护的重要性等。论述能力在认知要求上高于前序能力，学习者需先具备综合分析、评价、阐释说理的能力。在语言使用方面，论述能力要求能运用更为抽象的词汇，语篇长度也更长且内容组织也更严谨。

三、语言层级定义

英语语言中有常见的语言层级划分，比如音素、音节、单词、句子等，这些常见语言层级可在听、说、读、写等能力中通用，但不同的能力有各自不同的教学侧重点，所以本能力模型针对不同能力的语言层级会有一定调整，以更全面地满足特定能力的培养需求，本节将以从低到高的顺序描述口语能力所对应的语言层级（见表 2–7）。

表2-7 口语能力层级定义：语言层级

语言层级	定义	举例
字母	26个字母音	a -/eɪ/ b -/b/ c -/s/、/k/
音节	读音的基本单位，任何单词的读音都可分解为音节朗读 音节由一个元音音素，一个元音音素又一个或几个辅音音素结合构成 口语中特指语音单位上小于单词的，不同于字母单词的，可以被独立口头说出的语音	语言音，合语调语音音
单词	能独立运用的最小音义结合体 单词由一个或多个音节构成	basket
短语	具有中心词的语法性质，内部成分在语义和句法上都能搭配，但未形成完整命题的单位。（在本口语能力模型中，单词以上、简单句以下的文本层级均为短语） 短语由单词聚合构成	my basket / look at / Look basket
简单句	构成一个完整命题的最小语法单位，且按照语法规则只含有一个主谓结构或主系表结构 句子由单词、短语组成	Look at my basket.
并列句（群）	包含1~3个并列句（2个以上的简单句用连词连接），并列句中的各句意义同等重要，相互之间无逻辑递进关系，顺序可以变动	She is looking at my basket, and I am playing games.
递进句（群）	内容有逻辑联系的1~3个句子，通常各句句间顺序固定，后一句比前一句在逻辑上更进一层，不能随意变动	First, I brush my teeth. Then, I wash my face.
语篇	通篇围绕一个话题的一系列完整句（3句以上，包含各类句子类型）	—

（一）字母

口语能力中的**字母**这一语言层级指 26 个字母所对应的字母音，如"a"对应 /eɪ/，"b"对应 /b/，"c"对应 /s/、/k/ 等。

（二）音节

音节的定义与听力能力中相同，音节由一个元音音素、一个元音音素及一个或几个辅音音素结合构成。在口语中这一语言层级仅对应"发音"这一层能力，且不侧重教学。

（三）单词

单词的定义与听力能力中相同，是能独立运用的最小音义结合体。在语音输出能力中，影响单词习得难度的因素主要为单词的音节数、结构及其含有的特定音素。在口语表达能力中则还包含单词词义类型，比如描述物体特征——颜色、形状等词，比指代抽象概念——时间、情绪等词更易于掌握和运用。

（四）短语

在口语中，**短语**的定义相比听力能力中的定义有所扩充，单词以上、简单句以下的语料均被归为短语，除了听力能力中区分的固定短语和自由短语外，未满足语法的简单句也包含在内，比如当学习者想问汽车玩具在哪儿时，可能因语言运用不熟练而说出"car where",虽然不符合语法规范,但相比无法开口的状态已经前进一大步,对于部分学习者而言这甚至是必经的一步。为将这类已有口语组织意图、但尚未完全符合规范的语用纳入考虑,本能力模型的口语能力中扩充了"短语"这一语言层级的定义范围。

(五)简单句

简单句的定义与听力能力中相同,是构成一个完整命题的最小语法单位,为区分于后序语言层级,口语能力中对简单句有更细化的定义,即从语法角度,简单句只含一个主谓结构或主系表结构。

(六)并列句(群)

相比于听力能力,口语能力对简单句以上的语言层级划分更细致,在听力能力培养过程中,学习者主要锻炼获取信息的能力,所用的语料不会太长,不同结构的语料在难度区分上也不会过大,但在口语能力发展时,学习者作为信息输出方,不同的话语组织方式难度差异相对较大,输出语言的长度也在不断进阶,无论从教学设计角度还是从学习者的需求角度都需要更细致的语言层级划分。

并列句由 2 个及以上简单句通过连词连接组成,**并列句群**

则包含 1—3 个并列句，并列句中每一句的意义同等重要，相互之间没有逻辑递进关系，各句的顺序可以进行前后调整。比如 "She is looking at my basket, and I am playing games." 便是一个并列句的例子，前后两个简单句的含义没有递进关系，可以调换顺序。

（七）递进句（群）

递进句（群）指的是内容有逻辑联系的 1—3 个句子，通常每个句子之间的顺序固定，后一句比前一句在逻辑上更进一步，不能随意变动顺序。举一个简单的例子："First, I brush my teeth. Then, I wash my face." 简单叙述早晨刷牙洗脸的步骤，但这两个句子之间有时序关系，不能随意调换位置，如要调换位置，则连接词也需要相应调整。相较于并列句，递进句的表述难度在于，学习者需要对所说的内容有预先组织，规划好句子的顺序，并用合适的方式呈现句子间的逻辑，这对于口语表达的熟练度和相关语言知识的积累量都有更高的要求。

（八）语篇

语篇指的是通篇围绕一个话题展开的一系列完整句，通常在 3 句以上，可以包含各类句子类型，比如上述定义的简单句、并列句或递进句。语篇的组织和规划相较于递进句更为复杂，学习者需综合运用口语能力，当学习者能够使用语篇完成语言任务时，其口语表达能力已达到一定的精通程度。

四、口语能力进阶

在听力能力进阶中，针对各能力起始时间的参照刻度已有详细介绍，即学龄前或系统学习英语之前的语言生理发展阶段以年龄作为参考刻度，而系统学习英语之后的语言能力进阶以 GSE 的阶段作为参考刻度，口语能力的参照系与听力相同，本节将依序介绍口语能力中各层能力的发展顺序和时间（见表2–8）。

（一）语音输出能力进阶

语音输出能力的进阶顺序为：发出音节音、发出单词音、认识字母、跟读单词、识读单词、跟读短语、跟读简单句。其中发出音节音、发出单词音、认识字母是口语能力的基石，需先具备此三项能力才有可能出现后序的口语发展，前两项能力通常不需要教学，为学习者在早期生理发展过程中自然形成，认识字母及其对应发音的能力则需要进行教学才能发展。这三项基础能力有发展完备的结点，而后序能力则需在口语能力发展过程中不断精进。

表 2-8　口语能力进阶表

能力类别	能力条目	0岁												1岁	2岁	3岁 系统学习*	Pre A1				
		1	2	3	4	5	6	7	8	9	10	11	12				10	11	12	13	14
语音输出	发出音节音																				
	发出单词音																				
	认识字母																				
	跟读单词																				
	识读单词																				
	跟读短语																				
	跟读简单句																				
口语表达	用单词应答																				
	用短语应答																				
	用短语描述																				
	用短语问询																				
	用简单句应答																				
	用简单句问询																				
	用简单句描述																				
	用简单句说明																				
	用并列句描述																				
	用并列句说明																				

发出音节音能力中涉及的音节又可根据音节特点分为重复性音节、非重复性音节，及含语调重音的音节，发重复性音节的能力主要出现在幼儿 3—9 个月龄期间，幼儿能够发出较常听到的、相对简单的音节，但重复性较高，此时幼儿重复性地咿呀学语主要为无意识地模仿，是发出语言音的初始尝试。非重复性音节常出现在幼儿 6—12 个月龄阶段，幼儿开始能够将部分辅音和元音结合，发出接近于成人语言的音节，并且能够发出的音也逐渐增多；在 10—12 个月龄期间，幼儿的发音开始带有重音和语调，这表明幼儿对语言韵律的感知得到进一步提升，初步感知和尝试的生理基础基本形成。咿呀学语的阶段在以不同语言为母语的幼儿中均有出现，且出现时间大抵一致，正常发展的学习者都应有这样的发音生理基础。值得注意的是，不同语言所含有的音素不同，比如汉语中没有 /dʒ/ 这个音，即便说汉语的学习者具有成熟的发音生理基础，在这个音的习得上仍会遇到难度。也就是说，外语学习者对于母语中未接触过的发音会更加陌生，需要额外关注。

发出单词音的能力通常在 10—15 个月龄间出现，幼儿能说出第一个单词，对于母语儿童来说，此后每个月能增加 8—11 个新掌握的单词，能够发出的单词音持续呈指数增长，在 5 岁左右约能认识并读出 4000—5000 个词。虽然作为英语学习者，在认识单词的数量上无法与母语儿童相比较，但这一能力的起始点大致可以相类比，并在系统学习英语之前能够具备完整的发音生理基础。

认识字母及其发音的能力通常与认识字母名、认识字母形共同教学，后两者会在阅读能力中再次提及。与认识字母相关的两项前序能力为语音记忆和自动快速命名能力（rapid automatic naming），巴德利等人提出，如果把一个字母的名称和发音比作一个新的单词，而新单词在语音记忆中的临时表征的质量对于长期记忆中一个词的稳定语音表征的形成至关重要，那么就可以假设语音记忆会影响对字母名称和字母发音的习得质量，是字母和词汇习得的一项前序能力[9]。儿童的语音记忆容量在生命的最初几年发展迅速，并且随年龄变化。[10]有研究表明，语音记忆具体在前6—12个月内开始发展，而后语音记忆容量不断提升。另一种已知与字母习得相关的前序认知能力是快速自动命名能力（RAN），指命名一系列符号的速度，如对字母和数字的快速命名能力。RAN能力部分反映了学习任意对应关系的能力。[11]RAN能力的发展则主要受个体年龄发展影响，随时间推移而发展相对稳定，且受干预的影响很小。[12]由此可知，在幼儿一岁时已具备认识字母发音的初始前序能力，最早可以在此时接触，或在学习英语的第一年打好认识字母发音的基础。

跟读单词的能力在学习单词的同时即可培养，在积累了一定单词量后，比如系统学习英语半年后，能够通过相对丰富的语料练习跟读不同的语音组合，也可以借此巩固已学的单词。识读单词则与跟读单词的能力同步开始、并行发展。

跟读短语的能力与听力能力中"认识短语"这一能力并行，即对标 GSE Pre A1 的前段，有短语的输入和教学后便可同步练习跟读短语。

跟读简单句的能力起始点同样参照听力能力中"听懂句子"的能力起点，但稍晚于"听懂句子"能力的起始培养时间。这一考虑与上文提到的语音记忆相关，句子相比于单词、短语，其长度对于学习者语音记忆的挑战较大，不宜在学习者尚不熟悉句子长度的语料时过早开始培养。此外，语音输出需要较多的语言输入做积累，在学习者发展"听懂句子"能力时，会高频地接触较多句子语料，对于跟读简单句能力的发展是一项很好的铺垫。

（二）口语表达能力进阶

口语表达能力的进阶顺序为：用单词应答、用短语应答与描述、用短语问询、用简单句应答与问询、用简单句描述与说明、用并列句描述与说明等。

用单词应答的能力是口语表达能力中最基础的能力，即学习者能够正确使用单词回应针对某一特定信息的提问。需注意的是这一能力限于非常基础的单词使用，以日期为例，如果学习者看着日期的图片说出与日期相对应的英文，此为"识读"的能力；而被提问今天的日期，学习者能够用与日期相对应的英文回应时，此为"应答"的能力，即学习者能够被动地、在语境中使用日期表述。这一能力的起点对标 GSE Pre A1 的前段。

用短语应答与描述这两项能力同步发展，配合听力能力中"识别短语"的能力，即学习者对特定短语的语言输入有一定熟悉度后，可开始发展这两项能力。能力起点对标 GSE Pre A1 的中段，在 GSE A2 前段可被更高阶能力，即"用简单句应答和描述"所包含。用短语应答的能力与上一阶段能力类似，仅在语言层级上从单词扩充到短语；用短语描述的能力指学习者能够正确使用短语陈述关于某事或某物的信息，注意此处的"短语"包括不完全符合语法的短句，例如描述图片中物品的颜色、数量时，此阶段的学习者可能会使用并列的短语来描述，但尚不能形成完整且符合语法规则的句子。

用短语问询的能力出现与前序能力间隔较久，起点对标 GSE Pre A1 阶段的末尾。用短语问询指学习者能使用短语提问以获得自己需要的信息，此处的"短语"更侧重常用的口语化问句或尚不符合语法规范的初始问句，例如使用"how many"这样的缩略问句询问物体的数量，或使用"go where"这种误用陈述句句式的问句询问他人去向等。发展这一能力时需特别注意的是，询问句的输入和教学应该坚持使用完整、符合语法规则的询问句，而非教学例子中缩略化或错误的问句形式，但在教学过程中也应关注到，部分学习者在经历这一能力阶段时相较之前已有进步，语言能力也在持续发展中。

用简单句应答与问询的能力同步发展，起点对标 GSE A1 阶段的末尾，这两项能力看似只与前序能力在语言层级上有所差异，即从"短语"进阶至"简单句"，但所需的时间跨度较长，在 GSE 阶段上也几乎相差一整个级别，这个阶段的能力进阶需要扎实的基础和耐心的持续练习。

用简单句描述与说明的能力同步发展，起始点对标 GSE A2 阶段的起点。"用简单句描述"指正确使用简单句陈述关于某事或某物的信息，"用简单句说明"指正确使用简单句向他人输出一个或一组信息，后者带有一定的目的，对口语表述的可理解性相对更高。在教学的时候需注意为两项能力分别设置可供练习的语言任务，确保两项能力都能够得到发展。

用并列句描述与说明的能力发展稍晚于前序能力，起始点分别对标 GSE A2 阶段的中段和后段，能力要求与上一能力类似，但在语言层级上，将从简单句扩充至并列句。

后续的能力进阶随认知能力的——概述、叙述、论述能力与语言层级——并列句、递进句、语篇的递进而螺旋式发展，以这一递进顺序为基础，实际的能力进阶情况可以根据教学进度及学习者的掌握情况调整和推进。

五、口语能力模型的应用

以斑马英语五个阶段的学习为例，第一年的学习着重培养认识字母、识读单词、跟读单词三项基础能力，认识字母包括认读字母名——能将字母形与字母名匹配，和说出字母音——能将字母形与字母音匹配，并侧重认读字母名的能力。比如，学习者看见字母"A"能说出"A"的名称，字母音则以输入感知为主。单词的选择与听力能力培养一致，建议尽量选择单、双音节词及音节结构简单的单词。第一阶段的口语能力培养相对精简，此阶段以积累语音输入为主。

第二阶段中，上一阶段的四项能力持续发展，复习字母名并掌握 26 个字母所对应的字母音，单词的选择以双音节结构为主，可以包含部分三音节词，但学习者跟读可能会有难度。这一阶段的新增能力为用单词应答、跟读短语、跟读简单句。用单词应答的能力训练建议尽量基于学习者已掌握的单词或新近学习的单词，跟读句子的长度控制在 3—4 个词。

在第三阶段，识读单词、用单词应答及跟读的能力延续发展，在这一阶段，识读的单词可选取三音节词和多音节词，跟读句子的句长控制在 6 个词以内。用短语应答、描述、问询是这一阶段的新增能力，在短语选择方面建议与上一阶段一致，尽量选择学习者已掌握或新近学习的短语，语境主题围绕"自我"，也可涉及熟悉物品的基本物理特征，比如描述一个物品的颜色或大小等。

第四阶段的主要任务是巩固并持续发展第三阶段的各项能力，单词选择方面没有限制建议，跟读句子的句长仍可保持在 6 个词左右。描述能力的培养可基于他人信息特征、个人情绪喜好等主题展开；问询能力的培养则可围绕物品基本物理属性或个人需求等话题展开。在第四阶段的后段应逐渐从"使用短语问询"过渡至"使用简单句问询"的能力要求，即语法规则的判定可以更为严格。

第五阶段延续发展的能力包括识读单词和跟读简单句的能力，在此阶段跟读句子的长度限制可延长至 10 个词以内。此阶段的能力培养基于"简单句"这一语言层级，即句长在 6—13 词范围内，符合语法规则，并行发展应答、问询、描述、说明的能力。应答能力可侧重考查时间、数字等抽象概念，问询则可基于日常熟悉话题展开，如时间地点、事件信息、个人需求、他人状态等，描述能力围绕自我介绍、个人情绪喜好、人物事物信息特征、事件简单描述等方面；说明能力的培养则可侧重引导学习者从个人或他人需求、解释任务、指路等特定场景进行表达。

从斑马英语的应用案例中可以看出，口语能力进阶的速度相较于听力能力更为缓慢，每一项能力的发展、语言层级的进阶都需要扎实的语音输入积累和长久的输出练习打磨。在教学过程中需时刻关注学习者对语言任务的完成程度，在恰当的时机推进能力阶段，同时也需关注并认可学习者的"不成功尝试"，比如说出不完整的句子、不符合语法的问句等，这是学习者会经历的过程。

第三节　阅读

相比于听力和口语能力，阅读能力更为复杂，即使对于母语学习者也并非与生俱来，甚至许多人在成年后仍存在阅读困难的情况。各地学者在这一领域有诸多研究，也为阅读能力及教学的探究提供了不同的关注视角，且关于阅读能力的定义引起了诸多争议。直到 20 世纪 90 年代末，由 17 名阅读专家组成的小组对阅读提出了较为公认的定义，阅读即指从印刷物中获取意义的过程，阅读者通过关于字母字符和口语语言的整体知识来实现对文字的理解 [13]。需注意的是，这一定义中所指的"理解"是对整体的理解而非局限于个体单词。专家小组认为熟练的阅读者能够通过视觉、语音解码、语义理解和上下文理解快速地识别书面文字，能够利用他们的知识背景和单词积累量从字面上理解文本并得出推论，能够监测并准确评估自己的理解能力，并且具有理解不同类型文本的能力和策略。

针对阅读能力的发展，早期的前序识字能力对后来的阅读能力发展尤为重要，比如学习者是否能够意识到口语中声音的系统模式、是否具备语音操纵的能力、是否能够识别单词并将其分解为更小的语言单位、是否了解发音和字母之间的关系等，这些能力都是学习者解码和理解文本的前序能力。在前序能力中，存在更为核心的能力，如斯诺（Snow）、伯恩斯（Burns）和格里芬（Griffin）将口头语言、语音意识和字母知识定位为预防阅读困难的重要前序能力，怀特赫斯特和洛尼根也将口头语言、印刷和字母知识等作为重要的前序能力[14]。初期阅读能力的发展通常有几种趋势：随着阅读能力的提高，学习者会更快地自动识别和理解单词，并更多地通过上下文理解单词；早期语音意识发展能够促进阅读能力的提升，而阅读能力的提升也能促进语音意识的发展。

　　除了相关的前序语言能力，阅读者的工作记忆能力、记忆基模的发展及对不同文本模式的熟悉程度也会影响其阅读能力的逐步发展。工作记忆能力在 5 岁至 25 岁间单调增长[15]，且多项研究表明，工作记忆与阅读理解能力呈正相关性[16-17]。记忆基模的发展也能与阅读能力相互促进，部分学者认为人们对各种事物的知识都以基模的形式储存在记忆系统里[18-19]，比如刚认识"金丝雀"时会将其与"鸟"链接在一起。随着年龄、经验的增长，学习者形成的各种主题基模会越来越复杂，这些基模也会进而促进他们的阅读理解能力。对不同文本模式的熟悉程度则能够帮助学习者最大限度地减少理解文本时所需的认知处理，并将认知重点放在推断[20]、隐喻理解[21]等更深一层的理解任务上。

　　基于以往的研究，本节梳理了阅读能力所涉及的各层能力及与能力培养相配合的不同文本类型，从文本基础（见表2-9）和阅读理解能力两方面描述各能力的进阶顺序及应用案例（见表2-10）。

一、能力层级定义：文本基础

表2-9 阅读能力层级定义：文本基础

能力类别		适用语言层级					语言任务举例
文本基础	认得 Recognize	单词	短语	句子	句群	语篇	能够认得1—10的单词
	识得 Identify	单词	短语	句子	句群	语篇	能够在短文中认出自己认识的数字单词
	词义联系 Word-word Connection	单词	短语	句子	句群	语篇	能够理解同一词汇集内单词之间的关系（例如颜色、食物、教室物品）
	认读 Read aloud	单词	短语	句子	句群	语篇	能够读出绘本中的文字

（一）认得

最基础的阅读能力是"**认得**"，指能够将单词或短语的字形和含义匹配对应，比如看到单词"bed"能对应到"床"这个物品，看到"doll"能对应到"娃娃"。对母语为英语的儿童来说，这一能力在最初可能需依赖语音来记忆，将某一单词的拼写与读音对应，并通过读音提取对单词含义的记忆；而对于第二语言学习者来说，如果对书面语言和口头语言的接触时间大致接近，其对含义的记忆可能同时依赖字形或读音进行标记，比如直接记住"bed"的字形对应"床"，或者记住"床"的英文读音，而后对应到"bed"的字形上，无论以哪一种路径，学习者实际都能快速自动地对应字形和含义。

（二）识得

识得指能从句子中识别出自己认识的单词或短语，比如当看到"my brother and sister are playing a car"时能识别出自己认识"car"这一单词，并选出两张图片中表示"车"的一张。"识得"这一能力类似听力中"识别"的能力，在英语学习前期，这一能力的培养能增强学习者对单词的熟悉程度，如果学习者能够在一串单词中找出自己认识的单词，那么表明其对单词较为熟悉；在学习的后期，学习者也会持续使用这一能力，即通过识别文本中自己认识的单词来推断理解出完整的文本含义。

（三）词义联系

词义联系指学习者能够认得多个单词或短语，并理解几个单词和短语之间的词义关系——主题同类、从属关系等，比如学习者在知道"animal"意为"动物"后，会将学过的"cat""dog""tiger"等单词关联在一起。词义联系不仅限于例子中的从属关系这一种方式，也可以通过任意主题、含义关系等方式相关联，这一能力的发展与上文提到的记忆基模有关，学习者可以通过有意识地将单词联系在一起来促进形成更复杂的各主题基模，进一步提升阅读理解能力。

（四）认读

认读能力指学习者能够自己进行音形匹配，快速完整地读出单词、句子等书面文本，在研究中这一能力也被称为解码能力 [22]，这一能力能够帮助学习者快速辨认自己认识的单词或不认识单词的读音。该能力的习得可以配合自然拼读的学习，自然拼读方法能帮助学习者了解字母组合与发音之间的关系，克服单词解码时遇到的困难。

二、能力层级定义：阅读理解

（一）读懂

读懂可以类比听力能力中的"听懂"能力，这一能力要求学习者能识别出文本中的单词或短语，从而理解句子或更长文本所表述的字面含义。学习者对书面语言的理解不仅限于知晓各个单词的含义，还需要对整句或整段文本有整体的综合理解。

表 2-10 阅读能力层级定义：阅读理解

能力类别			适用语言层级				语言任务举例
阅读理解	读懂 Understand	单词	短语	句子	句群	语篇	能理解介绍某人的基本句子（例如姓名、年龄）
	图文关联 Text- Picture Connection	单词	短语	句子	句群	语篇	结合绘本的配图猜出相对应单词的含义
	提取细节 Detail	单词	短语	句子	句群	语篇	可以提取文本中的关键信息，并回答关于信息的简单问题
	总结大意 Summary	单词	短语	句子	句群	语篇	在问题或提示的引导下，可以总结一个简单绘本的总体主题
	排列顺序 Sequence	单词	短语	句子	句群	语篇	能在简单的故事或对话中理解事件的正确顺序
	辨析语义 Compare & Contrast	单词	短语	句子	句群	语篇	可以辨别关于同一主题的两个简单文本之间表述的异同
	查找指代 Reference	单词	短语	句子	句群	语篇	能够理解文中的指代词所指的是上文的哪一人物
	逻辑梳理 Logic	单词	短语	句子	句群	语篇	可以通过 because 理解前后文本的因果关系
	语境推断 Inference	单词	短语	句子	句群	语篇	可以根据标题、图片等提示预测后续的文本内容

在本能力模型中，这一层能力尚未运用到阅读理解策略，仅涉及对文本的字面理解。

（二）图文关联

图文关联指学习者能理解句子或语篇与图片之间的对应关系，并能利用图片辅助对文本的理解，这是相对初始的一项阅读策略。在儿童早期接触绘本时或学习初期使用配图文本时，适宜培养这一策略，这样做既契合这一阶段较常接触的阅读文本类型，也符合早期学习语言的认知特征。

（三）提取细节

提取细节指在读懂文本的基础上，有意识地从中提取一个或几个细节信息。这一能力相对应的语言任务常表现为在阅读题文本中找出相关细节信息，该能力需建立在较成熟的工作记忆及熟练读懂文本的能力基础上，但在目前阶段，对文本的理解相对限于字面含义，不涉及对文本的综合分析或对隐含意义的推断理解。

（四）总结大意

总结大意指学习者在读懂文本的基础上，能有意识地归类信息并总结主旨。其对应的语言任务包括英语阅读题中常见的主旨类题目，该能力要求学习者对所读的文本结构有全局性的掌握。类似于听力能力中"概括"的能力，考查"总结大意"的阅读能力时对于使用的文本也有一定要求，部分非常简短的文本可能无法考查这一能力，学习者仅需达到"读懂"能力就能满足对文本内容的理解，所以达到这一阶段的阅读能力时，学习者接触的基本是篇幅较长、有一定结构的文本。

（五）排列顺序

排列顺序的能力要求学习者能读懂文本，并正确厘清情节内容的先后顺序。这一能力主要针对叙述类文本，例如绘本故事、事件记叙等，文本中记录了一系列事件或情节，内容可能按照发生的前后顺序或其他逻辑顺序，学习者需要在读懂文本的基础上才能梳理出事件或情节的顺序。通常，适用于考查这一能力的文本篇幅较长，且学习者能够识别出标记顺序的关键词并重新排列顺序逻辑，因此掌握这一能力的难度相对较大。

（六）辨析语义

辨析语义指学习者在读懂多个文本的基础上，能够正确理解不同文本之间的差异或对立关系。例如在一篇讨论素食的文章中，能区分出支持素食和反对素食的观点段落。这一能力对学习者的阅读能力有更进一步的要求，学习者不仅要对论述类文本有一定的熟悉度，还能分辨出不同文本的观点及目的。即便是母语为英语的学习者，其接触论述类文本的时间也通常相对较晚，一般在小学高段或中学阶段才开始较多接触，对于第二语言学习者来说，这一能力的培养时间也通常比较靠后。

（七）查找指代

查找指代的能力指学习者能读懂文本并能找到某一词或内容所指代的另一内容。例如在常见的寻找指代阅读题中，题目会摘取一个段落，并问其中的"it""which""that"等词具体指代什么内容。有时这类题型考查的重点在于句型语法，学习者可以通过厘清复杂的句式结构来找出所指代的内容；有时这类题型还需结合对文本内容的深入理解，通过跨行或跨段落寻找才能发现关键词所指代的内容。

（八）逻辑梳理

逻辑梳理指学习者在读懂文本的基础上，能够正确理解相关内容之间的因果、转折等逻辑关系。例如在一段关于某濒危物种的文章后，学习者能找出该物种濒临灭绝的原因，或在一段较长的论述中找出转折点。这一能力也要求学习者对信息类文本及论述类文本有一定的阅读量积累，并能通过寻找逻辑连词或分析段落结构等方式找出文本中明示或暗含的逻辑关系。

（九）语境推断

语境推断要求学习者在读懂文本的基础上，能够根据细节信息主观判断出引申含义。比如推断出一篇议论文中作者的观点倾向或预测一篇故事的后续情节走向。"语境推断"相较于其他的阅读策略更侧重对字面之外引申含义的理解，对学习者的语料积累量和字面阅读熟练度都有一定的要求。

三、语言层级定义

阅读能力所对应的语言层级在较小单元与听力、口语等能力一致，均从字母进阶至句子，而在句子以上的语言层级则稍有变化（见表 2–11）。一方面，相较于听力能力的培养，阅读能力中会更常遇到篇幅较长的文本，所以在句子以上的语言层级划分会比听力能力所对应的语言层级更加细致；另一方面，相较于口语能力的培养，学习者在阅读能力中不需自己构思并搭建语言结构，而是根据所读文本及语言任务选择合适的阅读策略，所以整体上语言层级划分主要侧重在篇幅长短，文本类型则会在下一节中另外区分定义。

表 2-11 阅读能力层级定义：语言层级

语言层级	定义	举例
字母	字母音、字母名和字母形	a –/a/ b –/b/ c –/s/、/k/
单词	能独立运用的最小音义结合体 单词由一个或多个音节构成	basket
短语	具有中心词的语法性质，内部成分在语义和句法上都能搭配，但未形成完整命题的语法单位。（单词以上、简单句以下的文本层均为短语）短语由单词聚合组成	my basket / look at
句子	构成一个完整命题的最小语法单位，按照语法规则组织，具有完整的意义 句子由单词、短语组成	Look at my basket.
句群	几个在意义和结构上有密切联系的各自独立的句子组成的语言单位 句群由前后连贯共同表示一个中心意思的几个句子组成	–
语篇	通篇围绕一个话题的一系列句群或句子。其各成分之间，形式衔接，语义连贯 语篇有一个以上的句群或句子组成	–
特殊文本	通篇围绕一个话题的一系列句子、图片等。其构成形式较自由，目的通常为直观传达信息	传单 / 海报 / 地图 / 图表

（一）字母

　　字母即 26 个英文字母，在阅读能力中要求学习者明确知晓字母名、字母音及字母组合与发音的对应。"字母名"指看见字母时知道每个字母都叫什么，常见的字母歌所教学的便是字母名；"字母音"指每个字母所对应在单词中的常见发音，比如字母"a"在单词"apple"中发 /a/ 的音，字母"c"会有 /s/、/k/ 的发音等；字母组合与发音的对应也称为自然拼读法，熟练掌握自然拼读法能够帮助学习者快速拼读多数英语单词。

（二）单词

单词的定义与听力及口语能力中相同，指能独立运用的最小音义结合体。在学习初期，阅读词汇会受听力词汇限制，影响词汇听力能力的因素也同样会影响早期的词汇阅读能力；此外，不符合自然拼读规则的单词也会给学习者造成一定的学习和记忆难度，比如"island"/ˈaɪlənd/ 中不发音的"s"很容易被遗漏，增加音形匹配的难度从而影响阅读。

（三）短语

短语的定义与听力能力中相同，都指具有中心词的语法性质、内部成分在语义和句法上都能搭配、但未形成完整命题的语法单位。短语由单词聚合而成，在分类上可分为固定短语和自由短语，固定短语较为常见，在阅读量积累的过程中会较常遇到，可以着重学习记忆。

（四）句子

句子的定义也与听力、口语能力中相同，是构成一个完整命题的最小语法单位。句子按照语法规则组织，具有完整的意义，由单词、短语组成。阅读能力培养的重点在很长一段时间都会留于句子层面，而后随着阅读熟练度的提升逐步进阶到句群和语篇阅读阶段。

（五）句群

句群指几个在意义和结构上有密切联系的、各自独立的句子所组成的语言单位。句群中的句子前后连贯，并共同围绕一个中心意思。比如在一篇介绍恐龙的文章中，几句关于恐龙生活环境的描述可能就是一个句群。"句群"是紧接"句子"这一层级的语言单位，在学习者能够熟练阅读符合自己认知难度的单句，但还没能立刻进阶到阅读整篇文章的阶段时，"句群"这一语言单位能够很好地帮助学习者继续训练、过渡，学习者也能够依托这一语言单位学习各种不同的阅读策略。

（六）语篇

语篇是通篇围绕一个话题的一系列句群或句子。语篇通常由一个以上的句群或句子组成，各成分之间形式衔接、语义连贯。语篇是在实际语言交际过程中最常遇到的语言整体，比如书面的文章、对话、讲座独白等。语篇也是最高的语言层级，当学习者能够阅读理解不同类型的语篇时，就表明其阅读能力已达到较高的水平。

（七）特殊文本

特殊文本指通篇围绕一个话题的一系列句子、图片等，其构成形式较自由，目的通常为传达直观信息，比如生活中所见的传单、海报、地图、图表等都可以归为特殊文本。"特殊文本"是在阅读能力教学中容易被忽略的语言组成类型，其主要难点可能不限于语言本身，还包含特定文化下的语言习惯。成人学习者在这类文本上遇到的困难相对较少，但对于生活经验较缺乏、跨文化意识较弱的早期学习者，则此类特殊文本的阅读能力教学也值得关注。

四、文本类型定义

在本能力模型中，阅读能力特别做了文本类型的区分（见表 2-12），主要原因有两点。第一，不同文本类型的语言结构可能非常不同，叙述类文本着重对事件或故事进行记录和描述，修辞等文学手法的使用较多；信息类文本着重对信息的传达，包括事实信息、观点信息等，学习者需理解其中的结构、

表 2-12 阅读文本类型定义

文本类型		定义	举例
叙述类 Narrative		用于记叙一系列相关事件或经历的虚构或非虚构类文本	故事、诗歌
信息类 Informative	描述 Descriptive	用于描述特定的人、地点或事物的文本	人物介绍、动物科普
	说明 Informative	用于提供有关特定主题信息的文本	菜单、活动海报
	流程 Procedural	用于提供有顺序的指令以达成某目标的文本	食谱、游戏指令
	论述 Persuasive	用以表达观点或想法的文本	呼吁环保的意见海报
私人类 Personal		用于记录、分享或描述个人经历、事件或想法的文本	信件、电子短信、贺卡等

逻辑关系并获取自己所需的信息；私人类文本则关注于日常交际信息或情感的高效传达，有时甚至跳脱出语法限制。不同的文本带给读者的直观阅读感受非常不同，如果在教学时关注区分，则能够更好地让学习者接触到不同的阅读材料并获得完整的阅读训练，所学内容也能更好地适用于生活中不同的阅读任务。第二，不同的文本类型通常需要运用不同的阅读策略，比如叙述类文本可能更多地涉及排列情节顺序、语境推断等策略，信息类文本可能更常使用辨析语义、梳理逻辑等策略，而私人

类文本或许没有太复杂的结构，但需要从文本中快速提取所需的细节信息，如果教学者能够意识到较为细致的文本分类及对应的教学侧重建议，或许能够更高效精准地帮助学习者培养各文本类型所需的阅读策略。以下将定义三种主要的文本类型并列举相应的例子以供理解。

（一）叙述类

相对常见的文本类型是**叙述类**文本，用于记叙一系列相关事件或经历的虚构或非虚构类文本，比如儿童所读的故事类绘本、童话故事，青少年及成人会接触的小说、叙事类诗歌等。此类文本通常有特定的情节线，事件以特定的方式排列、呈现，较高阶的叙述类文本还会运用一定的文学修辞手法，学习者通过阅读此类文本了解一个故事的情节、主旨、及其所表达的内涵等。

（二）信息类

信息类文本可分为四个子类别：描述、说明、流程、论述类文本。描述类文本指用于描述特定的人、地点或事物的文本，比如对某个历史人物的介绍、某种动物或植物的科普等，更短的文本则包括对生活中某一物体的特征描述、寻物启事的一段描述等，相比于叙述类文本，此类文本的故事性相对较弱。说明类文本指用于提供有关特定主题信息的文本，比如活动海报、菜单等，此类文本可以通过任意形式呈现，书写者与读者通常有默认共享的语境，文本的重点在于清晰传递读者所需要的信息。流程类文本是用于提供有顺序的指令以达成某目标的文本，比如指导做菜的食谱、游戏指令等。在一些分类中，流程类文本会归于说明类文本，但由于流程类文本有其特殊的结构，在此特做区分，以便教学者在实际教学场景中引起注意。还有一类是论述类文本，主要用于表达书写者的观点或想法，可以是围绕一个论题展开的一系列并列关系观点，也可以是层层递进的信息，内容通常包含论点和论据，阅读此类文本时对语义的辨析能力和逻辑梳理能力的要求较高。

（三）私人类

私人类文本用于记录、分享或描述个人经历、事件或想法，常见于私人交际场合，比如信件、邮件、短信、贺卡等。私人类文本有几个主要特点，一是结构特殊，不同场合使用的文本结构各不相同，比如邮件有约定俗成的书写格式、短信的格式和语法更为随意，这些私人类文本与其他类型的文本结构也都迥然不同，教学时值得额外注意；二是会受社会关系的影响而发生变化，如果文本书写者与读者的社交关系较远，则内容中可能包含较多的礼节表述，如果书写者与读者的社交关系很近，则内容表述可能常常忽略语法规范和语境补充，教学时可根据学习者的实际需求灵活调整侧重；三是私人类文本中常会包含约定俗成的格式和特定表述，比如邮件的落款"best regards""best wishes"，贺卡的文本格式等，这些表述和格式在其他类型的文本中相对少见。

五、阅读能力进阶

与听力能力及口语能力类似，阅读能力在学龄前或系统学习英语之前的语言发展阶段以年龄作为参考刻度，系统学习英语之后的语言能力进阶则以 GSE 的阶段作为参考刻度，本节将依序介绍阅读能力中各层能力的发展顺序和时间。阅读能力中包含几项同步发展的能力类别，比如文本基础能力中，与单词积累相关的能力和与解码能力相关的能力培养同步推进，阅读理解能力中，不同文本类型的阅读策略也会同步发展，下面将具体阐述说明。

（一）文本基础能力进阶

文本基础能力包含字母知识、印刷概念、单词积累、解码能力等几项能力（见表 2-13），字母知识与印刷概念的发展先于单词积累和解码能力培养，后两者则相对平行。

表 2-13　阅读能力进阶表：文本基础

能力类别	能力条目	0岁												1岁	2岁	3岁-系统学习*		Pre A1				
		1	2	3	4	5	6	7	8	9	10	11	12					10	11	12	13	14
字母知识	认读字母名																					
	说出字母音																					
印刷概念	掌握印刷概念																					
单词积累	认得单词																					
	识得单词																					
	认得短语																					
	识得短语																					
	词义联系																					
解码能力	认读单词																					
	认读短语																					
	感知自拼																					
	辨析自拼																					
	认读句子																					
	合并拆分自拼																					
	替换自拼																					
	认读句群																					
	认读语篇																					

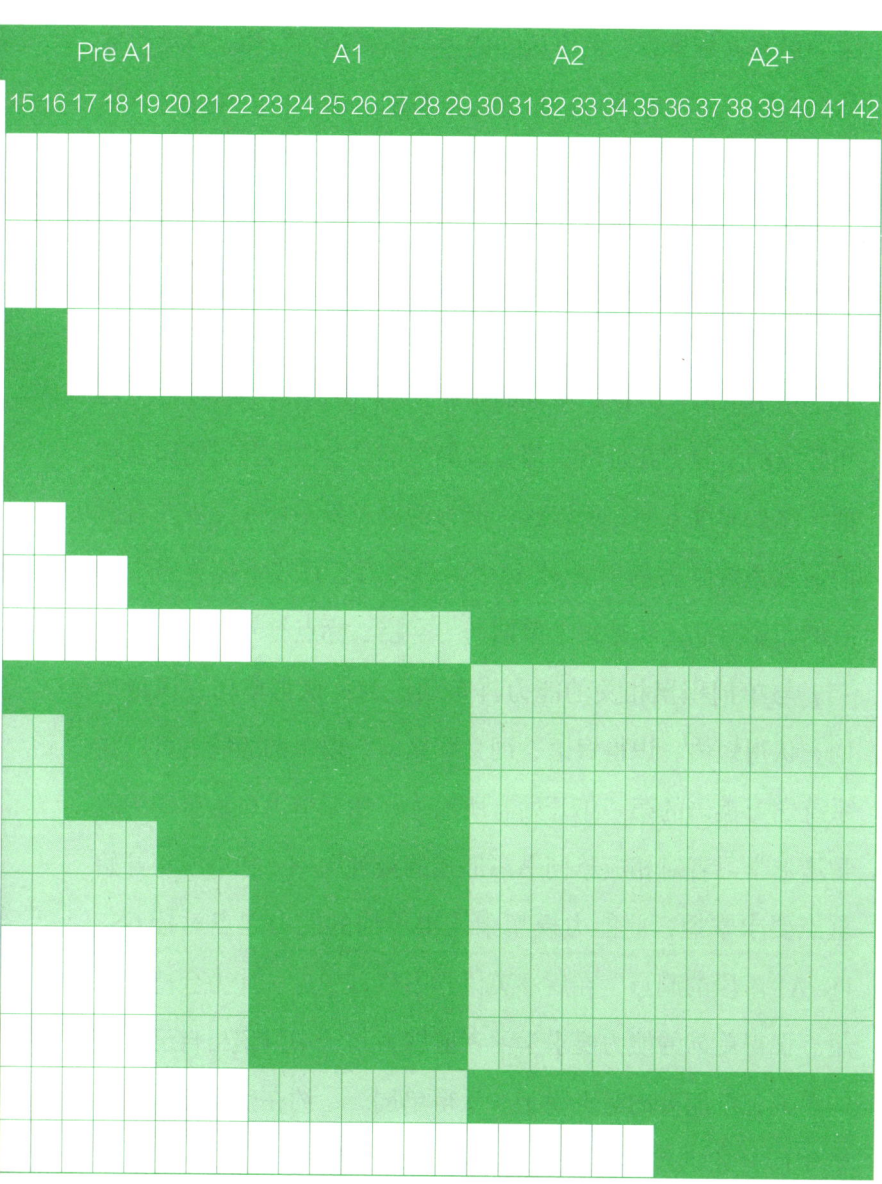

字母知识包含认读字母名和字母音，这两项能力在口语能力中已有详细解释，前序认知能力"语音记忆"和"自动快速命名"在一岁左右便可以培养初步基础，最早可以在此时有相关的字母接触和语言输入，比如播放字母歌、字母操等。但不宜过早开始教学，可以在系统学习英语的半年左右开始依序教学字母名和字母音。

印刷概念指学习者了解印刷物的基本特征，比如从左到右、从上至下的阅读方向，单词的布局，句子和书本的特征等。各年龄段的学习者在母语中都会接触一部分各语言共通的印刷特征，比如阅读方向，所以这一能力的起点最早可在三岁左右，而后在系统学习的第 1—2 年中，学习者会逐步掌握英语中特有的印刷特征，包括每个单词间的空格、标点符号等。

与**单词积累**相关的能力排布顺序为：认得单词、识得单词、认得短语、识得短语、词义联系。认得单词的能力可以在系统学习英语的第一年开始有所输入，比如借由口语单词的教学增加学习者对相应单词书写形式的接触频率，在第二年开始重点要求掌握，此能力模型中认得单词的能力起点对标 GSE Pre A1 阶段的起点，在后序英语学习过程中这一能力会持续调用。识得单词的能力要求学习者能够在句子中辨识出自己认识的单词，该能力的起点晚于"认得单词"，约在前序能力发展半年后开始训练并要求掌握，在能力模型中对标 GSE Pre A1

阶段的前段。认得短语相较于认得单词，在语言层级上更进一阶，要求学习者能将所学固定短语的拼法和含义匹配对应，比如认得常见公共标识上的短语表述，这一能力对标 GSE Pre A1 阶段的中段。识得短语的能力则稍晚于前一能力，在学习者有一定的短语积累和熟练度后可以开始要求掌握，能力对标 GSE Pre A1 阶段的中后段。词义联系的能力是单词积累相关能力中最晚开始发展的，这一能力要求学习者能认得多个单词，并搭建不同单词之间的词义关系，能力起点对标 GSE A1 阶段的前段；需注意的是，这一能力可能在英语学习之初就会有所输入，许多语言课程内容的组织都是按各种常见的话题或主题来布局，这些主题本身就是词义联系的一种方式，但这些输入对于学习者而言是隐性的，在实际阅读过程中或许较难取用，在学习者达到一定词汇积累后，可以通过单词联想图等方式显性地教学词义联系，并启发学习者根据自己的语言理解和生活经验搭建不同的词义联系，在熟练理解词义联系后，就能够更好地通过词义联系提升阅读熟练度，并将认知重点转移至更深层的阅读理解任务中。

解码能力培养相关的能力排序为：认读单词、短语、句子，掌握自然拼读知识，认读句群和语篇等。认读单词的能力基本与"认得单词"同步发展，能力起点对标 GSE Pre A1 阶段的起点，通常在学习新词的同时通过跟读活动帮助学习者认读单词。认读短语和认读句子的能力则依次晚于前一能力，在教学中可以与口语能力中"跟读短语"和"跟读句子"的能力相对应，跟读能力的培养能够有效辅助学习者培养认读能力。自然拼读知识在认读能力培养的同时一并教学发展，在语言知识模型中有更详细的呈现，从开始教学到掌握基本会跨越 GSE Pre A1 阶段至 A1 阶段结尾。认读句群和认读语篇能力的发展则远晚于以上的前序能力，这两项能力不仅对学习者的解码能力有要求，也对学习者的阅读熟练度有要求。通常，学习者在拥有阅读语篇能力时方能完全内化这一能力、自动完成对语篇内单词音、形、义的匹配。

（二）阅读理解能力进阶

　　阅读理解能力的发展（见表 2-14）从对文本的字面理解开始，在语言层级上依次进阶为读懂句子、读懂句群、读懂特殊文本、读懂语篇。**读懂句子**能力的发展晚于文本基础中"认读句子"的能力，认读句子能力的培养过程也会为读懂句子打下基础，这一能力的起点对标 GSE Pre A1 阶段的中段。**读懂句群**能力的发展远晚于读懂句子能力的开始时间，学习者需要花费较长时间在前序能力中积累并提升对句子的熟练度，而后过渡到句群，能力模型中这一能力的起点对标 GSE A1 阶段的中段。**读懂特殊文本**能力的发展稍晚于读懂句群，相比于句群，特殊

表2-14 阅读能力进阶表：阅读理解

能力类别		能力条目	Pre A1	A1	A2	A2+
			10 11 12 13 14 15 16 17 18 19 20 21 22 23 24 25 26 27 28 29 30 31 32 33 34 35 36 37 38 39 40 41 42			
阅读理解	字面理解	读懂句子				
		读懂句群				
		读懂特殊文本				
		读懂语篇				
	叙述类文本 Narrative	图文关联				
		总结大意				
		提取细节				
		排列顺序				
		查找指代				
		语境推断				
	信息类文本 Informative	提取细节				
	阅读策略	总结大意				
		辨析语义				
		查找指代				
		梳理逻辑				
	私人类文本 Personal	提取细节				

* 本阅读能力进阶表从 GSE Pre A1 开始。

文本的难点不在于篇幅而在于各种特殊的结构，这些结构都需要教学者在教学过程中有意识地让学习者接触并给予指导，该能力的习得很难仅依赖学习者语言经验的自然积累。**读懂语篇**能力最后出现，此能力也需要学习者能够非常熟练地阅读句群，而后逐步扩大阅读的篇幅，在能力模型中该能力的起点在 GSE A2 阶段，不同学习者可以根据个体的阅读能力灵活调整。

阅读策略在不同的文本类型中难易程度有所变化，所以在能力模型中区分了不同文本类型的阅读策略发展的先后次序。针对**叙述类文本**，需发展的阅读策略依次为：图文关联、总结大意、提取细节、排列顺序、查找指代、语境推断。图文关联能力的起点比其他几项阅读策略提早很多，这是因为学习者在语言学习初期所接触的文本大多配有插图出现，故这一能力发展较早；总结大意能力的培养在叙述类文本中相对靠前，在能力模型中对标 GSE A1 阶段的中段，叙述类文本通常是围绕某一事件或经历，主体内容较为具象，相比部分信息类文本更容易把握；提取细节能力的发展稍晚，在能力模型中对标 GSE A2 阶段的起点，这一能力考验学习者的短时记忆能力、信息定位能力和阅读理解的准确度；而后排列顺序、查找指代、语境推断能力依次出现，基本都在 GSE A2 阶段的中段以后，排列顺序要求学习者在准确理解的基础之上能够重新排列原文的情节或事件顺序，需要学习者进一步关注文本的结构，而查找指代和语境推断两项能力因涉及更多综合分析能力，对学习者的挑战更大。

对于**信息类文本**，应发展的阅读策略依序为：提取细节、总结大意、辨析语义、查找指代、梳理逻辑。此类文本的提取细节能力起点对标 GSE A1 阶段的后段，描述、说明、流程类的文本可以较早用于发展这一能力，在实际阅读场景中该能力也经常被调用；总结大意的能力稍晚出现，起点对标 GSE A2 阶段的起点，相比于叙述类文本，信息类文本的结构可能更加复杂，出现的事件、行为、观点更多，主旨相对较难把握，所以这一能力在信息类文本中出现的时间更晚；辨析语义、查找指代、梳理逻辑的能力随后出现，具体可以根据个体学习者的阅读能力发展进度调整，但基本都晚于 GSE A2 阶段的中段。在这些能力中，学习者要能分辨不同文本间信息或观点的差别、跨段落寻找被指代的信息、关注文中的因果或转折关系，这些能力对学习者的阅读量积累和逻辑思维能力都有一定考验。

私人类文本中主要需要发展的是提取细节的能力，起始时间对标 GSE A1 阶段的中段，私人类文本在篇幅和用词上难度不会太高，但学习者需适应不同的文本结构和书写方式，并从中提取自己需要的信息。

六、阅读能力模型的应用

跟随斑马五个阶段的语言学习，学习者在第一阶段会储备认读字母名、字母音和掌握印刷概念这三项能力。关于字母的学习在口语能力模型应用中已有说明，主要侧重在大写字母和小写字母的名称学习，字母音可以有一定的输入，但不要求硬性掌握。第一阶段的印刷概念主要包括从左到右的阅读方向及每个单词间都有空格的书写布局。

在第二阶段，前述三项能力持续发展，认读字母名的能力需继续巩固，字母音的教学是第二阶段的重点，学习者需要将字母形和字母音相匹配。"印刷概念"在这一阶段侧重于了解从上至下跨行阅读、句子和断句的规则、书本的封面、扉页等特征，如果学习者在母语中已经接触过较多的印刷文本，则可以相对弱化印刷概念的教学，着重掌握英语文本的特点。这一阶段新增的能力为认得和识得单词，以及认读单词、短语、句子。"认得和识得单词"所使用的单词以双音节为主，也可包含部分单音节和三音节词，考查方式主要通过读单词选出单词对应的图片、读包含特定单词的句子选出单词对应的图片这两种形式。"认读短语"这一能力的培养可选择学习者经常接触的高频短语，尤其可以包括视觉词[23]。学习者在一年多的学习中已经接触过不少视觉词，这些词大部分是介词、代词、连词、副词等，意义相对抽象，初学者理解起来会有一定难度，并且许多视觉词并不符合自然拼读规则，是解码时常遇到的难点，需要依赖视觉和记忆才能掌握，在认读能力的培养中值得持续关注。"认读句子"的能力需要循序渐进地培养，在这一阶段可以使用句度在3—4个词的句子，以加强输入频率为主，不要求学习者完全掌握。

第三阶段中，认得和识得单词的能力，及认读单词、短语、句子的能力持续发展，这一阶段的单词选择可以将难度提升至三音节词和多音节词，短语和句子的选择建议仍然包含视觉词，继续加强输入，句子长度的选择保持在6个词以内。这一阶段新增的能力为认得和识得短语、读懂句子、图文关联几项。"认得和识得短语"所选择的短语以固定短语为主，部分固定短语有不同于单词的含义，其教学意义相较于自由短语更为重要。"读懂句子"所选择的句子需包含学习者已掌握的单词和句型，尽量避免出现全新的单词知识点，句子长度控制在6个词以内。"图文关联"能力的培养可以依托故事性较强的文本，比如绘本、童话、人物经历等，适合配有具象的图片辅助文字理解，教学时引导学习者关注图片与文字的关联，如果承载物是线上阅读物，则可以通过动态交互突出图片与部分文字间的联系。

在第四阶段，上一阶段的能力仍需继续发展巩固，语料难度的选择可以与第三阶段保持一致，重点在于提升能力的精通程度。这一阶段新增的能力包括认读和读懂句群、读懂特殊文本、词义联系、提取细节。句群语料中单句的长短尽量控制在13个词以内，尤其在初始阶段不宜过长，应根据学习者的情况逐步调整；文本类型侧重叙述类和描述类，比如配有图片的简单故事、人物或物品的基本特征描述等，也可包含部分信息类或流程类文本，比如学校的安排通知、手工活动的制作流程等，这些类型的文本在用词和结构上相对简单，并且话题更贴近生活。在这一阶段"读懂特殊文本"能力的培养可以主要通过日程表、菜单等日常生活中经常接触的文本来进行；"词义联系"能力的培养需依托学习者已经掌握的单词，在教学新词的同时以词汇网络的形式回顾已学单词，搭建单词间相同主题的联系；"提取细节"能力在这一阶段依托于信息类和私人类文本，可以选取简单的亲友短信、活动通知等类型的文本作为阅读材料。

第五个阶段的任务较重，前一阶段的各项能力仍需要持续发展，用于巩固能力的语料限制相对较少，仅需注意均衡安排信息类文本和叙述类文本的阅读量，叙述类文本的比例可以适当减少，特殊文本的选择可以涉及海报、传单、地图等各类不同的形式，提高学习者接触文本的多样性。在这一阶段，排列顺序、语境推断、查找指代、辨析语义、梳理逻辑等阅读策略可以根据学习者的实际阅读水平逐步引入，前三项策略可基于篇幅较长的故事进行教学，而后两种策略可以使用相对简单、结构清晰的论述类文本展开教学。

阅读能力需要循序渐进地发展，从最初始的口头语言基础、字母知识、印刷概念、语音意识，到单词积累、解码能力、阅读熟练度，再到更高阶的阅读理解策略，每一步都需要充足的发展时间和语言输入。对于早期学习者而言，打好文本基础能力很重要，前序能力中如有一项出现明显短板，都可能影响后序阅读理解能力的持续进阶；而从文本基础向阅读理解过渡的过程中，学习者应尽量扩大阅读量，锻炼解码能力和提升阅读熟练度，直至对文本的字面理解不需占用太多认知负荷；在提升高阶阅读理解能力的过程中，也需要保持足够的阅读量，多读不同类型、不同结构的文本，保证阅读输入的多样化，最终学习者能够阅读不同场景中的语料。

第四节　沟通

沟通能力模型是对听力、口语能力发展的补足和黏合，侧重关注听力和口语能力模型中未覆盖的、对日常对话较为重要的沟通行为和策略。语言需在社会环境中使用，能够恰当使用语言的学习者不仅应掌握听力、口语、阅读等语言能力，还应具有沟通交际能力[24]，以实现个人在社会中的各种目的。成人的语言使用可能涉及多种人际沟通功能，比如问候、致谢、道歉、请求等，其特殊语境下的使用意味着个体在使用某种表达形式时需考虑沟通事项、沟通场景、沟通方式等。这类沟通交际能力的重要性体现在生活中的方方面面，比如在向陌生人问路时，如果使用祈使句"告诉我这个地方怎么走"，虽然在语法规则上成立，但语气可能冒犯他人，也不一定能够获得帮助，而使用礼貌的疑问句"您好，请问这个地方怎么走"则更为妥当。

过往研究表明，年龄较小的儿童能够掌握部分沟通行为，并根据不同的受众或不同场景调整他们沟通的方式，他们能够在话轮中维持主题，也能够提供回复和反馈，不过随着年龄的增长，沟通能力会变得更为成熟，来自家庭、学校、社区的交流行为会不断再塑个人的沟通方式，个人的认知能力、知识和经历也有助于学习者提升交际沟通能力[25-26]。

　　沟通能力对各年龄段的学习者都很重要，对在校学习者来说，沟通能力会影响学生在学校的学业表现，他们需要通过与教师的交流、与同龄人的交流获取和展示知识，在上课时间、课间、用餐时间等不同场景适当调整沟通用语；还有学者研究证明沟通能力对其他语言能力的直接影响，比如在多方对话中能够采取不同观点的能力有助于学习者对于较复杂文本的理解，有助于学习者了解故事书写的主旨结构及目的，沟通能力还与早期写作能力的发展相关。而在非学习场景中，沟通能力会很大程度影响一个人在群体中的受欢迎程度，比如能够更恰当地发起和维护对话、满足对话者的需求、以恰当的方式提问、或通过沟通交流感情等，这些能力也能够助力个体更好地成为组织者或领导者[27]。

　　从语言学习者的角度考虑，认知发展所涉及的沟通能力已由母语作为基底而有所发展，比如持续关注对话主题、与他人有来有回的对话等，所以沟通能力模型会重点关注不同行为主题或策略下所需的固定表述、恰当语用（如礼貌、委婉表达）等，以达到补足听力和口语语言能力发展的教学目的。本节会先定义各行为主题（见表 2-15）和沟通策略（见表 2-16），随后讲解能力进阶的建议顺序和实际应用（见表 2-17）。

一、能力层级定义：行为主题

表 2-15　阅读能力层级定义：行为主题

能力类别		语言任务举例
行为主题	提起注意 Call or Warn	在危险情景下用 "Watch out" 提醒他人
	问候 Greet	见面时说 "hello"，"hi"
	致谢 Thank	获得他人赞扬时能表示感谢
	评论 Comment	用固定表述给予赞扬
行为主题	表达意向 Accept or Reject	用 "Yes/No" 回应他人的要求
	道歉 Apologize	礼貌地表示歉意；表达歉意并解释自己的行为
	请求 Request	用询问句如 "Can I..." 提出自己的需求
	提议 Invite or Suggest	用固定表述如 "Let's..." 向他人提议活动

（一）提起注意

提起注意是人们最早发展出的沟通行为，指吸引他人关注自己所说或所指的行为。婴幼儿在很小的时候就能通过发出声音来有意识地吸引他人关注，在年龄稍长以后，会通过呼唤他人的名字或称谓来提起注意，而在社交范围延伸至熟人圈以外后，学习者能够通过礼貌用语如 "excuse me" 来吸引他人关注自己并发起对话；在特定场景下的提起注意，比如危险情景下使用 "watch out" 提醒他人也属于这一类行为主题。

（二）问候

问候指与他人问好、打招呼、道别等，此类行为也在认知发展较早期出现，母语儿童在 12—18 个月时便能在道别时使用"bye"或在见面时说"hi"。问候这一行为主题看似简单，可学习的内容还有很多，比如在不同时段如何问候、在正式或非正式场景如何问候、与熟悉的人或第一次认识的人如何问候、在不同文化下有哪些不同的问候习惯等，"问候"这一沟通行为也随学习者的经验和知识增长而持续精进。

（三）致谢

致谢指的是向他人表达感谢。这一行为的出现时间与"问候"行为类似，幼儿在 12—18 个月时便具备认知简单致谢用语，而后学习者需要逐步扩充对使用这一行为的场景认知，比如在获得他人帮助时、获得他人行为鼓励时、获得他人言语称赞时，都可进行致谢。其中对于言语称赞的辨认和恰当回馈还要求学习者有一定的语言理解能力，难度也随他人称赞语言的复杂度而变化，习得时间会相对较晚。

（四）评论

评论指学习者能够对人、事、物发表自己的看法。相较于前序能力，该能力对于基础认知能力有一定要求，语言使用者能够对外界有所感知并进行基础的分析形成自己的倾向或观点。从认知角度来看，儿童最早在 18 个月时会出现近似"评论"的语言使用，会通过手势、语气等表达自己的喜好，而对于母语儿童来说，在 5—6 岁时能够主动地给予赞扬，并在后续 1—2 年习得更丰富的评价或回应评价的沟通用语。

（五）表达意向

表达意向指接受或拒绝他人提议、要求等。该能力也需建立在基础的认知和综合分析能力之上，对事物形成自己的简单观点并表达出来。儿童通常会在 18—24 个月间出现拒绝或接受某一要求的语言行为，并能够回应提问式的要求，在 32 个月前后能够对他人的提议表达接受或拒绝。随着语言能力的发展，学习者能够更进一步地使用委婉或间接的方式表达拒绝意向或能够与他人协商达成一致意向。

（六）道歉

道歉便是向他人表示歉意。这一沟通能力的出现需要有一定的社会情绪和情感基础，首先需要能识别出某些行为是错误的或可能对他人造成困扰的，并且能够对自己的不恰当行为感到愧疚。儿童会在 2—3 岁之间在日常生活中使用道歉用语，在 6—8 岁时能够更恰当地在相应场景下使用道歉言语，并以恰当的语言接受道歉。在具备相应的语言能力基础后，学习者能够在表达歉意的同时以礼貌的方式建议自己如何行动，充分考虑他人的感受。

（七）请求

请求指以恰当的方式请求他人满足自己的需求，在英文中最典型的语用方式是使用"please"，母语儿童在2—3岁期间便会使用"please"礼貌地表达自己的需求，而后会逐渐学会使用问句提出请求或使用相对间接的表述如"Can you...?"或"Would you...?"来提出需求。在"请求"这一行为主题下，还有更为复杂的语言用法，比如通过间接的言语提示表达自己的需求、在提出需求的同时解释自己的想法等，而为自己做某事而请求允许也是相对较难习得的请求言语行为。

（八）提议

提议指学习者向他人提出自己想法、邀请的言语行为。比如使用固定表述"Let's..."向他人提议做某事，或者在拒绝他人行为时提出另一项活动作为提议。"提议"这一行为主题也会随语用复杂度的提升而不断进阶，比如使用更委婉的方式提出建议、对不同的对象使用不同程度的语言修饰等。

二、能力层级定义：沟通策略

表 2-16　阅读能力层级定义：沟通策略

	能力类别	语言任务举例
沟通策略	话轮转换 Turn-Take	在电话中能用固定表述结束对话
	确认阐明 Clarify	请求对方复述所说的内容，如"Pardon?"
	理解协作 Cooperate	用语言或动作表示自己能够理解对方所说
	语义补偿 Compensate	在提出请求时用手指向所需物品

（一）话轮转换

　　话轮转换指学习者能够使用开启话题、结束话题、转换话语主动权等沟通策略进行对话。这一能力要求学习者能够感知或预期对话轮次的边界，并能够在恰当的时候开始或结束发言。通常这一基础策略能够自然形成，而相对高阶的用法则需要一定的教学输入，比如能够礼貌地打断对话，流畅地将话语主动权交给对话方，或在相对特殊的场景（例如电话沟通）中使用固定表述来开启和结束对话。

（二）确认阐明

　　确认阐明指学习者在对话过程中能够有技巧地确认自己理解了他人所说的内容。最基础的方式是直接请求对方解释所说的内容，或者使用"pardon"等礼貌用语请求对方复述所说的内容，这一策略的重点在于学习者在对话的过程中能够及时捕捉到重要的信息或自己没有完全理解的信息，并能够以礼貌的方式在恰当时刻提出阐明信息的需求。

（三）理解协作

理解协作指学习者能够在对话过程中与他人互动以确保相互理解、对话流畅。这一策略的功能与"确认阐明"的功能相对，"确认阐明"是确认自己理解他人所说内容，而"理解协作"更倾向于确认他人理解自己所说或主动表示自己已理解，并促进交流讨论的内容延伸和发展。较为简单的策略是能够直接用语言或动作表示自己能够理解对方所说或直接询问对方能否理解自己所说，更高阶的策略方式包括在对话中提供有效反馈，将自己与其他对话者的观点相联系或及时总结大家提出的观点以推进讨论等，形式非常多元。

（四）语义补偿

语义补偿指能够用言语补偿自己所说和他人理解间的差距，或是自己所说和自己所想之间的差距，比如在提出想要某一物品时会同时用手指向这一物品，这种使用手势补偿口头语义的策略在生活中很常见。其他的形式还包括为自己所提出的新词提供近义词、为对话者感到陌生的概念提供定义和详细示例、预测对话者的知识和经验并使用对方能够理解的方式进行沟通等。

三、沟通能力进阶

表 2-17　沟通能力进阶表

能力类别		0岁												1岁	2岁	3岁–系统学习*			Pre A1				
		1	2	3	4	5	6	7	8	9	10	11	12						10	11	12	13	14
行为主题	提起注意 Call or Warn																						
	问候 Greet																						
	致谢 Thank																						
	评论 Comment																						
	表达意向 Accept or Reject																						
	道歉 Apologize																						
	请求 Request																						
	提议 Invite or Suggest																						
沟通策略	话轮转换 Turn-Taking																						
	确认阐明 Clarification																						
	理解协作 Cooperation																						
	语义补偿 Compensate																						

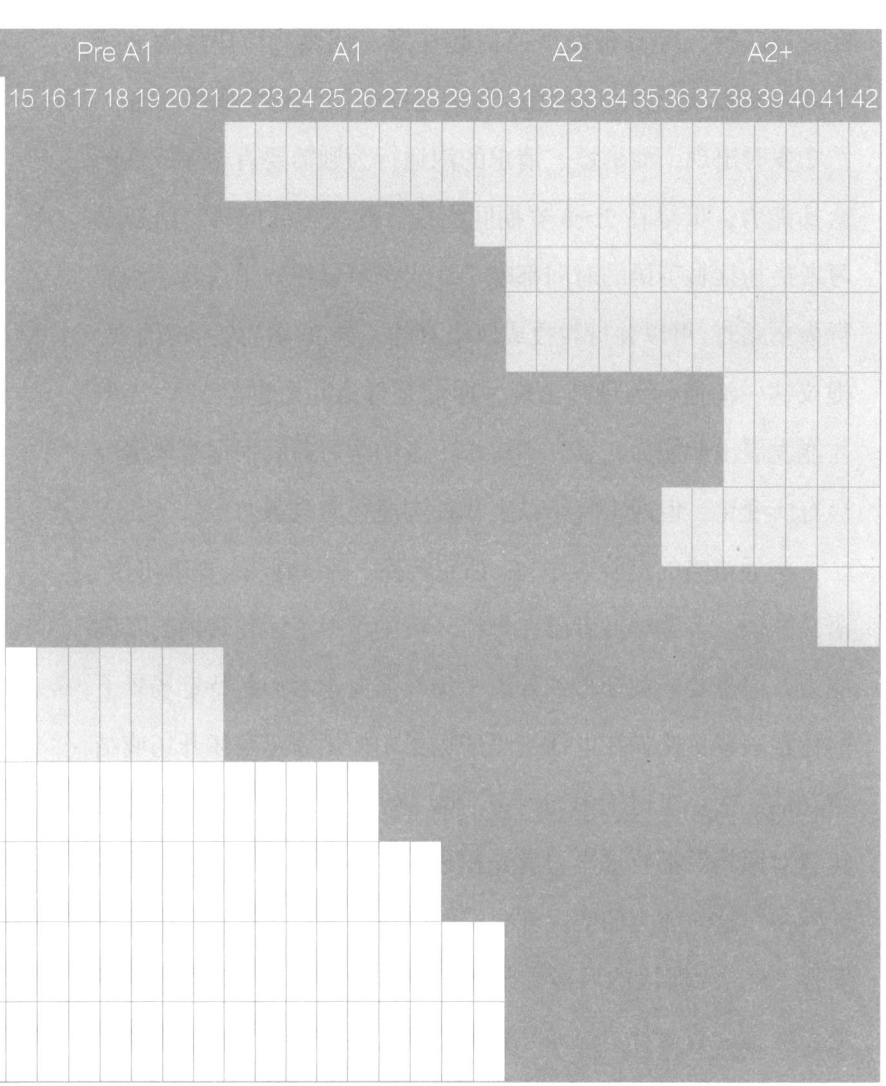

沟通能力中行为主题的进阶顺序为：提起注意、问候、致谢、评论、表达意向、道歉、请求、提议。如上文所述，儿童在 1 岁时便已经具备发展**提起注意**、**问候**、**致谢**等沟通行为的基础认知能力，**评论**、**表达意向**这两类行为则最早在大约 2 岁时出现，而**道歉**、**请求**的沟通行为则需要有相对成熟的认知能力，最早在 2—3 岁期间出现。绝大多数的第二语言学习者最初接触英语的时间都晚于 3 岁，所以在教学这几项沟通行为主题时，可以并行教授或以语言的复杂度为优先考虑因素。**提议**这一沟通行为最晚出现，即使是母语儿童也需在 4—5 岁才能发展出此能力，第二语言学习者的学习时间根据个体情况会有所变化，但通常晚于以上几种沟通行为主题。

沟通策略的进阶顺序为：话轮转换、确认阐明、理解协作、语义补偿。多数学习者已在母语环境中习得了**话轮转换**的基础能力，但想要顺利迁移到外语中仍然需要学习一些特定场景下的特定表述，比如在电话交流的场景中使用固定表述开场或结束对话、在小组讨论中如何将话语主动权交给另一位同学等。这些对话场景都要求学习者先积累一定的语言能力，所以"话轮转换"这一能力的实际教学时间会相对滞后，在能力模型中对标 GSE A1 阶段的后段。**确认阐明**的策略稍晚于前一沟通策略，能力起点对标 GSE A1 阶段的结尾。结合听力和口语的语言能力模型来看，在这一阶段学习者所接触的语料在语言难度上都会有大幅进阶，"确认阐明"的能力能够有效帮助学习者通过沟通的方式灵活调整、主动提升对谈话内容的理解。**理解协作**和**语义补偿**的策略发展起点都对标 GSE A2 阶段的前段，这两项策略是沟通能力中最为复杂的，不仅要求学习者能够妥善表达自己的意图和需求，还需要学习者考虑谈话中另一方的需求和理解能力，并有效推动谈话内容的发展。

四、沟通能力模型的应用

沟通能力中每一项行为主题和沟通策略都是动态变化的，会随着学习者语言能力的发展和知识经验的积累而持续精进。精通各项沟通能力的学习者能够使用更加复杂的语言表达自己的需求、以更恰当或委婉的方式修饰语言、在更丰富的场景中交流，并且能够在沟通的同时考虑到自己及他人的需求和感受。斑马英语的课程设计充分考虑了这些方面能力的进阶，将沟通能力的发展规划安排在相应的课程中。

在第一和第二阶段，斑马培养学习者在提起注意、问候、致谢、评论、表达意向、道歉、请求等行为主题中的沟通能力。此阶段在"提起注意"这一主题中使用的语言会直指对话者，场景设计为面对面的日常生活场景，主要为满足学习者自己的需求，比如在同一间教室中想与一位同学对话，使用

"hey"和直呼其名的方式引起对方注意。"问候"为直接问好，对象主要为自己身边熟悉的亲友，可以使用相对简单的固定问候语表述，比如见面时说"hello"，早晚问安时说"good morning"或"good evening"。"致谢"主要关注在典型的受惠情景中，比如身边的人帮自己递东西时表达感谢、餐厅接受服务员的送餐服务时表达感谢等。"评论"行为在这一阶段所使用的语言通常是直接的、相对笼统的，比如喜欢一个事物时很直接地评论"good"，或者评价故事中一个正面人物时使用"kind"或"nice"等较为简单的词，评价的对象通常为具象的人、事、物。"表达意向"所使用的语言通常也较为直接，主要场景包括在日常生活场景中被要求做某事等，不涉及更为复杂的意向表达。"道歉"与"致谢"行为类似，此阶段重点关注日常生活中典型的场景事件，比如撞到他人时说"sorry"，在错拿别人的物品时表示抱歉等。"请求"行为所使用的语言主要表现为礼貌、直接地表达自己的需求，以面对面的生活场景为主，比如想要某个物品时会指向这一物品并说出物品名称，并且注意在提出请求时使用"please"。

第三阶段涉及的行为主题与前两阶段相同，"提起注意"的行为会指向双方共同关注的第三方，还会涉及一些需要考虑他人需求的情况，比如将某物品递给他人时说"Here you are."，或者在他人遇到危险时提醒"Watch out."。"问候"的表述从问好扩充至简单的相互介绍和寒暄，对象也从亲友扩展至陌生人，比如在第一次认识他人时自我介绍，并主动询问对方的姓名，或者会使用简单的寒暄用语如"How are you?"来展开对话。"致谢"和"道歉"行为主题涉及的情景更为多元，引导学习者主动使用更多元的表述方式并理解更为复杂的适用场景。"评论"和"表达意向"这两项行为主题在语言表述的多样性上更进一步，不仅限于笼统的正向或负面词汇，还要能够使用更加具体的词汇来发表评论和描述意愿等。同样，"请求"这一行为主题在语言表述上也趋于完整，在满足自我需求的同时要能够考虑他人的理解能力，更多地使用能够明确表达自己需求的句子。

在第四阶段，除了"提起注意"以外的行为主题持续发展，使用语言变得更加复杂丰富的同时，适用场景也扩展至非面对面场景，比如能够在电话中与他人寒暄问候。这一阶段新增"提议"行为主题及"话轮转换""确认阐明"两项沟通策略，"提议"行为以日常生活场景中的即时邀约为主，比如邀请他人与自己一起做某一件事情，而沟通策略主要以满足学习者自己的需求为主，并会学习一些经常使用的固定表述。

第五阶段的培养规划以相对复杂的行为主题和沟通策略为主，涉及的具体能力包括：表达意向、道歉、请求、提议、话轮转换、确认阐明、理解协作、语义补偿。此阶段中，学习者在"表达意向"时需能够以礼貌委婉的方式表达对事件或他人意见的不同见解；在表达"请求"时也会充分考虑他人的理解和感受，比如在询问时会以他人为主体，使用"Would you mind..."等表述；"提议"所涉及的场景不限于当时当下，还包括邀请他人参与未来即将发生的某项活动。在使用沟通策略时会更多地考虑他人在沟通时的理解需求，比如会以恰当的方式将话语主动权交给他人、在他人说话的时候能通过言语或表情体现自己对内容的理解、在自己表达时会注意询问对方是否能够理解自己的意思、使用手势或语言补充自己的表述等。

　　在各项语言能力中，沟通能力是最贴近现实中的人际交流，该能力的发展要求学习者不仅要有一定的语言基础，还需要有基础认知能力、社会情绪情感发展、跨文化交际意识等，多方面因素相互影响共同促进沟通能力的发展。部分能力在不同语言中都可以通用，而部分能力则需要在特定语言中单独培养，所以针对不同年龄阶段或不同文化背景的学习者，沟通能力的培养方式应做相应的调整。对于年龄较小的学习者，在培养沟通能力时应充分考虑学习者是否能够理解复杂的社会沟通需求、是否能够遵循社会礼节和规范、是否能够在沟通时换位思考，沟通能力的进阶需与学习者的认知发展相匹配。对于认知发展较成熟的学习者，沟通能力的培养重点可以倾向语言使用的多样性、不同文化下的社会交往和语言差异，帮助学习者在实际场景中更恰当地使用英语。

第三章

语言知识模型

　　语言知识模型是围绕特定知识类型而搭建的、梳理知识点掌握深度进阶顺序的框架，本能力模型主要着眼于单词和自然拼读两类语言知识。语言知识模型的搭建方式与语言能力模型有所不同，语言能力模型以听力、口语、沟通、阅读等语言能力的进阶为核心而搭建，不涉及具体语言知识如何从接触到习得、从习得到熟练应用的提升过程，而语言知识模型关注的便是这一过程。语言能力模型与语言知识模型会有一定的交集，比如各语言能力模型在单词一级的能力层级也可以对应至单词的语言知识模型中，听力能力模型在音素一级的能力也可以对应至自然拼读的语言知识模型中，两类语言模型并不冲突，而是重点和切入角度不同。

　　第一章提到，语言知识的进阶涉及语言知识的广度和深度，比如对于单词的学习，既需要在单词量上实现广度的积累，也需要在使用上实现从认识到应用的深度进阶。语言知识模型主要关注的是语言知识深度如何进阶，语言知识广度则更多受到学习者实际接触内容和接触频率的影响，并且不同的学习者可能有不同的知识积累需求，比如为工作交流而学习语言的学习者需要行业词汇积累、为留学而精进语言的学习者需要某一专业的学术词汇积累等。语言知识在广度上不适宜受统一框架的限制，语言知识深度则类似语言能力的培养，有其循序渐进的规律可以参照遵循。

在实际教学场景中，两类语言模型可以配合使用，较为系统、全面的语言课程倾向以语言能力模型为主要参考，在教学的同时对照语言知识模型查看对于所教学知识点的训练形式和深度是否充足。而以某一类型知识为主的课程，比如自然拼读课程、词汇课程等，则可以将语言知识模型作为参考框架，同时对照语言能力模型查看学习者在不同阶段所需的基础语言能力是否完备、是否足以支撑语言知识的获取。

本章将分别呈现单词与自然拼读的语言知识模型，包含各层级能力的定义、示例和进阶顺序建议，供教学各方参考。

第一节　单词

　　针对每个单词的学习，学习者的知识理解深度可分为以下能力层级（见表 3-1），掌握深度随年龄增长和语言能力提升而逐级递增。

表 3-1　单词能力层级定义

能力类型		语言任务举例
口语形式 Spoken form	听	听到 /mɪlk/，能对应到牛奶这个实物
	说	看到牛奶这个实物，能读出它的音 /mɪlk/
书面形式 Written form	读	知道 milk 由 m、i、l、k 这 4 个字母按顺序组合成的
	写	能用 4 个字母按照顺序拼出 milk
联想 Association		根据生活经验，从 milk 联想到其他单词，如 juice（饮品）、cow（奶牛产牛奶）、bread（牛奶面包）等
搭配 Collocation		比如常见的动词 + 介词组成的搭配意思，take+away/in/out 等等
语法 Grammatical Functions		正确使用单复数形式
概念和指代 Concept and Referents		知道 milk 对应各种不同类型的奶，知道哪些饮品不属于 milk
辨析 Discrimination		近义词、反义词、同音异义、上下位关系、一词多义
限制 Constraints		知道 OK 很少出现在正式书面语中

第一层的掌握是单词的**口语形式**，其中包括听、说两类子项，"听"的口语形式指听到单词的音，能够知道这一单词所指的实际事物，比如听到 /mɪlk/，可以对应到"牛奶"这一物品，听到他人说"you"或者自己的名字，知道他人所指的是自己；"说"的口语形式则指学习者在看到某一事物时，能够说出所对应的单词，比如看到牛奶时能够说出它对应的单词"milk"。在多数情况下，单词的口语形式是学习者最早接触的单词知识部分。

第二层单词能力是**书面形式**，对应读、写两类子项，"读"的书面形式指学习者了解某一事物对应的单词词形，比如看到 milk 时知道这一单词对应的是"牛奶"；"写"的书面形式指学习者能够正确拼写单词，如看到牛奶时知道它的英文单词"milk"是由 m、i、l、k 这 4 个字母依序组成的。掌握单词的书面形式需要先学习记忆英文的字母系统，在英语学习初期，书面形式的学习可能滞后于口语形式，而在学习者熟练掌握字母知识后，学习者能够同时学习并掌握单词的口语和书面形式。

联想指学习者能对一个单词展开联想，联系到其他相关的词汇，比如在学习"milk"这一单词时，根据生活经验，可以从"milk"联想到其他单词，例如同为饮品的"juice"，生产牛奶的动物"cow"，和牛奶一起做早餐搭配的"bread"等。这些不同形式的联想都能帮助学习者将单一的单词知识点相串联，形成更具体系的概念网络，而在扩充联想链路的过程中，学习者对于单一知识点的理解也会更加准确。

搭配指学习者能够正确地把一个单词与其他单词组合在一起灵活运用，学习者们在接触动词时经常需要记忆动词与不同介词的搭配及含义，如"take"这一个动词可以与"away""in""out""off"等多个介词或副词搭配，含义也各有不同，部分单词在表达某一种含义时必须使用正确的词语搭配，部分搭配则只是母语者普遍的使用习惯，没有规律可循也非强制搭配。在学习语言的初期，学习者可能会通过频繁接触而自然习得一些单词搭配，在语言能力更为精进后，学习者会理解单词搭配的规则，从而更有意识地选择恰当的搭配方式。

语法指学习者掌握某一单词的语言规范，比如能够正确使用名词的单复数形式、正确使用动词的不同时态等。语法使用的能力承接搭配能力，如上文提到，部分单词搭配也属于语言规范的范畴，而除了基于语感积累的语法外，更进一步的语法知识则需要学习者在逐步建立起语法规则意识和元语言意识之后，通过认识到语言有可能超越字面意义，进一步包括多种含义或隐含意义，开始进阶掌握形式结构如音素、语法等。此类意识对外语学习者尤为重要，母语者能够浸润在语言环境中，依靠语言本能正确使用语法，而外语学习者则更需要系统规则来指导语言的正确使用。

概念和**指代**指学习者能够掌握单词的概念指代边界，仍以"milk"这一单词举例，如果学习者熟练掌握了这个单词的概念指代边界，便知道"milk"可以对应多种不同类型的奶，并且知道不属于"milk"的饮品具有什么特征。如果可以借助第一语言的解释和举例，学习者能够更快地摸索出单词的概念边界，而第一语言中没有准确对应的单词或较难通过语言描述边界的单词，比如抽象词汇或具有特定文化属性的单词，则较难掌握。

辨析指学习者能够区分对比多个词的词义或区分一个词的多个词义，比如一个单词的近义词、反义词、同音异义词、上下位关系词等。学习者有越多的单词积累，便越能辨析单词间的复杂词义关系，而对一词多义单词的掌握则需要学习者具备基础的元语言意识。需注意的是，辨析能力与联想能力的区别在于后者的联系更为具象、也更加自由，学习者可以基于自己的知识经验自由发散，而辨析能力所指的单词联系是客观的、更为抽象的，掌握难度相对更大。

语用限制指学习者了解某一单词最常使用的语境、场景、文体等，并能够恰当地在语境中使用单词，这是单词能力最高的一个层级，不仅要求学习者能够正确使用单词，还需要恰当地使用单词，比如"OK"可以表达正向的意向，但出现在正式书面语中却不够得当，常用的口语词汇可以在日常交流中使用，不适宜出现在学术文本中。这一能力要求学习者有更丰富多元的语言经验积累，并能够意识到不同语境之间的差异从而调整单词的使用策略。

单词的各项能力按照以上顺序依次进阶，学习者在不同阶段能够达到的能力深度各不相同，单词知识深度的培养也需与学习者的整体语言能力相匹配。学习单词口语形式与书面形式需要基础的听力、口语、沟通、阅读能力，尤其是听力中的语音发展能力、口语中的语音输出能力和阅读中的文本基础能力;联想能力需要一定的单词积累量，搭配能力则需要一定的短语积累和语句输入，单词语法的正确使用也可以通过一定的语句输入初步自然习得，若是学习者的认知能力较为成熟，则单词搭配与语法的学习也可以更早开始学习。更高阶的单词能力通常会在更复杂的文本理解和交流中运用，在此之前可以由学习者在语言输入中摸索单词语义的概念边界、不同单词之间的词义差别，感受单词在不同语境中的使用特点，教学者则可以根据学习者的语言水平和交际需求来适时调整教学。

第二节 自然拼读

自然拼读知识深度进阶与听力模型中的语音发展能力类似，依次为感知、辨析、合并、拆分、删减、增加、替换、类比（见表 3-2），本节会对各项能力再做简单阐释，并结合自然拼读的知识点提供示例以帮助理解。

表 3-2 自然拼读能力层级定义

能力类型	语言任务举例
感知	听出自拼 — What's the beginning sound of the word *apple*?
辨析	分辨出不同的自拼 — Which word does not rhyme: fish, dish, hook?
合并	音节合并 — I will read parts of a word, tell me how the word is pronounced, pa—per.
拆分	音节拆分 — Tell me the parts/syllables in the word: *football*.
删减	自拼删减 — Read me the word *spark* without the beginning sound *s*.
增加	自拼增加 — Read me the word *bond* and how to read *blond*.
替换	自拼替换 — Read me the word *clay* and *play*.
类比	自拼类比 — Give me a word that rhyme with *pen*.

感知指学习者能够在单词中感知到自然拼读的知识单位，通常表现为能够将字母或字母组合与发音相匹配，比如学习

者能够回答出"apple"中字母"a"对应的发音是 /æ/，或者"skirt"中字母组合"sk"对应的发音 /sk/。**辨析**指学习者能够区分出所提供语料是否具有相同的自然拼读知识点，比如在"mom""mop""mock"这一组词中辨认出三个单词都以同一个字母音 /m/ 开头，也能够辨认出"mom""mop""hop"这一组词中"hop"的开头音与其他两个单词不同，在这一层能力中，学习者对于每个自拼知识点的发音感知会更加精确，尤其在面对发音相似的知识点如"b"和"p"、"g"和"k"、"m"和"n"等可以准确地辨认出差异。

合并培养的是学习者对自然拼读知识点的操纵能力。在这一阶段，学习者不仅可以准确听出单词中的自然拼读知识点，还能够使用知识点进行拼读训练，将熟悉的知识点合并成音节或单词读音，比如在学过"p"和"er"的发音后能够拼出 /pər/ 的读音，再加上字母"a"在单词当中的发音，能够合并拼读出"paper /'peɪpər/"。通常来说，学习者只要对所学知识点有一定的熟悉度便能达到这一层能力。**拆分**指学习者能够在单词或音节中拆分出自己熟悉的自然拼读单位，比如在看到"paper"这个单词时，能够正确读出单词的发音并拆分出"p-a-p-er"的拼法。拆分能力与合并能力相对，由于是对知识点的逆向考查，拆分能力的掌握难度比合并能力稍高，要求学习者对知识点的熟练度更高。

删减指学习者能够在一个单词的发音中删减一个自然拼读单位，并正确读出剩余部分的发音，比如"spark"这一个单词删去开头音 /s/ 后变成"park /pa: rk/"，"think"这一单词删去"th"两个字母后变为"ink /ɪŋk/"。这一能力的训练对于单词语料的选择有一定要求，教学者应尽量选择删减前后都可形成单词的语料组合，而不同的语料中，涉及变音现象的单词会更难掌握，比如刚才列举的例子"spark"中字母"p"的发音在此处会浊化为 /b/，但在删去开头的"s"后会恢复清辅音 / p/ 的发音。刚开始培养这一能力时，可以尽量避免含有变音的单词，或者使用非单词音作为初期训练的语料，在学习者有更多的语言经验积累后加入变音现象的训练。增加指学习者能够在一个单词的发音中增加一个自然拼读单位，比如在"bond"这个单词的发音基础上正确读出"blond"、根据"read"的发音读出"reader"等。增加与删减的能力相对，增加的能力需要学习者主动回忆被增加知识点的发音，所以难度比删减能力的要求更高一些，增加能力所使用的单词语料与删减能力有相似的要求，尽量使用增加前后都形成单词的语料组合。而在不同的能力练习中，在单词中间添加自然拼读单位比在单词前后增加自然拼读单位更难，比如上述的两个例子中，从"read"变为"reader"比从"bond"变为"blond"更简单，在能力训练的初期可以选择此类结构开始培养。

　　替换的能力要求学习者能在一个单词的发音中替换一个自然拼读单位，并正确读出新组成的单词发音，比如在"cat"的发音基础上读出"fat"的音，在"clay"的发音基础上读出"play"的音，在"blond"的发音基础上读出"blend"的音。替换能力是前序能力的综合应用，学习者需要熟练运用删减和增加的能力才能够在一个单词中替换一个字母或字母组合并读出正确发音。相对而言，替换单词头尾的自然拼读单位相比替换单词中间的字母组合会更容易掌握，在能力培养时可以基于学习者熟悉的单词头尾音进行初始替换能力训练。

　　类比的能力指学习者能够自主列举出具有相同自然拼读单位的单词，比如同样含有 /ɛn/ 的单词"pen""hen""ten"，同样含有 /ɛr/ 的"pear""bear""tear"，这些单词都具有相同的字母组合，且字母组合在单词中的发音相同。该能力是自然拼读知识掌握深度中层级最高的能力。一方面，学习者需要自主列举出符合要求的单词，这需要学习者有足够的单词积累；另一方面，相同字母组合的不同发音或相同发音的不同字母组合都会对学习者造成一定的迷惑性，比如刚才提到的发音 /ɛr/ 还出现在"chair""care"等单词中，这些单词相对应的字母组合各不相同，而"ear"这一字母组合在不同单词中会有不同的发音，例如在"rear"中发 /ɪr/ 的音。这些发音的变化情况为学习者掌握类比能力造成较大的困难，而掌握这一能力也意味着学习者完全掌握了相应的自然拼读知识点。

自然拼读知识点作为衔接口语与阅读能力的基础知识模块，在知识深度的培养上更为连贯，对于整体语言能力精通程度的依赖也更小，学习者只需先认得字母名和字母形，具备听力生理基础及一定的听力词汇积累，便可以开始自然拼读的学习。学习进度可以根据学习者的认知基础、语言输入频率和语言需求灵活调整，年龄较小的学习者在语音和图像记忆能力上相对较弱，能够理解的单词概念相对有限，学习进度会比较慢，但如果英语语言输入的频率更高，平时有更多的机会多听多读，能力进阶的整体速度会更快。需注意的是，知识掌握深度随能力层级逐级递进，许多教学时间有限的自然拼读课程只能让学习者达到感知或辨析的能力深度，学习者无法在实际语境中自主应用所学的知识点。教学应以能力进阶的顺序逐级递进，帮助学习者更深入掌握每一个自然拼读知识点，使自然拼读成为学习者自主解码、认读单词的有效工具。

◗ 结语

　　英语能力模型从语言能力和语言知识两个角度切入，梳理了英语能力发展和英语知识深度的进阶路径，明确学习者在听力、口语、阅读、沟通四项能力和单词、自然拼读两类知识中的关键阶段目标，并结合斑马英语的应用实例，为实际教学场景提供教学设计和学习效果检验的参考建议。

　　建立在过往语言能力模型和语言标准的基础上，本能力模型有三项创新：首先，将语言生理发展阶段融入能力模型，作为能力进阶的前序基础，此能力模型可以适用于更大范围年龄段的语言学习者；其次，语言能力模型中纳入了沟通能力，在关注语言能力发展的同时强调交际能力和语用能力，避免语言学习成果只能局限于课堂而无法在现实场景中应用的窘境；最后，能力模型从语言能力和语言知识两个角度切入，更体系化地将能力培养和知识积累结合在一起，避免教学中出现对单一能力或知识类型的偏倚情况，希望帮助学习者形成能力与知识的正向促进。

　　在现实教学场景中，教学设计和实施者可根据实际课程特征、学习者需求、学习者的表现及学习数据灵活调整能力模型的使用。比如在以阅读能力培养为核心的课程中，可以将阅读能力模型作为主要参考框架，如果学习者已有较好的语言基础，则可在设计课程时减少文本基础能力的培养、偏重阅读理解类能力的规划；在教学的过程中适时考查学习者的掌握情况，及时调整能力进阶的进度，当学习者在一项阅读理解能力的考查中出错较多时，可以在相应能力层级增加教学和训练时间，并检测学习者的前序能力是否已完全掌握；推进阅读能力的教学主线时还可以参考听力、单词等其他能力模型与阅读能力的关联，比如学习者在听力能力中是否已经掌握一定的听力理解能力且能够迁移到阅读能力中，或者学习者对重点单词的掌握是否达到阅读理解所需的知识深度，如有不足则可根据单词能力模型进行针对性的加强。能力模型还可以与自适应技术相结合，将教学内容、练习内容与特定的能力层级相对应，通过学习者在一个能力层级中的练习表现自动调整能力培养和推进的进度。

当然，目前的能力模型还存在一些局限性。一方面，能力模型对于实际教学中语言任务设计的指导相对有限，同一个能力可以通过不同的语言任务进行考查，而语言任务的逻辑和呈现方式则需要教学者根据具体情况设计契合教学场景、符合学习者需求和兴趣的类型，并需要注意把握语言任务考查重点与具体能力之间的关联，能力模型对于语言任务落脚点的设计有指导性，未来则可以借鉴教学者们的实践再丰富该部分的建议内容。另一方面，能力模型对于教学中量化指标的指导暂时较少，比如学习者需要多少输入量能够完成某一级别的能力进阶、学习者需要多少练习量才能够完全巩固一项能力等，这是因为不同学习者及不同学习场景的差异较大，每个学习者都有不同的语言基础、认知基础、学习模式、语言输入量，每一项变量都会对学习的过程和结果产生影响，绝对的量化指标并不适用于语言学习场景。但是在学习者和学习场景相对确定的情况下，教学者可以借助量化指标把握能力培养推进的进度，并将已收集的学习数据分析结果应用于相似学习者的教学过程中。能力模型的最终目的是为辅助教学者提供更契合学习者语言学习规律的教学内容，未来能力模型还将借鉴教学者在实际教学场景的实践经验，结合语言教学领域内的前沿研究，持续改进模型内容与呈现方式。

参考文献

[1] GASS S M, MADDEN C G. Input in Second Language Acquisition [M]. Rowley: Newbury House Publishers, Inc, 1985.

[2] JONES R H. Beyond "listen and repeat": Pronunciation teaching materials and theories of second language acquisition [J]. System, 1997, 25(1): 103-112.

[3] LARSEN-FREEMAN D. On the roles of repetition in language teaching and learning [J]. Applied Linguistics Review, 2012, 3(2): 195-210.

[4] Council of Europe. Common European framework of reference for languages: Learning, teaching assessment [M]. Cambridge: Press Syndicate of the University of Cambridge, 2001.

[5] FOREHAND M. Bloom's taxonomy [J]. Emerging perspectives on learning, teaching, and technology, 2010, 41(4): 47-56.

[6] GLEASON J B, RATNER N B. The development of language [M]. Boston: Pearson, 2009.

[7] VIHMAN M M, MILLER R. Words and babble at the threshold of language: Acquisition. In M. D. Smith & J. L. Locke (Eds.), The emergent lexicon: The child's development of a linguistic vocabulary (pp. 151 - 183) [M]. Cambridge, MA: Academic Press, 1988.

[8] HOFF E. Language development [M]. Boston: Cengage Learning, 2013.

[9] BADDELEY A. Recent developments in working memory [J]. Current opinion in neurobiology, 1998, 8(2): 234-238.

[10] GATHERCOLE S E, ADAMS A M. Phonological working memory in very young children [J]. Developmental psychology, 1993, 29(4): 770.

[11] MANIS F R, SEIDENBERG M S, DOI L M. See Dick RAN: Rapid naming and the longitudinal prediction of reading subskills in first and second graders [J]. Scientific Studies of reading, 1999, 3(2): 129-157.

[12] NORTON E S, WOLF M. Rapid automatized naming (RAN) and reading fluency: Implications for understanding and treatment of reading disabilities [J]. Annual review of psychology, 2012, 63(1): 427-452.

[13] SNOW C E, BURNS S, GRIFFIN P. Preventing reading difficulties in young children [M]. Washington, DC: National Academies Press, 1998.

[14] WHITEHURST G J, LONIGAN C J. Child development and emergent literacy [J]. Child development, 1998, 69(3): 848-872.

[15] SWAMSOM D L. Toward an integrative theory of business and society: A research strategy for corporate social performance [J]. Academy of management review, 1999, 24(3): 506-521.

[16] CAIN K, OAKHILL J, BRYANT P. Children's reading comprehension ability: Concurrent prediction by working memory, verbal ability, and component skills [J]. Journal of educational psychology, 2014, 96(1): 31.

[17] CARRETTI B, CORNOLDI C, DE BENI R, et al. Updating in working memory: A comparison of good and poor comprehenders [J]. Journal of experimental child psychology, 2005, 91(1): 45-66.

[18] ANDERSON L W, KRATHWOHL D R. A taxonomy for learning, teaching, and assessing: A revision of Bloom's taxonomy of educational objectives [M]. London: Allyn & Bacon, 2001.

[19] RUMELHART D E. On evaluating story grammars [J]. Cognitive Science, 1980, 4(3): 313-316

[20] STEIN N L. The definition of a story [J]. Journal of pragmatics，1982，6(5-6): 487-507.

[21] WAGGONER J E，MESSE M J，PALERMO D S. Grasping the meaning of metaphor: Story recall and comprehension [J]. Child development，1985，56(5): 1156-1166.

[22] GOUGH P B，TUNMER W E. Decoding,reading,and reading disability [J]. Remedial and special education，1986，7(1): 6-10.

[23] DOLCH E W. A basic sight vocabulary [J]. The Elementary School Journal，1936，36(6): 456-460.

[24] HYMES D. On communicative competence [J]. sociolinguistics，1972，269(293): 269-293.

[25] DANBY S. The communicative competence of young children [J]. Australasian journal of early childhood，2002，27(3): 25-30.

[26] NEWELL C H H L D，OLSEN S F. Parenting Skills and Social-Communicative Competence in Childhood. In Handbook of communication and social interaction skills [M]. New York: Routledge，2003.

[27] FLAUTO F J. Walking the talk: The relationship between leadership and communication competence [J]. Journal of Leadership Studies，1999，6(1-2): 86-97.

索引　英语能力培养模型表格